Sybil Gräfin Schönfeldt

»Gestern aß ich bei Goethe«

Sybil Gräfin Schönfeldt

»Gestern aß ich bei Goethe«

Bilder einer neuen Gastlichkeit

Arche

Fotos im Rezeptteil von
Wolfgang Franz und
Jens Rheinländer

Abb. auf Seite 3:
Johann Wolfgang von Goethe
Schattenriß, um 1780

1. Auflage März 2002
2. Auflage September 2005

Umschlag: Max Bartholl unter Verwendung
des Ölgemäldes von Justus Juncker,
Stilleben mit Lachsforelle, um 1750
(Wallraf-Richartz-Museum, Köln)
Satz: Greiner & Reichel, Köln
Druck und Bindung: Clausen & Bosse, Leck
Printed in Germany
ISBN 3-7160-2301-9

Inhalt

1

Barocke Gastlichkeit

Atelier Martin van Mertens,
Krönungsmahl bei der Krönung
von Joseph II.
zum römischen König
in Frankfurt am 3. April 1764
Ölgemälde, 1764
Wien, Silberkammer

»Kasten, Säcke, Schachteln, Büchsen, Gläser ...« Goethes Vaterhaus am Hirschgraben

Die freie Reichsstadt Frankfurt gehörte mit ihren 35 000 Einwohnern im 18. Jahrhundert zu den großen Städten. In Wien, der Kaiserresidenz des Römischen Reiches Deutscher Nation, lebten etwa 200 000 Menschen, und im ganzen Reich gab es nur fünf größere Städte mit 50 000 bis 100 000 Einwohnern: Dresden, Breslau, Königsberg, Hamburg und Prag.

Frankfurt, eingeschmiegt zwischen Main und Taunushängen, lag in einer schönen und äußerst fruchtbaren Landschaft. Gärten umgaben die Stadtmauern, in denen Feigen und Zitronen wuchsen, Landhäuser standen zwischen Rebgärten und Obstplantagen. Und über den Fluß führte seit 1342 eine feste steinerne Brükke mit 14 Bogenschritten. Sie lenkte den Verkehr mitten in die Stadt, die vom Gewerbefleiß, aber vor allem vom Handel lebte. Ob sie zu Wasser oder über Land kamen, Frankfurt lag für alle Händler günstig: in der Mitte des Heiligen Römischen Reiches, im Geflecht der 26 Landstraßen, die die Berge mieden und sich in der Stadt trafen, aber doch so dicht am Fluß, so nah zum Rhein, daß es ein verhältnismäßig leichtes Kommen und Gehen war. Die Gespanne und die Kutscher fanden in den rund 100 Gasthöfen Unterkunft und Nahrung, die Waren wurden in sicheren Gewölben gelagert, ebenso das Geld in den vielen verschiedenen Währungen und Sorten, das die großen Banken notwendig machte.

Bei der Oster- und Michaelismesse wurden über 350 Stände zu den vorhandenen aufgeschlagen, von Handelsfahrern, die aus der Schweiz und Italien kamen, mit englischen Waren aus den Niederlanden, mit Wollstoffen und Südfrüchten, Metallen und Gewürzen, Kaffee und Tee aus den Kolonien dieser beiden Länder. Manche blieben, manche eröffneten eine Niederlassung in der Stadt. Fremde Sprachen, fremde Nahrungsmittel, fremde Kulturen waren so präsent, daß sie ein Mann wie Johann Caspar Goethe zur Erziehung und Bildung seiner Kinder nutzen konnte.

Frankfurt hatte früh die Reichsfreiheit erworben: Kaiser Friedrich II., der Staufer, zog 1220 den kaiserlichen Vogt ab, der die Stadt im Namen des Herrschers verwaltet hatte. Hinzu kam die wirtschaftliche Freiheit: Der nächste Kaiser, Ludwig der Bayer, verlieh der Stadt das Recht, zur schon von Friedrich beschirmten Herbstmesse eine Ostermesse abzuhalten.

Zu diesen beiden kam noch ein drittes Vorrecht: Schon Barbarossa hatte Frankfurt 1152 zum Ort der Kaiserwahl gemacht, was 1356 durch die Goldene Bulle bestätigt wurde, und seit Maximilian II. wurden alle Römischen Kaiser Deutscher Nation in Frankfurt gekrönt. Das war ein Zuwachs auch an politischem und gesellschaftlichem Prestige.

Ab 1372 besaß die Stadt das kaiserliche Schultheiß-Amt: Ein Schultheiß, einst Centgraf genannt, stand ursprünglich als Vertreter der Bürgerschaft dem Gericht des Landesherrn bei, zu dessen Adelsprivilegien die Rechtsprechung gehörte. Diese Gerichtsbarkeit, vom Kaiser abgetreten, durfte nun die Stadt selbst ausüben, und das Schultheiß-Amt, das Johann Wolfgang Goethes Großvater Textor innehatte, war das des höchsten Richters der Stadt.

Auch die Geschichte von Goethes Vaterhaus geht in die Vergangenheit der großen Kaiser zurück. Aus der Zeit Friedrichs II. stammte der alte Stadtwall, die Staufermauer. Sie war längst mit der Erlaubnis von Ludwig dem Bayer von einer zweiten, modernen ersetzt und ergänzt worden, und auf dem Brachland, dem alten Wall, und durch die neuen tagsüber offenen Tore machten die Bürger ihren Sonntags- und Osterspaziergang ins Freie.

Die Tore wurden abends um halb neun versperrt und verriegelt, und der Diener von Johann Caspar Goethe notierte, wie viele

Sperrkreuzer der 14jährige Nachtschwärmer Johann Wolfgang dem Torwärter dafür hatte zahlen müssen, daß er das Tor wieder öffnete und ihn mit einer Laterne heimbegleitete. Denn erst nach der napoleonischen Besatzung wurden in Frankfurt öffentliche Laternen aufgestellt. In Goethes Kindheit und Jugend wurde auch die nächtliche Beleuchtung noch nach sozialem Stand reglementiert: Der einfache Bürger durfte sich eine Kerze in das Laternengehäuse stellen, der Adel drei, und beim Kaiserlichen Rat Goethe im Hirschgraben stand die große Laterne mit zwei Kerzen griffbereit in der Küche.

Lagen vor den Toren der Stadt, zu den sonnigen Taunushängen hin, die Kastanienhaine, deren Früchte vor der Einführung der Kartoffel zu Geflügel und zum Braten gegessen wurden, so stammten diese Braten bis ins 16. Jahrhundert hinein auch aus der Stadt. Als nämlich die neue Befestigungsmauer gebaut wurde, vergrößerte das nicht nur das Stadtgebiet beträchtlich, erhöhte es nicht nur die Sicherheit der um das Sechsfache wachsenden Stadt, es ergab viele neue, relativ breite Straßen auf den geschliffenen Wällen, und das war gut für Handel und Wandel.

Manches Stück der alten Wallmauer blieb jedoch stehen. Im Westen der Stadt wurde das Gelände zwischen den Mauern sogar noch ausgehoben und planiert, so daß ein Graben entstand, ein Graben für die Hirsche, die zwischen eigens gesetzten Nußbäumen friedlich fett werden durften und für besondere Festlichkeiten des Rates oder die Bankette eines Patriziers nicht geschlachtet, sondern waidmännisch mit Pfeil und Armbrust erlegt werden mußten.

Ende des 16. Jahrhunderts wurde es jedoch auch in den neuen Mauern zu eng. Frankfurt hatte nach den Hugenottenkriegen viele niederländische Flüchtlinge aufgenommen, die die Erlaubnis erhalten hatten, das grüne Hirsch-Paradies zu bebauen, das nun aufgegeben wurde. So kamen die Straße »Großer Hirschgraben«

zu ihrem Namen, die Niederländer zum Dach über dem Kopf und Johann Caspar Goethes Mutter Cornelia rund 150 Jahre später zu ihrem Witwensitz, der einst von einem niederländischen Goldschmied erbaut worden war.

Friedrich Georg, Goethes Großvater, hatte das Gasthaus »Zum Weidenhof« an der Zeil besessen, doch nach seinem Tod verkaufte Großmutter Cornelia den Gasthof und suchte für sich und den Sohn ein Haus, in dem sie auch ihre beträchtlichen und wertvollen Weinvorräte unterbringen konnte. Ihre Wahl fiel auf das Anwesen im Großen Hirschgraben. Die beiden miteinander verbundenen Fachwerkhäuser aus dem 16./17. Jahrhundert hatten zuletzt einem Bierbrauer gehört und verfügten genau über das, was die Witwe suchte: tiefe und große Gewölbekeller. Sie reichten bis auf den Grund des alten Wallgrabens, und sie beherbergten einen Brunnen. Das verlieh dem Haus einen besonderen Reiz und erlaubte seinen Bewohnern, einen seltenen Luxus zu genießen. Das Wasser konnte nämlich direkt in die Küche hinaufgepumpt werden, so daß die Küchenmädchen nicht wie in anderen Haushalten mit Joch und Eimern zu einem der über 100 öffentlichen Brunnen der Stadt laufen mußten.

Es gab im Höfchen vor der Küche noch zwei weitere Einrichtungen, die das Haus von den meisten anderen der ungefähr 3000 innerhalb der Stadtmauer unterschieden: Da war noch ein Pumpenschwengel, mit dem man das Regenwasser aus der Zisterne unter den Bodenplatten vor allem für die große Wäsche heraufholen konnte, die zwei- bis dreimal im Jahr stattfand. Was die Hausmägde mit den eigens bestellten Waschfrauen im vorhandenen Regenwasser eingeweicht, gekocht, gewaschen und immer wieder gespült hatten, wurde im Bollerwagen zur Bleiche, zu den Wiesen am Main, gefahren und in der Sonne getrocknet, wieder heimgefahren und dann in der Leinenpresse oder mittels schwerer Holzwalzen geglättet. Nur selten gab es eine Extra-Leinenwäsche, ebenso selten wurde Leinenwäsche zum Bügeln außer Haus gegeben – diese Ausnahmen hat Johann Caspar Goethe stets als Sonderausgaben in seinem Haushaltsbuch notiert.

Die zweite Bequemlichkeit: Es gab im Hofwinkel neben der Küche ein *privet*, eine Toilette, von der ein Fallrohr außerhalb der Hofmauer in die Antauche mündete, wie der gedeckte Abwassergraben genannt wurde. Um in den Genuß dieser einigermaßen geruchsbindenden Entsorgung zu kommen, mußte man über die Sitzgerechtigkeit verfügen, ein Recht, das nur 500 Familien zustand.

Als Johann Wolfgang Goethe geboren wurde, war das Haus noch unverändert, und der Knabe wuchs im wahrsten Sinne des Wortes im Mittelalter auf. Düster und eng war das Gehäuse, die Fenster klein, die Stiegen schmal und steil, die Straße vorm Haus ungepflastert, im Winter schlammig, im Sommer staubig und nachts nur an einigen wenigen öffentlichen Gebäuden und an Häusern wohlhabender Bürger mit einer Rüböl-Laterne etwas erhellt.

Im März 1754 starb Cornelia Goethe mit 86 Jahren. Ihre Beerdigung kostete mit allem Drum und Dran, mit neuen Trauerkleidern auch für die Kinder und mit dem Trauermahl, 514 Gulden, fast soviel wie die Küchenausgaben der Familie Goethe samt Personalkosten im selben Jahr. Eine große Leiche also.

Und danach ein Neuanfang für die Familie, die nun allein über das Haus verfügen konnte. Johann Caspar Goethe ließ zuerst einmal alles, was er aus der Hinterlassenschaft der Mutter nicht übernehmen wollte, versteigern, weil er wohl das Bild des künftigen renovierten Hauses und seines Lebensstils schon genau vor Augen hatte. In diese Räume paßten kein altmodisches Zinngeschirr, auch keine Kannen und Platten, die nur versilbert waren. Also ließ er alles versilberte Gerät und 57 Pfund englisches Zinn versteigern und erhielt dafür 147 Gulden. Cornelia Goethe aber hatte nicht nur den »Weidenhof« samt dem Wein von ihrem Mann geerbt, sondern dazu ein Haus an der Eschenheimer Landstraße, eins in der Bockenheimer Gasse, einen Baumgarten vorm Eschenheimer Tor, einen Garten vorm Friedberger Tor und einen Weinberg am Röderberg. Außerdem eine Hypothek von 1800 Gulden auf den Gasthof »Zum Ritter« in Friedberg und schließlich 17 lederne Geldsäcke, die Münzen nach Sorten geordnet: Louisdors, Louisblancs, Dukaten, Vikariatstaler, solche in preußischem Kurant und so weiter, insgesamt 19 000 Gulden wert.

Johann Caspar Goethe war nun recht wohlhabend, aber kein Frankfurter Ratsherr. Er gehörte nicht zu der Elite, die dank Herkunft und Vorrechten die Stadt verwaltete und regierte. Er gehörte jedoch als promovierter Jurist dem Graduierten-Collegium an, also dem ersten von insgesamt fünf Ständen, in die die Frankfurter Bürgerschaft eingeteilt war, streng voneinander getrennt und schon durch die Kleiderordnung allen erkennbar. Er hatte es sich leisten können, mit dem Geld der Mutter eine Bildungsreise zu unternehmen, die ihn 1739 und 1740 über Wien nach Venedig und Rom, Paris und in die Niederlande führte und eine große Rolle bei der Erziehung seines Ältesten spielen sollte.

Wieder in Frankfurt, hatte er sich gegen eine Gebühr von 313 Gulden den Titel eines Kaiserlichen Rates beschafft, was ihn auf einen angesehenen Posten in der kaiserlichen Verwaltung hoffen ließ und ihm das Recht verlieh, einen Degen zu tragen, der jedoch vom falschen Kaiser stammte. Denn ein Jahr später starb Karl VII., der Widersacher Maria Theresias, und deren Mann wurde als Franz I. zum Kaiser gewählt. Johann Caspar Goethe blieb nur der Degen. Seiner Position und seinem Vermögen nach hätte er nun einen Platz im Rat der Stadt einnehmen können, doch da gab es strenge Regeln gegen Vetternwirtschaft, und ein Stiefbruder saß bereits im Rat.

So war Johann Caspar, als er 1748 die blutjunge Catharina Elisabeth Textor, Tochter des Stadt-Schultheißen aus der Friedberger Gasse, heiratete, ein Rentier, ein Mann ohne Beruf, der von den Zinsen des Familienvermögens lebte und nicht schlecht leben konnte. Er widmete sich seiner weiteren Bildung und spielte die Rolle des Hausvaters. Dafür stand ihm aus dem zinstragenden Vermögen von 90 000 bis 100 000 Gulden ein Einkommen von 2700 Gulden im Jahr zur Verfügung. Das machte ihn zu einem reichen, aber nicht zu einem der reichsten Männer der Stadt. Etwa 400 Frankfurter Familien besaßen mehr als 30 000 Gulden, ein Viertel davon zwischen 100 000 und 800 000 Gulden. Der Vater von Johann Wolfgangs späterer Liebe Lili Schönemann besaß zum Beispiel das Zwei- bis Dreifache der Goethes, der Bankier Moritz von Bethmann hatte 1,37 Millionen Gulden, die Seidenhändler Firnhaber 70 000 und so weiter, aber Johann Caspars Schwiegervater Textor, der mit seinem Richteramt höchstbezahlte Beamte der Stadt, erhielt im Jahr nicht mehr als 1800 Gulden, der Stadtprediger 500, ein Handwerker vielleicht 200, und seinen Dienstboten zahlte Johann Caspar zur freien Kost und Unterkunft je nach Stellung 15 bis 20 Gulden pro Jahr.

1754 stellte sich Johann Caspar Goethe als erstes die Aufgabe, seinen Haushalt nach seinen Vorstellungen zu ordnen. Er benutzte 14 000 Gulden aus seinem Erbe, um die beiden Fachwerkhäuser nach seinen eigenen Plänen so umzubauen, daß sie zu einem verbunden und damit eine angemessene Bühne für sein Leben wurden. Es gab nun eine einheitliche, klare Vorderfront mit dem zentralen Haustor und eine prachtvolle Mitteltreppe, die die Stockwerke verband und die Gäste schon im Entrée so großzügig und für Frankfurt ungewohnt nobel einlud wie später die Treppe, die sich Johann Wolfgang im Haus am Frauenplan in Weimar einbauen ließ. Überall flutete das Licht durch größere Fenster ins Haus, überall hingen Spiegel und vermehrten noch das Licht, das auf in Stil und Farbe wohlbedacht ausgesuchte Tapeten und

Möbel fiel, und überall war Platz für die Bücher und Gemälde, die Johann Caspar Goethe sammelte und sich eigens, gern von einheimischen Künstlern, malen ließ. Der Sohn Johann Wolfgang spottete zwar über des Vaters Schnörkelwesen, nannte das Haus aber »schön und neu möbliert«. Er sah, wie es dem Vater mit seinen vielfältigen Interessen paßte und diente, und diese konsequente Verwirklichung eigener Lebensformen mag ihm in Erinnerung geblieben sein.

Freilich war die Barockzeit noch längst nicht vergangen. Sie lebte weiter im Prunk der dunklen Tapeten und der schweren Lehnstühle im Régencestil der Eß- und Besuchszimmer rechts und links von der Haustür im Parterre, auch in den mächtigen Nußbaumschränken mit ihren Säulen und Pilastern.

In der Küche aber herrschte nach wie vor das Mittelalter. Denn während in England das Industriezeitalter begonnen hatte und den Alltag zu verändern begann, Dampf-, Spinn- und Erntemaschinen die Arbeit erleichterten und den Ertrag steigerten, Kokshochöfen, Walzblech und moderne Druckmaschinen erfunden und entwickelt wurden und im Jahr vor Johann Wolfgang Goethes Geburt die Stahlschreibfeder in Gebrauch kam, kaufte Vater Goethe noch 1772 für 45 Kreuzer »¼ Hundert Federkiel« und blieben im 18. Jahrhundert die Kräfte und Finanzen Europas durch einen Krieg nach dem anderen gebunden: vom Spanischen Erbfolgekrieg und dem letzten Türkenkrieg über den Polnischen und den Österreichischen Erbfolgekrieg bis zu dem Ersten und dem Zweiten und endlich dem Dritten Schlesischen Krieg, der dann der Siebenjährige genannt wurde, schließlich die verheerenden Folgen der Französischen Revolution und der napoleonischen Raubzüge.

Englische Hausfrauen konnten sich kupferne und eiserne Reformherde, wie man die feuerumschließenden Geräte nannte, in die Küche stellen lassen. Auf dem Kontinent standen Köche und

Köchinnen weiter am gemauerten Herd mit seinem gewaltigen Rauchfang, nahmen morgens die Metallstülpe von der am Abend vorher achtsam zusammengescharrten letzten Glut und prüften, ob da unter der Asche noch ein paar Funken glommen und mit etwas Pusten oder dem Blasebalg und ein paar Spänen wieder entflammt werden konnten. Oder ob die ganze Herdfläche gefegt und ein neues Feuer aufgebaut und entzündet werden mußte.

Sollte das Wasser für den Frühstückskaffee kochen, so ging die Küchenmagd zur Pumpe, stellte den Wasserkessel darunter und hängte ihn gefüllt an den Haken über das unterdessen hoffentlich munter flackernde Feuer. Brauchte sie eine heiße Milch für die Morgensuppe, so reichte etwas Glut. Die scharrte sie sich an den Rand des Herdes und setzte eine Grape, ein dreibeiniges Gefäß, direkt in die Glut. Oder sie stellte einen irdenen, innen glasierten Hafen auf ein gußeisernes Dreibein.

Oben im Rauchfang hingen an einer Wurstkrone, einem Stab oder Reifen mit Haken ringsum, die Würste, Schinken und Speckseiten, die noch räuchern sollten. Daneben lehnten die Bratspieße für die großen Fleischstücke oder das Geflügel, die über der Feuerglut unaufhörlich von einer Magd oder dem Küchenjungen gedreht werden mußten, und die Fettwannen, die das dabei Abgetropfte auffingen. Sicher steckten irgendwo Federfächer zum Anfachen und Regulieren des Feuers und ein Gänsefederbusch zum Bepinseln des Bratens.

Im Goethehaus gab es keinen Backofen, und in Vater Goethes Haushaltsbuch wurde regelmäßig der Kauf von sechs bis zwölf Broten pro Monat verzeichnet, manche aus dem eigenen Mehl gebacken, das aus einer der Mühlen am Hang der Taunusberge kam. Es mußte also jemand loslaufen, wenn der Bäcker rief oder tutete, um die täglichen Brote und die Brezeln und Wecken zu kaufen. Und die Köchin konnte den Kuchen nicht nach dem Brotbacken in den eigenen Steinofen schieben, dessen Glut nun gerade richtig für zartere Teige und für Eiergüsse war. Sie mußte statt dessen ein Blech aufs große Dreibein und über die Glut stellen, darauf die Kuchenform, darauf einen Blechdeckel, in den sie so viel Glut schaufelte, wie der Kuchen ihrer Erfahrung nach als Oberhitze brauchte.

Das war noch die Zeit vor den Torten und Gebäckarten, wie sie eine Generation später möglich wurden. Es war die Zeit der Fladen, der Lebzelten, wie man das ausgerollte Kleingebäck nannte, und der einfachen Rezepte. In den Küchen der Fürsten und Könige wurde noch mit solcher Bildhauerkunst gebacken, daß man gar nicht mehr wußte, was Schein und was Sein war. In der bürgerlichen Alltagsküche aber stellte man aus wenigen, immer wiederkehrenden Zutaten – Mehl, Zucker, Mandeln und Eiern – das her, was man in eine runde oder rechteckige Form füllen und relativ problemlos backen lassen konnte.

Rings um den Herd herum hing alles an Abzug und Küchenwänden, was man zum Kochen und Servieren brauchte: Töpfe und Gabeln und Kellen und Löffel. Im Schrank gegenüber und im Tellerbord das Zinn- und Keramikgeschirr für den täglichen Tisch. Wärmehauben für die fertigen Gerichte waren nicht nötig, da die Platten und Schüsseln nur ins benachbarte Speisezimmer getragen zu werden brauchten, das im Winter von der Küche aus geheizt wurde.

Gegenüber der Küche: eins der Dienstbotenzimmer, sicher für Köchin und Küchenmädchen, die anderen lagen oben unterm Dach. Ohne Dienstboten hätte kein Haushalt funktioniert, und es gab für all diese so notwendigen Dienstleistungen der vorindustriellen Zeit einen gesonderten Beruf: Köchin und Küchenmädchen, Kutscher und Sänftenträger, Lakai und Hofmeister, Kammerdiener und Schreiber, Wäscherin und Büglerin, Jäger und Näherin, Läufer und Botenfrau, Brunnenputzer und Gärtner, Amme und Reitknecht, Kammer- und Stubenmädchen, Tafeldecker und Totenwäscher und noch viele mehr. In großen Haushalten arbeiteten manchmal 30 Personen, in Schlössern 300, in solchen von der Goetheschen und Textorschen Größe etwa fünf feste, zu denen weitere kamen, wenn es die Ernte, die große Wäsche, das Schlachten und so weiter erforderten. Manchmal mochten sie dem Prestige dienen, aber meistens dienten sie der Notwendigkeit.

Ende des 18. Jahrhunderts wurden sie zum erstenmal statistisch erfaßt, und so weiß man, daß in Städten wie Hamburg und Berlin, Göttingen und Nürnberg 15 bis 20 Prozent der Bevölkerung Dienstboten waren. Im Großen Hirschgraben hatte man Köchin, Küchen- und Scheuermagd, noch ein Mädchen und einen Diener, je nach Bedarf die Waschfrauen, eine Amme und eine Kindsmagd, für den Hausherrn einen Schreiber und für die Kinder verschiedene Haus- und Musiklehrer, wobei der Vater besonderen Wert auf eine Mischung der Kulturen und Sprachen legte.

Die erste Fremdsprache, die seine Kinder Johann Wolfgang und Cornelia lernten, war Italienisch, das ihnen ein calvinistisch gewordener Dominikanermönch aus Neapel beibrachte. Das Französische lernten sie von einem Emigranten, Latein bei einem Türken, einem ehemaligen Kriegsgefangenen, der Theologie studiert hatte, und Johann Wolfgang bekam auf eigenen Wunsch Jiddisch-Unterricht von einem ehemals jüdischen Schreiber, der sich ebenso wie der Mönch und der Muslim von seinem althergebrachten Glauben abgewandt hatte.

Die Übung in Jiddisch führte zum Studium des Hebräischen, und die Reihe der Lehrer zu einem noch unbewußten Begriff dessen, was Aufklärung bedeutete und vor allem das natürliche Miteinander verschiedener Kulturen in der Einheit der Bildung, in der Welt des Geistes und in einer Stadt, die aus und von diesen Verschiedenheiten lebte. Dieser Reichtum der Verschiedenheit entsprach einem Reich, das aus Hunderten von verschiedenen großen und kleinen Herrschaften und Fürstentümern und Königreichen und Bistümern und freien Städten bestand, Tausenden von Grenzen, Gesetzen, Dialekten.

Trotzdem war die geistige Liberalität von Johann Caspar Goethe noch nicht allgemein üblich, und sie wird den Sohn deshalb ebenso beeindruckt haben wie die Uhr in der Eingangshalle, gegenüber der Küche. Denn noch stand nur in wohlhabenden Familien wie der Goethes eine französische Uhr im Salon und eine Standuhr in der Halle. Johann Wolfgang Goethe hing so an der Uhr aus seinem Vaterhaus, daß er sie später, nachdem sie mit dem Hausinventar verkauft worden war, vom Herzog von Mecklenburg-Strelitz geschenkt bekam und in Weimar die Decke und den Tisch im Vorzimmer zu seinem Arbeitszimmer und dem der Sekretäre so ausbuchten ließ, daß die Uhr wieder ihren beherrschenden Platz erhielt. Im allgemeinen reichte den Bürgern der Uhrenschlag vom Kirchturm. Alle halbe Stunde wurden die Glocken geschlagen, zur vollen Stunde rief ein Turm dem anderen zu, und zu Mittag wie zur Vesperstunde stimmten alle ein so lautes Geläut an, daß jeder wußte: Jetzt gibt's Essen! Oder: Jetzt ist Feierabend!

So wurden auch die Koch- und Backzeiten mit anderen Maßen gemessen. Ein Teig mußte, um schön locker zu werden und dann gut aufzugehen, eine Stunde lang »geklopft« werden, also: von Stundenschlag zu Stundenschlag. Aber ein Gemüsegericht brauchte nur kürzer zu garen: ein Paternoster lang; und der Karpfen nur »so lang, alß ein hart Par Eyer« oder »wie Eß der brauch ist«. So steht es im Haushaltsbuch von Goethes Großmutter und deutet darauf hin, daß die damaligen handgeschriebenen Rezeptsammlungen keine Kochbücher waren, keine Lehrbücher also wie unsere Grundkochbücher, sondern daß sie vieles voraussetzten, nämlich alle Alltagsrezepte und Handgriffe, die ein Mädchen seit Kindesbeinen in der Küche beobachtet und gelernt hatte. Goethes verehrte Großmutter war 14 Jahre alt, als sie mit dem Herrn Dr. Textor vermählt wurde. Ihre Mutter, die Witwe Lindheimer, die vier Töchter unter die Haube zu bringen hatte, wird dafür gesorgt haben, daß alle lernten, »wie Eß der brauch ist«.

Nicht ganz dem Brauch entsprach die Lage der Speisekammer im Goethehaus: Sie war nicht von der Küche aus, sondern vom Flur aus zu betreten. So blieb der Vorrat vor den schwankenden Temperaturen der Küche und ihren Gerüchen bewahrt. Johann Wolfgang Goethe erzählt in *Dichtung und Wahrheit*, wie die Kinder gedörrte Zwetschgen und Apfelringe stibitzten, eine gezukkerte Pomeranzenschale noch obendrauf. Das ging offenbar so durch, aber im allgemeinen war Johann Caspar ein guter und sicher auch genauer Hausvater, der sich immer einen Überblick über das Seine zu verschaffen wußte. Doch er wußte, daß sein Sohn wie wohl jedes Kind von den Geheimnissen der Speisekammer angezogen war. Dieser beschrieb als alter Mann, was er als Knabe gesehen hatte: »Kasten, Säcke, Schachteln, Büchsen, Gläser ...« – neben den Apfelringen und den eingemachten Pomeranzenschalen.

Im Kasten ruhte das Mehl, nach der Ernte als Korn in die Mühle gegeben, ein Vorrat, der bis zur nächsten Ernte reichen sollte und gelegentlich umgeschaufelt wurde, damit das Mehl nicht muffig wurde und verklebte. Auf jeden Fall wurde es vorm Gebrauch durchgesiebt, um Luft ins Mehl zu bringen und auch um zu prüfen, ob es sich nicht Mäuse und Motten darin gemütlich gemacht hatten – trotz der beiden Kater, die 1755 für 12 Kreuzer gekauft worden waren.

In Jutesäcken wurden Linsen und Erbsen, Mandeln und Nüsse in der Schale, Reis und Kastanien von den Händlern oder den Bauern geliefert, in Leinensäckchen waren Rosinen und die selbstgetrockneten Apfelringe, Marillen und Zwetschgen.

In Schachteln wurde der selbstgebackene Frühstückszwieback

und anderes Gebäck aufbewahrt, auch getrocknete Früchte, die gekauft worden waren. In mit Papier ausgekleidete Spanschachteln wurden das Quittenbrot gegossen und die Himbeerlatwerge, ein zähes Gelee.

In Büchsen aus Blech kamen die Kaffeebohnen ins Haus und auch der Tee, der noch eine große Ausnahme war. Catharina Elisabeth Goethes jüngere Schwester Johanna Maria Textor hatte nämlich den Lebensmittelhändler Adolph Melber geheiratet. Aus seinem Laden am Hühnermarkt holten sich die Goethes auch ihre Gewürze, und dort hat das Kind Johann Wolfgang so vergnügt zum Fenster hinaus auf das Marktgewühl geschaut.

In Flaschen stand Eingemachtes, in Gläsern der Honig, vielleicht auch die Gewürze, die erst im Mörser zerstoßen und gemahlen wurden. Wie weiße Türme in blauer Krause ragten der oder die Zuckerhüte auf einem Regal in die Höhe. Brauchte man den kostbaren Rohstoff, so schlug die Köchin ein paar Brocken mit einem Hammer oder dem Küchenbeil ab, und das Küchenmädchen mußte sie im Mörser fein stoßen. Dann wurde das Ergebnis durchs Sieb geschüttelt, das Grobe blieb fürs Backen und Kochen, das Feine war für Kaffee und Tee gedacht und kam in die meist verschließbare Zuckerdose. Mit dem Brockenzucker wurden die Pomeranzenschalen kandiert, das sind Bitterorangen, auch Sevillaorangen genannt. Sie wurden dünn geschält, und diese besonders aromatische Schale wurde zwei- oder dreimal in Zuckersirup gekocht, der durch das Kochen immer konzentrierter wurde.

In den oberen Stockwerken des Hauses zeigte Vater Goethe nun, wie man sich im Rahmen der vorgegebenen mittelalterlichen Mauern, im Rahmen der Konventionen der Stadtgesellschaft und seiner Zeit selbstbewußt den Raum schaffen konnte, den ein der Aufklärung und der Freiheit der Wissenschaften sich widmender Bürger brauchte und sich zubilligte.

Noch war Vater Goethe im Patriziat seiner Heimatstadt eingebunden, noch herrschte des Kaisers absolute Herrlichkeit, noch waren Krönungen und andere feudale oder reichsstädtische Feste öffentlich und fanden vor den Häusern auf den Plätzen statt, um den Ochsen herum, der für alle am Spieß briet und zischelte. Aber das Kind Johann Wolfgang wuchs in die Veränderung nicht nur des Vaterhauses, sondern auch seines Standes hinein. Er nahm des Vaters »ernstes Führen« auf, das erwachende bürgerliche Selbstgefühl, und wenn er den Vater auch Jahrzehnte später bei der Niederschrift von *Dichtung und Wahrheit* anders und herber beurteilte, als es die überlieferten Lebenszeugnisse bestätigen, so hat er als Knabe doch aus der wohlwollenden Nähe miterlebt, daß der Vater seine eigene Lebensart entwarf und verwirklichte, daß er einst durch seine Reise nach Italien und später durch seine Studien sich geistig so zu bilden versuchte, wie es sein Hang zur tatsächlich gelebten Aufklärung erforderte.

Dazu gehörte auch das, was der Sohn in Weimar auf seine Weise vollendete: das Interesse an dem, was neu war auf dem Gebiet der Kunst und Wissenschaft. Und die Geselligkeit, die Johann Caspar Goethe nicht nur als Pflege von Freundschaft und Nachbarschaft wichtig war, sondern auch als Gelegenheit, sich von Besuchern und weitgereisten Gästen über das hinaus informieren und belehren zu lassen, was ihm seine Bücher und einheimischen Gesprächspartner boten.

Wer also zu Gast gewesen ist in diesem Haus, der schritt über die Schwelle, durch den Weingeruch, der alles durchdringend aus dem Keller in die Halle stieg, und dann ging es nicht gleich links in die Blaue Stube, denn das war das Familien-Eßzimmer. Es ging die Treppe mit dem zierlich geschnörkelten Gußeisengeländer mit den Initialen der Hausleute hinauf.

Oben im ersten Stock empfing den Gast ein weiträumiger Vorsaal – rechts strömte Licht und im Sommer frische Luft durch schon modern hohe Fenster herein. Geradeaus standen wie im Flur vom Parterre zwei Schränke, die man heute als Frankfurter Schränke bezeichnet und die Haus- und Tafelwäsche enthielten. Denn links öffneten sich nun die Staatszimmer für Feste und Gäste.

In der Mitte die Rote Stube oder »das Peking« – so genannt, weil die Wachstuchtapete nach der Mode der zweiten Hälfte des 18. Jahrhunderts mit Chinoiserie-Mustern bedruckt war. Das Peking lag mitten zwischen zwei Seitenkabinetten, gegenüber öffnete sich das Musikzimmer: eine ganze Etage für Geselligkeiten, Aufführungen, Feste, Konzerte, Liederabende – aber keine Bankette, kein Aufwand des Standes wegen, kein öffentlicher Zweck. Bürgerliches Privatleben, noch mit den übernommenen Formen des Feudalismus, noch mit Zinntellern, die dem höfischen Silber nachgeformt waren, noch mit Möbeln, die so dick gepolstert und mit so breiten Sitzen versehen waren, wie es Menschen im aristokratischen Gewand der Reifröcke und der ausschweifend breiten Herrenfräcke brauchten.

Die *meubel* für dieses Zimmer waren bei der Herrnhuter Gemeinde in Neuwied bestellt worden, mit der die Goethes ohnehin gesellschaftlich verbunden waren. Abraham Röntgen gehörte zu ihnen, und seine Arbeiten waren das gleichzeitig Beste und Modischste, was aus den damaligen Ebenisten-Werkstätten kam. Das erste halbe Dutzend Stühle wurde im Dezember 1754 geliefert, das Material bekam Johann Caspar Goethe extra berechnet: ⅛ Zentner Roßhaar, Band und Gurt, 500 gelbe und dito schwarze Nägel, Bezugsstoff und Arbeitslohn. Am 24. Dezember kamen weitere sechs Stühle, zu Weihnachten konnten sich Goethes also das erste Mal in die rote Pracht setzen. Zwölf Sessel standen nun für Gäste bereit, so rot bezogen wie die karmesinroten Brokatvorhänge.

Wie die Geselligkeiten in diesen guten Stuben im ersten Stock begangen wurden, schildert Johann Wolfgang Goethe 1769 in einem Brief so: »ehegestern war so gar Versammlung [der Herrnhuter] in unserm Hause ... es war alles, in floribus, ordentlich eingerichtet wie eine Gesellschaft, Wein und Würste und Milchbrodt auf einem Seitentische ...« Es wurde also gegessen und musiziert, nach der Mahlzeit die Liedertafel eröffnet, begleitet von Cornelia am Klavier und auf dem Cello, das Johann Wolfgang lernte. Eine Form der Geselligkeit, die damals üblich war, zu der man sich gelegentlich ein herumreisendes Wunderkind wie Wolfgang Amadé Mozart aus Salzburg zum Spiel auf dem Pianoforte einlud. So wie der Geheimrat Goethe später in Weimar die Liederabende pflegte und sich vom Wunderkind aus Berlin, Felix Mendelssohn, vorspielen und begeistern ließ.

Nun also im Goethehaus in Frankfurt noch eine Treppe höher. Im zweiten Stock war das untergebracht, was aufgeklärter Geist und familiäre Seele des Hauses waren: in der Mitte das Gemäldekabinett, das der Herr Rat nach dem Umbau als erstes eingerichtet hatte und in dem er seine auf Reisen gesammelten und im Laufe der Jahre bei Frankfurter Malern bestellten Bilder, die vorher im ganzen Haus verstreut hingen, zusammengeführt hatte.

Noch malten Künstler nach Auftrag und auf Bestellung der nun vorwiegend bürgerlichen Kundschaft. Erst im kommenden Jahrhundert mit seinen gravierenden wirtschaftlichen und gesellschaftlichen Folgen der Französischen Revolution müssen sich Maler und Architekten auf dem freien Markt behaupten. Wieviel Johann Caspar für seine Bilder zahlte, hat er sorgfältig festgehalten: 1753 für zwei Küchenstücke, also Stilleben, 30 Gulden, für vier weitere Gemälde 129 und für das Familienbild im Schäferstil, das Johann Konrad Seekatz 1762 malte, 60 Gulden. Insgesamt hingen im Kabinett des Herrn Rat 16 Gemälde, dazu Stiche von Piranesi, Chodowiecki und anderen.

Das Kind Johann Wolfgang hat jedoch nicht nur in der Gemäldesammlung des Vaters gelebt, sondern hat auch die anderer kunstsinniger Bürger gekannt und diese später mit Spenden unterstützt: die Sammlung von Johann Friedrich Städel, die etwa 60 000 Handzeichnungen und Kupferstiche samt anderen Kunstwerken umfaßte und die Städel mit über einer Million Gulden als Stiftung hinterließ; die naturkundliche Sammlung des Arztes Johann Christoph Senckenberg; die Antiken-Sammlung der Familie Bethmann und andere.

Die Stadtbibliothek mit ihren etwa 100 000 Bänden stand allen Bürgern zur Verfügung, die Kunstwerke im Bürgerbesitz jedoch nicht. Sie hingen und standen in den Privat- und Empfangsräumen und wurden Freunden und durchreisenden Gästen und Geschäftspartnern gezeigt, oft nach dem Essen, nach einer Teegesellschaft.

Zu Lebzeiten von Goethe entstanden die allgemein zugänglichen bürgerlichen Stiftungen in Frankfurt und anderen reichen Städten, kauften Könige wie Ludwig I. von Bayern die Sammlung der Brüder Boisserée für seine Pinakothek, wurden die Gemälde aus der Sammlung Wallraf der Grundstock für das Museum in Köln, und die Fürsten gestatteten Wissenschaftlern und interessierten Untertanen, ihre Kunstkammern zu bewundern.

Neben dem Gemäldekabinett im Hirschgraben und ihm gegenüber lagen die Stuben der beiden Frauen, Frau Rat Goethe und Tochter Cornelia, im hellen freundlichen Stil der Zeit, des ausgehenden Rokoko, eingerichtet.

An das Gemäldekabinett schloß sich die Bibliothek an, die mit einer beträchtlichen Sammlung von wissenschaftlichen, naturkundlichen, archäologischen Werken, Lexika, Wörterbüchern, Kunst- und Reisebeschreibungen bestückt war. Der Raum lag ruhig, aber so im Winkel zur Treppe, daß der Hausvater wohl verfolgen konnte, wer vorbeikam und in die obersten Stockwerke ging, in denen die Kinder und die Dienstboten untergebracht waren. In dieser Bibliothek mit ihren fast 1700 Bänden stand auch das *Hauswirtschaftsbuch* von Julius Bernhard von Rohr aus dem Jahr 1722, das neben den üblichen Vorschlägen zur Pflege von Mensch, Tier und Haushaltsdingen auch eine Reihe von Kochrezepten enthielt, nach denen die Frau Rätin sich richtete.

»Geburtstagsschnecke für Wolfgang 20 Kreuzer« Liber domesticus *oder: Alltag der Familie Goethe*

An einem Tisch in der Bibliothek, mitten zwischen seinen Büchern, hat Johann Caspar Goethe am 1. 1. 1753 noch zu Lebzeiten seiner Mutter und vor dem Umbau des Hauses begonnen, in lateinischer Sprache einen *Liber domesticus*, ein Haushaltsbuch, zu führen, das allmählich ins Deutsche überging und bis zum 10. 9. 1779 fortgesetzt wurde. Es war damals üblich, solch ein hauswirtschaftliches Tagebuch zu führen, in dem nicht nur die Ausgaben notiert wurden, sondern je nach Temperament und Wesensart auch Tagesereignisse und Erfahrungen. So sind sie ein getreuer Spiegel des betreffenden Familienalltags. Später übernahm Elisabeth Goethe die Aufzeichnung und setzte sie in einem eigenen Haushaltsbuch fort.

Aus dem *Liber domesticus* kann man erfahren, daß Goethes in diesem Vierteljahrhundert 70 000 Gulden ausgaben, also 2600 pro Jahr, fast genau das, was der Familie an Zinseinnahmen zur Verfügung stand. Die jährlichen Steuern darauf: 440 Gulden. Wieviel diese alte Reichswährung heute wert wäre, wird unterschiedlich geschätzt und schwankt zwischen umgerechnet 20 und 50 eur für einen Gulden, der aus 60 Kreuzern bestand.

Für die Wohnung samt Holz und Kohle, Licht und Geschirr wurden im Jahr durchschnittlich 190 Gulden ausgegeben, für Dienstboten und Handwerker 369, für Lebensmittel 893, für Kleider und Schuhe 180, für häusliche Geselligkeit und Konzerte 50, ebensoviel für den Unterricht der Geschwister Johann Wolfgang und Cornelia und für den Arzt und die Körperpflege im weitesten Sinne.

Regelmäßige Posten in jedem Monat: die Brotlaibe, darunter

das Bornheimer *pane nigro*, also kräftiges Schwarzbrot, und je nach Jahreskreis Pfingstbrote, Osterbrote, Festtagsstriezel und ähnliches. Manchmal kamen Plätzchen und Naschwerk für 20 Kreuzer dazu, Kuchen und Kringel oder Waffeln oder ein Pfund »italienische Würmchen«, ein weißes kandiertes Zuckerzeug, wie es der Frankfurter Maler Georg Flegel immer wieder auf seinen Stilleben festgehalten hat: Unter der undurchsichtigen Zuckerschicht verbargen sich Früchte, Obstschnitze, Gewürze wie Kümmel oder Ingwer, auch Nüsse oder Rosinen. Das war eine ebenso beliebte Leckerei wie das Süßholz. Goethe erzählt in seinen Lebenserinnerungen von einem Besuch bei der Tante mütterlicherseits, deren Wohnung und Laden »mitten im lebhaftesten, gedrängtesten Teile der Stadt an dem Markte lag«. Dort nun interessierten ihn vor allem »das Süßholz und die daraus bereiteten braunen gestempelten Zeltlein«, die wir heute Lakritze nennen.

Meist jedoch werden im *Liber domesticus* Grundnahrungsmittel notiert: Gerste, Linsen und Erbsen, ein Korb Bohnen, ein Sack Mehl, 13 Pfund Reis. Hinzu kamen in regelmäßigen Abständen 1 Zuckerhut zu 4 Pfund für etwas über einen Gulden, Kandiszukker, Käse aus Emden, Wurst aus Göttingen, Porto für die Wurst aus Göttingen, Rüböl für die Laterne und Salz für die Küche. Regelmäßig wurden große Mengen von Sommer- und Herbstbutter eingekauft, die für den Wintervorrat ausgelassen und in Steintöpfe gegossen wurden: 183½ Pfund à 11 Kreuzer.

»Daher sind die Monathe May und Juni meine fatalsten im gantzen Jahr«, schrieb Goethes Mutter später, 1798, an Christiane Vulpius, »da wird vor das gantze Jahr Butter eingemacht – da komt vor das gantze Jahr Holtz – da koche ich meine Molken – da wird die große Wasche besorgt u. d. g. …« Teuer waren meistens die Gewürze. Pfeffer und zerkleinerten Ingwer gab es zu 30 Kreuzer das Pfund, doch Tamariskenblüten und Tamariskennüsse, Gewürznelken und Zimtrinde kosteten das Zehnfache und mehr.

Teuer war auch Kaffee: in Bohnen 2 Gulden das Pfund. Preiswert war dagegen das Fleisch, sei es nun vom Rind, vom Schaf oder – gern als fertig geräucherter Schinken – vom Schwein.

Das wurde alle ein bis zwei Jahre auch bei Goethes im Hof geschlachtet. Die Kosten für die Hausschlachtung im Januar, die Johann Wolfgang ihres Gestankes wegen verabscheute, hat Vater Goethe genau aufgelistet:

1 lebendes Schwein, 117 Pfund = 11,42 fl
dem Gewichtstaxator 6 Kreuzer
den das Schwein heranschaffenden Trägern 14 Kreuzer
Metzgerlohn fürs Schlachten 40 Kreuzer
für den öffentlichen Schlächter 10 Kreuzer
Ausgabe für Fleischbeschau 3 Kreuzer
1/10 Scheffel Salz 20 Kreuzer

Alles in allem kostete die Hausschlachtung nach Johann Caspar Goethes Berechnung 12,55 (!) Gulden. Diese sorgfältige Aufstellung kann den Nachfahren zeigen, wie es immer schon mit den Nebenkosten bestellt war, und aus einem Brief seiner Enkelin, Cornelia Schlossers Tochter, vom Januar 1793 kann man erfahren, wie das ganze Haus an dieser Arbeit beteiligt war: »Gottlob! Die Wurschterei, Speckschneiderei und alles ist fertig, und ich konnt's kaum erwarten, denn es ist heute effroyable kalt …«

An diesen Arbeiten aber konnten die Kinder lernen, wie das entstand, was gebraucht und verbraucht wurde, und was es im einzelnen kostete. Lehrstunden für den späteren Minister und Dichter.

Das galt auch für die Wäsche: Im *Liber domesticus* wurden zwei- bis dreimal im Jahr die Kosten für eine große Wäsche eingetragen, Frühlings- und Herbstwäsche je 24 Gulden. Das erklärt den Wäschereichtum des Haushalts und des einzelnen, denn diese Fülle war kein Luxus, keine Verschwendung, sondern Sparsamkeit. Man mußte mit der Leib- und Hauswäsche den Winter über auskommen, denn Extrawäschen waren teuer. Wenn also Johann Caspar Goethe ein gastfreies Haus führte und sein Sohn in Weimar fast jeden Tag Gäste hatte und einen weißgedeckten Tisch liebte, brauchten sie reichlich Tischtücher und Servietten. Es war daher nicht außergewöhnlich, daß ein Mann 300 Hemden besaß, ebenso eigens für ihn gesponnen und gewebt wie die Tischlaken und Küchentücher.

Johann Wolfgang Goethes Diener Philipp Seidel notierte später in Weimar gewissenhaft, wie viele Spindeln für seinen Herrn arbeiteten und was den Leinewebern zur Vesper zugestanden wurde. Und obgleich in England seit Jahrzehnten Spinnmaschinen ratterten, ging das Spinnen und Weben unter Aufsicht von Christiane Vulpius weiter, und auf Wäschelisten wurde festgehalten, wie viele Tischtücher und Servietten Goethe besaß. Noch 1807 kaufte Mutter Goethe, die stets und penibel ihr Flachs-, Spinn- und Weberbüchlein geführt hatte, auf der Frankfurter Herbstmesse ein neues Spinnrad und 10 Pfund Mainzer Flachs. Und sie freute sich so über den Fleiß im Hause des Sohnes am Frauenplan, daß sie seiner Frau eine Sendung Flachs zukommen ließ.

Jede Woche wurde in Frankfurt bei Goethes das dazugekauft, was den eigenen Vorrat aus den Gärten – Bohnen und Erbsenschoten, Zwiebeln und Rapunzel, Aprikosen und Kirschen, gelbe Äpfel und Klosterbirnen – ergänzte: andere Früchte und Marktgemüse. Beides war so alltäglich, daß seine Verwendung nur dann in den kostbaren handgeschriebenen Kochbüchern erwähnt wird, wenn es sich um ein besonders ausgefallenes Rezept handelt.

Frisch geerntete Früchte stellten den täglichen Nachtisch dar und wurden vor allem zum Frühstück gegessen. Goethes Mutter schrieb zufrieden, wie Charlotte von Steins Sohn Fritz, der bei ihr zu Besuch war, eine schöne große Birne zum Frühstück verspeist habe, während sie ihren Tee trank. Auch in den Weimarer Haushaltsbüchern kann man die Frühstücksfrüchte entdecken, und August von Goethe bedankte sich im August 1798 beim Vater »vielmals für das Schächtelchen mit schönen Aprikosen … Sie waren sehr schön süß und wohlschmeckend, … einen Theyl davon habe ich am Sonntage zu meinem Frühstück gegessen«.

Daher tauchen im *Liber domesticus* nur die besonderen, auch die besonders teuren Einkäufe auf: Da werden 100 verschiedene Äpfel oder spätreife Birnen erstanden, französische Graubirnen, Mirabellen, alles 20 bis 30 Kreuzer pro Pfund, während die Birnen vom Bauern nur 6 Kreuzer kosteten. Auf jeden Fall wurden im Oktober oder November Kronberger Kastanien halb- oder viertelzentnerweise gekauft, die Johann Wolfgang Goethe bis ins hohe Alter so gern zu Fleisch und Gemüse aß, allen anderen Beilagen vorzog und sich noch in der Woche vor seinem Tod bei Marianne Willemer bestellte.

Im Herbst hatte Frau Aja, wie Goethes Mutter nach der Mutterfigur in der damals sehr beliebten *Geschichte von den vier Haimonskindern* genannt wurde, wieder viel zu tun. Es wurde Vorrat fürs Einsalzen gekauft: Mitte August kamen 800 Gurken an die Reihe für 56 Kreuzer, Ende August noch einmal 600 Stück. Im November hobelte der Krautschneider für 50 Kreuzer 100 Haupt Weißkraut.

Im allgemeinen war Vater Goethe großzügig. Nicht nur, daß er monatlich den »Greisinnen«, also wohl dem Armenspital, einen halben Gulden gab, er erleichterte seinen »Küchenköniginnen« gern die Arbeit und ließ sie vom Bäcker Kuchen kaufen – was freilich auch mit dem nicht vorhandenen Backofen oder Backhaus zusammenhing, das man ohnehin nicht mehr gern mitten zwischen die ja immer noch zu großen Teilen aus Holz bestehenden Fachwerkhäuser baute. Die Brandgefahr war zu groß. So gab Vater Goethe im Juli 1754 für die »Sammlung beim Brand bey Sulzer« eine Spende von 1 Gulden, und der spätere Staatsminister lernte etwas über Brandschutz und über die praktische Nachbarschaftshilfe kennen und beherzigen.

Nicht nur Pfingst- und Festtagskuchen kauften die Goethes, sondern zwischendurch auch einmal eine Mandeltorte und ein halbes Dutzend Waffeln, dann einen Weinbeerenkuchen, ein paar Tage später »der Zuckerbäckerin Beerenkuchen für einen Gulden«; der war belegt mit Ribetis, also mit Johannisbeeren. Im Herbst ließ er einen Erdbeerkuchen aus *fragis confecta*, eingemachten Erdbeeren, kaufen und eine Apfeltorte, im Dezember einen Kuchen mit Apfelmus und am 31. Dezember: »Festkuchen, 50 Kreuzer«.

Wenn Johann Caspar Goethe notiert: »Zusammenkunft der Freundinnen 2 Gulden«, so wird sich das auch auf Kuchen und Kaffee beziehen, für das Kränzchen der Frau Rätin. Festgehalten ist außerdem die erste Geselligkeit, die Johann Wolfgang Goethe mit seinen fünf Jahren veranstaltet hat: »Die erste Zusammenkunft der Knaben von Wolfgang gehalten«, war im Juni 1754 mit 44 Kreuzern billiger als das Zwei-Gulden-Kränzchen der Mutter. Für die »Geburtstagsschnecke für Wolfgang« wurden in diesem August 1754 nur 20 Kreuzer ausgegeben. Am achten Geburtstag, im August 1757, mußte der Vater für die *Natalis majores* schon 18 Gulden eintragen, dazu offenbar ein Lieblingsessen: einen Speckkuchen für 6 Kreuzer.

Immer wieder wurde ein Rahmen, wohl für ein neu erstandenes Gemälde, vergoldet, für 2 Gulden, wurden »Lautenseyten« gekauft, 12 »Büschel« zu 48 Kreuzer, für die Liedertafel, den gemeinsamen Gesang, zu dem man sich nach dem Essen noch einmal zusammensetzte.

Der *Liber domesticus* zeigt vor allem den Alltag der Familie Goethe im Jahreslauf, den geordneten Ablauf in Haus und Gärten, was sich wie eine Einleitung zu der Ordnung liest, die Johann Wolfgang von Goethe später in seinem eigenen Hauswesen verwirklichte. Da kam also in den ersten Januartagen der Rauchfangkehrer, der ein Jahressalär von 23 Gulden erhielt, und strich für die *repurgatio camino* 1,30 Gulden ein. Der Herr Rat mußte 3 Pfund Kerzen nachkaufen, vorsorglich gleich einen halben Zentner Seife. Dann war ein Sitz in der *Latrinam Camera* für etwa 2 Gulden zu erneuern, und im Studierzimmer mußte alles wieder aufgefüllt werden: 1 Schoppen Tinte zu 8 Kreuzer, Schreib- und Briefpapier für 1 Gulden, 3 Buch Concept-Papier für 21 Kreuzer und 2 Stangen »roth Siegellack« 24 Kreuzer. Das jährliche Laternengeld von 5 oder 8 Gulden war zu entrichten, denn unterdessen hatte Frankfurt besser gepflasterte Straßen und in jeder öffentliche Laternen. Der Laternenanzünder erhielt 1,16 Gulden.

Goethes besaßen keine eigene Kutsche, was in der kleinen Stadt auch kaum nötig war. Wenn der Herr Rat mit Familie »zum Landgut« fahren wollte, mietete er sich einen »Wagen auf Landgut« für 30 Kreuzer. Bei schlechtem Wetter ließ sich die Frau Rätin für ein paar Kreuzer mit der *portechaise*, der Sänfte, tragen, aber im allgemeinen konnte der Herr Rat in seinen Leinenstrümpfen (4 Paar zu 4 Gulden) über wärmenden Unterstrümpfen (4 Paar zu 3,16) durch die Stadt spazieren. Zum Jahresende hatte er Catharina Elisabeth ein Paar weiße Seidenstrümpfe zu 4,48 verehrt, und weil diese weiblichen wie männlichen Beinkleider nicht billig waren, tauchen immer wieder Reparaturposten auf: »Seidenstrümpfe anzuweben: 2 Gulden, Verstärken der schwarzen Strümpfe: 3 Gulden« und so weiter. Wurden diese Kostbarkeiten – extra – gewaschen, mußten für 2 Paar 12 Kreuzer bezahlt werden und für »zwei Strang Seide zum Bestopfen« die erhebliche Summe von 1 Gulden und 12 Kreuzer.

Wer sich sehen lassen wollte, mußte dem Peruquier für ein halbes Jahr Bedienung 10 Gulden zahlen, für einen Haarbeutel extra 1 Gulden und gelegentlich »dem Frisör für Haar 10 Kreuzer« und zur Vollendung der Hygiene »pro Zahnsäuberung 2 Gulden, der

Ehefrau Zähne plombieren 10 Gulden«. Zahnärzte waren also immer schon teuer.

Im Frühling zog der Scheren- und Messerschleifer durch die Gassen, und Goethes hatten für ein paar Kreuzer für ihn zu tun. Sie kauften von ihm auch gleich Rattengift und ließen den Kater für 20 Kreuzer kastrieren. Dann wurden 6½ Pfund Garn gefärbt und zum Weber gebracht. Sein Lohn betrug 6 Gulden.

Viele Jahresfeste wurden öffentlich gefeiert, so fuhr die Familie mit dem Wagen zur Fasnacht und trank den Fasnachtstrunk für 36 Kreuzer. Zur Messezeit im Mai notierte der Hausvater nur, daß das »Messegeschenk der Dienstboten« pro Nase 3 Gulden betrug. Darunter wurden nur Waren, ohne Preis, vermerkt: Handschuhe, Küchentuch, Schreibpapier, 2 Stiefel für Diener, Seide, Plüsch, Wolle, Damast, Seidenstrümpfe, Nachthemden. Das zeigt, was diese allgemeine Messe damals für die Haushalte bedeutete.

Im Sommer erhielt »der Kutscher Adam für Wegfahren von Kehricht 2 Gulden«, denn damals hieß es in Frankfurt, »jeder kehre vor seiner Tür«, und wer das nicht machte, bekam den Kehricht einfach ins eigene Haus zurückgeschaufelt.

Im Juli mußte ein »Sonnendach« repariert werden, und im Spätsommer wurde Kohle für die Öfen gekauft: 2 Kufen für 1 Gulden. Im Herbst mußte Holz in den Schuppen im Hof gebracht werden, ein Gilbert für 17 Gulden. Das war ziemlich viel, weil die wachsende Stadt die Wälder fraß und das Holz, rar und teuer geworden, längere Transportwege hinter sich bringen mußte. Gleichzeitig wurden der Ofen repariert und der Brunnen geputzt. Dann war die Herbstwäsche an der Reihe, es waren noch einmal ¼ Zentner Stärke und 3 Pfund Berliner Blau à 24 Kreuzer nötig.

Im November bestellte man das besonders gute Talglicht aus Oberursel, einen halben Zentner für 14,16 Gulden. Außerdem wurde für Streusand gesorgt. Hatte es frühen Frost gegeben, so mußte man das Eis wegfahren lassen, und die 12 Schnupftücher für 12 Gulden zeigen, wie manierlich sich die Goethes bei der Wintererkältung verhielten.

Im Dezember wurde noch einmal geputzt: »für Schmutz auf der Straße gesammelt, vier Wagen: 4 Gulden, dazu zwei Tagelöhner: 1,14«. Vor allem aber wurde für Weihnachten vorgesorgt. Fester Bestand waren ein Festtagsbrot, drei bis vier Schwartenmagen, zwei Sardellenwürste und Bratfisch, ¾ Pfund brauner Kandis, »4½ Pfund mit bergamotte Oel getrockneter Thee«. Dazu kamen zwei Lagen Burgunder, Schweizer Käse, 3 bis 4 Pfund Lichter und spezielle Nachtwachslichter und fürs Backen drei Malter Mehl für 26 Gulden. Für das Fest, das wesentlich aufwendiger als Weihnachten begangen wurde, für Neujahr, die *occasione Festi anniversari*, trug Vater Goethe pauschal ein: 25 Gulden.

In *Dichtung und Wahrheit* erzählt der alte Goethe ausführlich von seinen frühesten Gartenerlebnissen und davon, wie gern er die Großeltern besuchte: »Ihre Wohnung lag auf der Friedberger Gasse und schien ehmals eine Burg gewesen zu sein: denn wenn man herankam, sah man nichts als ein großes Tor mit Zinnen, welches zu beiden Seiten an zwei Nachbarhäuser stieß. Trat man hinein, so gelangte man durch einen schmalen Gang endlich in einen ziemlich breiten Hof, umgeben von ungleichen Gebäuden, welche nunmehr alle zu einer Wohnung vereinigt waren. Gewöhnlich eilten wir sogleich in den Garten, der sich ansehnlich lang und breit hinter den Gebäuden hin erstreckte und sehr gut unterhalten war, die Gänge meistens mit Rebgeländer eingefaßt, ein Teil des Raums den Küchengewächsen, ein andrer den Blumen gewidmet, die vom Frühjahr bis in den Herbst in reichlicher Abwechslung die Rabatten sowie die Beete schmückten. Die lange, gegen Mittag gerichtete Mauer war zu wohl gezogenen Spalier-Pfirsichbäumen genützt, von denen uns die verbotenen Früchte den Sommer über gar appetitlich entgegenreiften.«

Pfirsiche, »Pfirschen«, wie sie auch bei Goethes genannt wurden, führen in Johann Wolfgang Goethes Erinnerung die Reihe der Früchte an. Sie lockten nicht nur am Spalier, sie stellten auch Trost und Belohnung für die Kinder dar. Wenn diese die nächtliche Furcht vor den Gespenstern und den Schatten, dem Knarzen der alten Dielen und dem Wimmern des Windes in allen Ritzen und Spalten überwunden hatten und nicht die Holzstiege zu den Mägden unterm Dach hinaufgehuscht waren, dann wurde ihnen am nächsten Morgen »ein reichlicher Genuß« von Pfirsichen versprochen.

In Großvater Textors Garten aber vermieden sie lieber die Seite des Pfirsichspaliers, »weil wir unsere Genäschigkeit hier nicht befriedigen durften, und wandten uns zu der entgegengesetzten, wo eine unabsehbare Reihe Johannis- und Stachelbeerbüsche unserer Gierigkeit eine Folge von Ernten bis in den Herbst eröffnete … In diesem friedlichen Revier fand man jeden Abend den Großvater mit behaglicher Geschäftigkeit eigenhändig die feinere Obst- und Blumenzucht besorgend, indes ein Gärtner die gröbere Arbeit verrichtete … Er selbst band sorgfältig die Zweige der Pfirsichbäume fächerartig an die Spaliere, um einen reichlichen und bequemen Wachstum der Früchte zu befördern … Alle diese Gartenarbeiten betrieb er ebenso regelmäßig und genau als seine Amtsgeschäfte …«

Ebensooft war der Knabe Johann Wolfgang auf den »Grundstücken, welche mein Vater vor den Toren besaß. Das eine war ein großer Baumgarten, dessen Boden als Wiese benutzt wurde und worin mein Vater das Nachpflanzen der Bäume, und was sonst zur Erhaltung diente, sorgfältig beobachtete … Noch mehr Beschäftigung gab ihm ein sehr gut unterhaltener Weinberg vor dem Friedberger Tore, woselbst zwischen den Reihen der Weinstöcke Spargelreihen mit großer Sorgfalt gepflanzt und gewartet wurden. Es verging in der guten Jahreszeit fast kein Tag, daß nicht mein Vater sich hinausbegab, da wir ihn denn meist begleiten durften und so von den ersten Erzeugnissen des Frühlings bis zu den letzten des Herbstes Genuß und Freude hatten. Wir lernten nun auch mit den Gartengeschäften umgehen, die, weil sie sich jährlich wiederholten, uns endlich ganz bekannt und geläufig wurden. Nach mancherlei Früchten des Sommers und Herbstes war aber doch zuletzt die Weinlese das Lustigste und am meisten Erwünschte; ja, es ist keine Frage, daß, wie der Wein selbst den Orten und Gegenden, wo er wächst und getrunken wird, einen freiern Charakter gibt, so auch diese Tage der Weinlese, indem sie den Sommer schließen und zugleich den Winter eröffnen, eine unglaubliche Heiterkeit verbreiten.«

Urbilder, Vorbilder für das im wahrsten Sinne des Wortes natürliche Ineinander und Nacheinander von Arbeiten und Feiern. »Saure Wochen, frohe Feste«, wie es Johann Wolfgang Goethe später knapp und trefflich im Vers zusammengefaßt hat. Bilder, die später in Weimar ihre Wirkung hatten und zur Zeit ihrer Gegenwart eine Entsprechung in Vater Goethes *Liber domesticus*.

Dort kann man nachlesen, was die Eigenversorgung mit Obst und Gemüse kostete: Dem Gärtner hat Johann Caspar Goethe in jedem Jahr 50 Gulden gezahlt, für die Bearbeitung des Baumstücks 7 bis 17 Gulden. Dazu kamen die Arbeiten in den Obst- und Weingärten und die damit verbundene im Keller. Im März mußten also die Setzreiser gepfropft, für 1 Gulden neue Spargelpflanzen gesetzt werden, und für alle Frühjahrsarbeiten bekam der Gärtner zusätzlich 7½ Gulden.

Im März wurde der Wein abgezogen, das kostete 9 Gulden, dann wurde zum Beispiel noch dazu ein Faß Bodenheimer Wein für 261 Gulden gekauft und für 50 Kreuzer in den Keller geschafft. Im April wurden vom Weingärtner abermals Pflanzen gesetzt, im Juli mußten die Feldbrunnen gereinigt werden, in diesen Sommermonaten half der Gärtner auch auf der Baumwiese und dem Weingärtner beim Birnenpflücken und bekam dafür einen Extragulden. Im Oktober erforderte die Weinlese »Ausgaben allgemein 20 Gulden«, und im Dezember wurden 18 Bäumchen gepflanzt. In den ruhigen Wochen des Winters hatte der Winzer dann Zeit, für die Küche Weidenkörbe zu flechten.

Das war das Gartenjahr. Damit verbunden waren die entsprechenden Arbeiten im Hause.

Die schönsten und reifsten Früchte – wie Großvaters »Pfirschen« – wurden fürs Frühstück reserviert, fürs Sommerfrühstück. Im Winter gab es die Morgensuppe, zum Beispiel aus geriebenen Milchbrötchen, Rosinen und Zucker. Noch in Weimar, ein halbes Jahrhundert später, notierte die Köchin: »Milch zum Morgenbrei«, und wenn Goethe in Jena arbeitete, verlangte er Grütze, die er in seinen Morgenbrei rühren könne. Oder, im April 1783, als »Morgenbrot«: »Ein Bratapfel, im Garten.« Dazu freilich: »Eine Frankfurter Wurst und Butter (zu Brötchen oder Brezel) in der Büchse.«

So wie dieser Apfel im April nicht mehr als Tafelobst – also als Frucht, die mit ihresgleichen in schönen Schalen als Dessert auf die Tafel kam – zu servieren war, aber schrumplig und durch den Feuchtigkeitsverlust süßer und aromatischer als im Herbst gerade den richtigen Zustand fürs Backen gewonnen hatte, so verbrauchte man alle Früchte nach ihrer jeweiligen Qualität. Frisch gepflückt, also gleich in den Mund oder auf den Tisch. Anderes von bester Qualität – denn nur dann schimmelte oder faulte es nicht – wurde an der Sonne getrocknet: der Apfel in Ringe geschnitten und auf eine Schnur gefädelt, die Kirschen und Zwetschgen wie Rosinen mit den Steinen, die Birnen ganz oder in Schnitzchen.

Pflaumenmus, Apfelkraut, Quittenpaste (heute sagt man Quittenbrot), »Himbeerlatwerge«: So füllten sich Kasten und Regale. Die späten Apfel- und Birnensorten kamen erst im Oktober auf Stroh oder auf die Horde, und ein Küchenmädchen oder die

Köchin selbst überprüfte regelmäßig den Zustand der Konserven, drehte die Äpfel und Birnen um und nahm die mit Stellen gleich in der Schürze mit in die Küche. Noch in den Speiseplänen, die der Geheimrat in Weimar entwarf, notierte er als Beilage zu Rind- und Wildfleisch, auch zu Tauben oft und gerne Apfelstückchen, Birnenkompott, »Äppelbrei« oder Kirschkompott.

Nicht weniger aufwendig war es, das Gemüse haltbar oder einzumachen: Die Gurken kamen wie Schnibbelbohnen und Kraut in Salz oder Essig in Steinkrüge und in die Speisekammer oder in den Keller. Wurzelgemüse wurden im Keller eingeschlagen, die Knollen mit Erde bedeckt, aus der das Grüne herausragte.

Goethes Spargel, die er im Winter auf seinen Speisezettel setzte, kochte man nach der Ernte in Wein oder Essig und Wasser halb gar, schüttete sie samt dieser Brühe in Steingutgefäße und goß sie mit flüssiger Butter zu, so daß sie in ihrem sauren Grab luftdicht abgeschlossen waren. Vermutlich verdeckte dann die Sauce aus Butter und Milch, manchmal auch »rohm«, die ihm die Köchin dazu bereitete, den Geschmack oder den Mangel desselben. Diese Milchsauce, eine helle Einbrenne, wurde für die feinen Gemüse oft mit Eidottern vollendet, eine Vorstufe für die Buttersaucen, an die man sich auf dem im Herd gezähmten Feuer wagte.

Spargel war freilich Goethes Lieblingsgemüse, und so ist diese Methode der Sauerkonserve die einzige Seltsamkeit, die sich aus der technisch unzulänglichen Küchensituation erklärt. Im allgemeinen waren Früchte- und Gemüsesorten frischer, da sie kaum transportiert werden mußten, dadurch reifer und wohlschmekkender und zudem artenreicher als heute.

Auch auf den Speisezetteln, die Goethes Diener auf Reisen aufhoben und den Abrechnungen beilegten, finden sich der »Sallat« bei jeder Mahlzeit und das Kompott als Nachtisch. Den Salat aus dem, was die Jahreszeit bot, also vom Sauerampfer im Frühling bis zum roten Kraut im Winter, oft mit Sardellen, die das würzige

Salz lieferten, ließ sich Johann Wolfgang Goethe auch in Weimar jeden Mittag anmachen, mischte ihn bei Tisch zum Vergnügen seiner Gäste selber, so wie er es in Frankfurt gesehen hatte: mit ein paar Tropfen Zitrone und Olivenöl aus der Provence, was seine Köchinnen so schrieben: »brobangßeröhl«.

Der *Liber domesticus* hielt auch fest, was der Herr Rat Goethe an Geschirr und Besteck gekauft hatte. Seine Eintragungen begannen in dem Jahr, als mit dem Umbau des Hauses angefangen wurde. Das Geräms war schon abgerissen, und der Sohn erinnert sich: »Für uns Kinder, eine jüngere Schwester und mich, war der untere weitläufige Hausflur der liebste Raum, welcher neben der Türe ein großes hölzernes Gitterwerk hatte, wodurch man unmittelbar mit der Straße und der freien Luft in Verbindung kam. Einen solchen Vogelbauer, mit dem viele Häuser versehen waren, nannte man ein Geräms. Die Frauen saßen darin, um zu nähen und zu stricken; die Köchin las ihren Salat; die Nachbarinnen besprachen sich von daher miteinander, und die Straßen gewannen dadurch in der guten Jahreszeit ein südliches Ansehen. Man fühlte sich frei, indem man mit dem Öffentlichen vertraut war. So kamen auch durch diese Gerämse die Kinder mit den Nachbarn in Verbindung ...«

Im ersten Jahr der Eintragungen, also 1753, wurde für das umgebaute Haus an Hausgerät gekauft: 2 Zinnlöffel für 7 Kreuzer und 2 silberne Löffel für 7 Gulden, im Herbst noch einmal Zinnlöffel und Kochgabeln. Damals kam das Teetrinken gerade in Mode, also wurde ein figurengeschmückter Teekrug für 1/4 Pfund grünen Tee gekauft, dazu eine Dose aus Silber für Zucker zu 19 Gulden. Im Oktober kamen zwei weitere Silberlöffel dazu, für 7 Gulden, und kurz vor Weihnachten wurde die eiserne Pfanne für 2 Gulden geflickt.

Das folgende Jahr, 1754, begann mit der Anschaffung von irdenen Wasserkrügen. Im Juni, nachdem Johann Caspar Goethe für das »Instandsetzen Speisezimmer, Schlafzimmer, Hof, Küche und Keller« fast 200 Gulden ausgeben mußte, ersetzte er auch gleich »für die Küche: englisches Zinngeschirr für 36 Gulden«, das im Juli durch neues Zinngeschirr ergänzt wurde. Im September kam reichlich irdenes Steingutgeschirr hinzu und im Oktober ein halbes Dutzend Trinkgläser für 10,21 Gulden.

Gläser aus klarem, dünnem Kristallglas, die meist aus böhmischen oder schlesischen Glashütten stammten, schmückten zu dieser Zeit bereits die bürgerliche Tafel und lösten den Humpen, die Becher aus Zinn oder Steingut, auch für den täglichen Gebrauch allmählich ab. Auch hier versuchte Johann Caspar Goethe offensichtlich, seinen neuen Haushalt so fortschrittlich und elegant wie möglich auszustatten.

Im folgenden Jahr kam wieder Geschirr an die Reihe: Frankfurter Porzellan und vor Weihnachten ein Stück in die Wirtschaft – Porzellan aus Dresden für 25 Gulden. Im nächsten Jahr waren es eine irdene Teekanne, dann eine Teekanne aus Porzellan für 1½ Gulden und ein silberner Milchlöffel für 7 Gulden.

1762 wurde eine Tischdecke mit »einem Dutzend Tüchlein« für 18 Gulden gekauft, und damit war der Tisch oder die Tafel auf das Eleganteste vollkommen.

1765 mußte wieder irdenes Geschirr für die Küche ergänzt werden, und Goethes leisteten sich eine Fayence-Suppenschüssel. Auch dieses Stück war eine Neuheit auf dem gepflegten Bürgertisch. Suppe wurde gewöhnlich aus einer großen Schüssel oder direkt aus dem Suppenkessel ausgeteilt. Von den fürstlichen Tafeln kannte man die kleinen runden *pots de bouillon* aus Silber oder Gold, für ein bis zwei Personen berechnet, mit einem gewölbten Deckel – gegen den Puder aus der Perücke des Dieners – verschlossen und auf runden Silber- oder Golduntersätzen, *soucoupes*, serviert. Sie galten als höchst elegant, und sie wurden für den nichtfürstlichen Tisch in Porzellan oder Steingut nachgearbeitet und nach dem Werkstoff, aus dem sie bestanden, nach der Erde *(terra)*, Terrinen genannt.

Diese waren oval, faßten Suppe für die ganze Tischgesellschaft, hatten einen gewölbten Deckel und wurden auf ovalen Untersetzern aus demselben Material und mit demselben Dekor präsentiert. Beim großen Essen standen sie auf dem Fürstentisch an allen vier Ecken der Tafel, so daß bequem aus ihnen serviert werden konnte. Vater Goethe hatte sich also für seine Familie die neueste Mode in den Geschirrschrank gestellt.

1771 lassen sich Goethes eine technische Novität, »einen Bratenwender von Hernau«, schmieden, vielleicht das Gerät mit einer Feder, über das sich Frau Aja später bei Wieland so bitterlich beklagt hat, weil die Feder immer herausspringe und sie das Gerät deshalb wie früher mit der Hand drehen müsse. Das Gerät war ziemlich teuer, 15 Gulden und 30 Kreuzer, so daß man den Ärger der Hausfrau über den fehlerhaften Mechanismus gut nachempfinden kann. Und man sieht, daß sich am praktischen Umgang mit der neuesten Küchentechnik seit Frau Ajas Zeiten grundsätzlich kaum etwas geändert hat.

Im nächsten Jahr waren in der Küche zwei Kessel auszuklopfen, wofür der Kesselflicker 1 Gulden bekam. Im Juni wurde wieder alles fürs Einmachen vorbereitet: »1 Fass Essig und Steingeschirr, pro Topf 3,30.« Für diesen Preis wird es schon das Beste gewesen sein.

1775 wurden 12 zinnerne Löffel gekauft, für 1½ Gulden, 1777 Dresdner Porzellanteller für 5 Gulden und wieder über ein Jahr später ein Tranchiermesser und Gabeln samt irdenem Geschirr für 2,24 Gulden.

Steingut, Eisen, Porzellan, Fayence, Silber, Zinn – das waren die Materialien, die ebenso wie das Haus selbst zeigten, wie das Neue aufgenommen wurde, das Alte aber mit derselben Selbstverständlichkeit weiter verwendet wurde. Die irdenen Töpfe stellen noch das Mittelalter dar, und ihr häufiges Auftauchen im *Liber domesticus* zeigt an, wie zerbrechlich das nicht bei so hohen Temperaturen gebrannte Geschirr gewesen ist. Die Kochhäfen, Schüsseln und Teller waren besonders in Frankfurt Alltagsware, denn im Spessart gab es gute Erde und viele Töpfereien, die ihre Erzeugnisse auf dem Dibbemarkt am Mainufer anboten. Die irdenen Schüsselchen haben, wie man sieht, nur ein paar Kreuzer gekostet, und so endete die Geschichte, die Goethe in *Dichtung und Wahrheit* vom dreijährigen Johann Wolfgang erzählt, auch nicht in einem Strafgericht. Der Schauplatz dieser »Eulenspiegelei« war das oben beschriebene Geräms.

»An einem schönen Nachmittag, da alles ruhig im Hause war, trieb ich im Geräms mit meinen Schüsseln und Töpfen mein Wesen, und da weiter nichts dabei herauskommen sollte, warf ich ein Geschirr auf die Straße und freute mich, daß es so lustig zerbrach. Die von Ochsenstein, welche sahen, wie ich mich daran ergetzte, daß ich so gar fröhlich in die Händchen patschte, riefen: Noch mehr! Ich säumte nicht, sogleich einen Topf und, auf immer fortwährendes Rufen: Noch mehr! nach und nach sämtliche Schüsselchen, Tiegelchen, Kännchen gegen das Pflaster zu schleudern. Meine Nachbarn fuhren fort, ihren Beifall zu bezeigen, und ich war höchlich froh, ihnen Vergnügen zu machen. Mein Vorrat aber war aufgezehrt, und sie riefen immer: Noch mehr! Ich eilte daher stracks in die Küche und holte die irdenen Teller, welche nun freilich im Zerbrechen noch ein lustigeres Schauspiel gaben; und so lief ich hin und wider, brachte einen Teller nach dem andern, wie ich sie auf dem Topfbrett der Reihe nach erreichen konnte ...«

Selbst die innen und manchmal auch außen glasierten großen irdenen Kochtöpfe hatten auch ohne Johann Wolfgangs Streiche kein langes Leben. Das Steinzeug oder die Glasur zersprangen, und viele Kochrezepte begannen mit der Ermahnung: »Nimm ein Rein gefäß« oder: »... einen heilen Häfen!«

So waren die großen Kessel aus Eisen und Kupfer zuverlässiger, wenn auch ungeeignet für feine Speisen aus Milch und Mehl, Gemüse und Früchte. Bekamen die Kessel und Pfannen von der ständigen Gluthitze des Herdfeuers oder vom Scheuern mit Asche und Sand Risse oder Löcher, so wurden sie beiseite gestellt und von herumziehenden Kesselflickern wieder in Ordnung gebracht. Von solchen Kesselflickern und Pfannenschmieden ist im *Liber domesticus* oft die Rede, nicht aber von der Anschaffung eines neuen Kessels. Die wurden von einer Generation zur anderen vererbt.

Aus Zinn, Steingut oder Fayence waren auch die Eßteller und Vorlegeplatten, aber allmählich schlich sich – nicht nur bei Goethes – das Porzellan ein. Seit der Erfindung dieses Weißen Goldes Anfang des 18. Jahrhunderts durch Johann Friedrich Böttger stand das sächsische Porzellan auf der Tafel der Fürsten, die auf sich hielten, und wer es sich leisten konnte, ahmte die hohen Herrschaften nach. Überall entstanden Porzellanmanufakturen, auch in Frankfurt, und Goethes waren eine kurze Zeit an einer Manufaktur beteiligt.

Die Porzellanmasse ist leicht formbar. So gab es allmählich nicht nur Eßteller, Platten, Schüsseln und Terrinen, sondern eine Fülle von verschiedenen Serviceteilen, jedes eigens für seinen Zweck geschaffen, vom Salzfaß bis zum Knochenteller. So zerbrechlich besonders das edle dünne Porzellan auch ist: Es erwies sich als beständig, beständiger als die prachtvollen Schüsseln aus Gold und Silber, mit denen der Sonnenkönig in Versailles geprunkt hatte und die bei den Kaiserkrönungen in Frankfurt in Gestellen aufgebaut wurden, die bis zur Decke reichten. Denn: Der Römische Kaiser Deutscher Nation und der französische, spanische oder sächsische König konnten nur von goldenen und silbernen Tellern essen, solange Frieden herrschte. Beim nächsten Krieg mußten sie ihre Prunkgeschirre einschmelzen und zu Münzen schlagen lassen, um ihre Soldaten zu entlohnen.

Auch im Bürgerhaushalt gehörte das Silbergerät zum Vermögen, und die silbernen Kannen und Teller, die das Kind Johann Wolfgang bei seinem Großvater Textor bewundert haben wird, standen sorgfältig im Hausbuch von Catharina Elisabeth notiert: »1747 habe ich zum Silberpraesent als Schultheiß, bey Hn. Serling auzgenommen: ein Credentz-Teller, noch einen dergleichen, eine Cassolette mit 2 Caraffinen. Summa summarum, in Reichstalern, 70,37.«

Ebenso ist festgehalten worden, was der Großvater an »Mr. le Dr. Oehlenschlager befördern« ließ. Das zeigt, welche Geschirrstücke in durchschnittlichen Patrizierschränken zu finden waren. Es handelte sich bei dieser Ehrengabe um *»une Caisse de Fayence«*, die insgesamt 103 Stück enthielt, zu 112,16 Gulden und mit einem Gewicht von 2¼ Zentner. Diese Geschirrkiste enthielt: »2 *pots à oille* mit 2 Untertellern, 1 Platte mit gedrehtem Rand, 4 andere für Entrées, 2 weitere, 1 große Platte für den Braten, 4 weitere, 4 für Zwischengerichte, 2 Salatschüsseln, 2 Saucièren, 1 ovalen Korb für das Dessert, 2 weitere Körbe, 4 Kompottschüsseln, 6 Dutzend Teller.«

Daß zwei *pots à oille* samt Untersetzern zum Eßgeschirr gehörten, war ziemlich altmodisch oder ein Zeichen konservativen Geschmacks. Die *oille* war eine Suppe, die vermutlich durch die nach Frankreich verheirateten spanischen Infantinnen und die spanischen Habsburger in allen Fürstenhäusern in Mode gekommen war. Ihr Ursprung war die *olla podrida*, die spanische Suppe, ein schlichter Eintopf, der dadurch zur Königssuppe aufstieg, daß die Zutaten so erlesen, kostbar, selten und zahlreich waren wie nur möglich und daß man das Fleisch und das Gemüse in der Küche ließ und nur die wunderbar konzentrierte Brühe auftrug und genoß.

Auf dem Herd wurde die *olla* – oder französisch *oille* – in großen zylindrischen Kesseln stundenlang gekocht, und als Fleischbrühe kam sie als erste Suppe überhaupt in den bereits erwähnten kleinen runden Suppentöpfen mit Deckel auf die Tafel. Offenbar schmeckte sie dem Sonnenkönig, denn er verlieh ihr die Gnade seiner Neigung und ließ sie ebenso im Zentrum des Tisches thronen, wie er sich selber im Zentrum seiner Glorie sah. Alle anderen Gerichte waren symmetrisch auf den Suppentopf hin angeordnet: das System der Macht im Spiegel der Sinne. Oder der goldenen Suppentöpfe.

Großvater Textor, der sich als höchster Beamter etwas Ähnliches hätte leisten können, war jedoch dem Barock nicht mehr bis auf den gedeckten Tisch verpflichtet. Er kaufte wie sein Schwiegersohn Goethe für den eigenen Haushalt das damals Modernste, nämlich Porzellan, und zwar ein »Blau- und Weiß-Porcellinenservice« zu 81 Stück. »1 große Schüssel, 2 dito, etwas kleiner, 4 dito, 4 dito, 8 Schalen, 60 Deller.« Dieser Grundbestand hat 60 Gulden gekostet und blieb in der Art der Geschirrteile, Schüsseln, Platten und Teller, noch ganz im üblichen.

Weil Silbergerät also immer eher dem Prestige als den täglichen Notwendigkeiten diente, gab es bei Goethes wie bei den meisten anderen Bürgern für den alltäglichen Gebrauch Zinngeschirr, das ebenso geformt war wie das Silber, die Teller oft mit dem gleichen barockgeschwungenen Rand, und dazu wie bei Oehlenschlagers Fayence. Der Herr Rat Goethe konnte es sich freilich nach dem Tod seiner Mutter leisten, silberne Dosen für Zucker und Tee zu kaufen, auch silbernes Besteck.

Das alles war noch gar nicht so lange üblich und selbstverständlich. Ludwig XIV. von Frankreich, der Sonnenkönig, hatte der ganzen europäischen Barockgesellschaft Stil und Form verliehen, und dazu gehörte auch die Verfeinerung der Tischsitten. Damastene Tischwäsche, Tafelaufsätze, Kompottschüsseln und immer spezieller werdende Besteckteile, Blumenschmuck auf der Tafel, überhaupt die *salle à manger*, der vom Salon abgetrennte, eigens zum Essen bestimmte Raum – alles stammt aus dem Barock, dem Ursprung der definitiven Form. Es setzte sich durch, daß man für jeden Gang frische, saubere Teller erhielt, jeder hatte ein Glas für sich, und verschiedene Gläser für die einzelnen Weinsorten wurden üblich. Da man sich gegenseitig von den Platten und Schüsseln, die vor einem standen, mit dem Löffel die besten Bissen auf den Teller legte – wenn ein Herr recht wohlerzogen sein wollte, leckte er den Löffel vorher ab –, wurde der Vorlegelöffel erfunden, wie ihn sich auch der Rat Goethe kaufte, mit dem man sich dann im Laufe der Zeit selbst aus den Schüsseln bediente.

Der Sonnenkönig aß zwar noch nach alter Sitte nur mit dem Löffel, dem Messer und den Fingern, aber der Gebrauch der Gabel wurde allmählich Usus. Die Eßgabel ist somit das jüngste Mitglied dessen, was wir heute Besteck nennen. Denn dieses Eßgerät war bis zur Zeit seiner industriellen Herstellung teuer.

Man wollte sich auf Reisen und in der Fremde vorm Vergiftetwerden schützen. Deshalb steckte man die Geräte in ein Lederfutteral. Dieses Gesteck oder Besteck führte man stets bei sich oder trug es griffbereit am Gürtel. Oder man ließ es – auf längeren Reisen – vom Kammerdiener in dem geflochtenen Weidenkorb mit dem übrigen Geschirr hinten auf die Kutsche schnallen. Wanderte man zu Fuß durch die Lande, so wurde der Löffel in den Stiefelschaft oder an den Hut gesteckt.

Das Messer war ohnehin im Gepäck. Mit seiner kurzen, an jedem Stein wieder scharf gewetzten Klinge stak es in der Scheide oder seitlich an der ledernen Hose. Man brauchte es zum Löffelschnitzen, zum Hufauskratzen, zum Nüsseaufschlagen, und wenn es etwas zu essen gab, schnitt man sich den Speck oder das harte Roggenbrot damit in Stücke. Saß man bei Tisch, so zog man es hervor und bediente sich. Saß man am Tisch eines Reichen, bei seinem Herrn und Fürsten, so sah man zu, wie der Aufschneider, nachdem er den Braten tranchiert hatte, elegant die Gabel mit den spannenlangen, spitzen Zinken handhabte und damit vorlegte. Noch zu Goethes Zeiten konnte man diese Tranchierkunst an den Universitäten lernen, denn es war die Aufgabe des Herrn und Hausvaters, die großen Spießbraten, also einen ganzen Indian, ein ganzes gefülltes Ferkel, von den Hirschen und Wildschweinen ganz zu schweigen, zierlich und sachgerecht zu zerlegen. Zum Vorlegen der Portionsstücke diente neben der Gabel ein Messer mit einer palettenbreiten Klinge.

Alle Besteckstücke dieser Art besaßen kostbare Griffe aus Horn oder Elfenbein, aus edlen Hölzern, aus Gold, Silber, Perlmutt oder Halbedelsteinen, kunstvoll zu Figuren oder Arabesken geschnitzt oder gegossen. Sie waren so schön, weil sie als öffentliches Gerät den Stand ihres Besitzers zeigten, und auch Johann Wolfgang Goethe besaß ein Besteck mit üppig geschnitztem Elfenbeingriff. Silberne Löffel gehörten zum schätzbaren und geschätzten Familienbesitz, wurden in Ehekontrakten ebenso erwähnt wie in Testamenten und galten in Zeiten der Not als bares Geld. Was also dem Fürsten seine Schüsseln waren, war dem Bürger sein Löffel. Ein wahrer Schatz waren die Apostellöffel: zwölf gleiche Löffel, deren Stiel mit den etwas verschlankten Figuren der zwölf heiligen Männer gekrönt war und den Esser bei jedem Bissen ermahnte, Jesu Christo dem Herrn wie die Apostel nachzufolgen.

Diese Gleichheit war aber eine Ausnahme, denn vor etwa 1700 waren alle Besteckstücke Unikate. Erst danach bürgerten sich allmählich die Sätze gleichartiger Besteckstücke ein. Oft waren nur Löffel und Gabel gleich, von einem Mitglied der Goldschmiedezunft gearbeitet, während die Messer vom Messerschmied geschlagen wurden. Von der Campagne in Frankreich schrieb Goethe noch am 3. September 1792 nach Hause: »Mittags am Wirtstische wurden wir mit guten Schöpsenkeulen und Wein von Bar traktiert … Nun ist es aber an solchen Tischen Sitte, daß man wohl Löffel, jedoch weder Messer noch Gabel erhält, die man daher mitbringen muß. Von solcher Landesart unterrichtet, hatten wir schon solche Bestecke angeschafft, die man dort, flach und zierlich gearbeitet, zu kaufen findet …«

»Das pfälzische Büfett stand links« Macht und Pracht der barocken Tafel

Ludwig XIV. aß wie alle Fürsten der Barockzeit allein, auf einem Podest erhoben, wie es der Majestät von Gottes Gnaden vom Zeremoniell als angemessen vorgeschrieben war. Johann Wolfgang Goethe war 15 Jahre alt, als der Habsburger Joseph II. in Frankfurt zum Römischen Kaiser Deutscher Nation gekrönt wurde. Er hat das Prunk-Theater des Krönungsbanketts im Römer selbst verfolgen können. In der Goldenen Bulle, der Verfassung des Heiligen Römischen Reiches, war im 14. Jahrhundert nicht nur bestimmt worden, daß die Kaiserkrönungen in Frankfurt stattfinden sollten. Auch das Zeremoniell war festgelegt worden, in dem die ursprünglich sieben Kurfürsten, also die Wahlmänner, ihre durch die Erzämter bestimmten Rollen zu spielen hatten. Diese waren aus den mittelalterlichen Hausämtern hervorgegangen: Als Truchseß, Marschall, Schenk und Kämmerer hatten sie dem Kaiser in unterdessen symbolisch gewordenen Diensten aufzuwarten. Bei diesen Diensten ließen sich die Kurfürsten, Könige und Erzbischöfe von anderen hochgeborenen Herren helfen, so daß beim Tischdienst jede Schüssel und jeder Krug oder Pokal durch immer wieder neue Hände ging und das Bankett, das nach der Krönung in der Bartholomäus-Kirche im Frankfurter Rathaus, dem Römer, stattfand, eher einem schwerfälligen Ballett ähnelte als einer Menschenmahlzeit.

Den jungen Goethe beeindruckte vor allem die Kulisse. Im Festsaal des Römers waren verschieden hohe Podeste aufgebaut worden. Die Majestäten saßen am Kopfende des Saales, drei Stufen hoch, die Reichsfürsten zwei Stufen hoch und so weiter. Jeder hatte seine eigene Kredenz, die saalhoch emporragte, dicht bestückt mit silbernen und beim Kaiser goldenen Tellern, Trinkgeschirren und Platten, die entweder aus den heimischen Silberkammern mitgebracht oder von Frankfurter Silberschmieden ausgeliehen worden waren. Soldaten bewachten die Schätze vor und hinter den Toren des Römers und im Festsaal mit aufgepflanzten Bajonetten.

Bei jeder Kaiserkrönung strömten Tausende in die Stadt, die dann in Sprengel unterteilt wurde, den einzelnen Herrschaften des Römischen Reiches entsprechend. Der Hirschgraben fiel in den Pfälzer Sprengel, bekam also Pfälzer zugeteilt, und während die Eltern über diese friedliche Einquartierung etwas seufzten, schlich sich der Knabe, der sich als Begleiter des Großvaters Textor im Römer ausgezeichnet auskannte, »an die große Treppe, welcher die Türe des Saals gerade gegenüber steht. Hier staunte ich nun die vornehmen Personen an, welche sich heute als Diener des Reichsoberhauptes bekannten. Vierundvierzig Grafen, die Speisen aus der Küche herantragend, zogen an mir vorbei, alle prächtig gekleidet … Das Gedränge war nicht groß, doch wegen des kleinen Raums merklich genug. Die Saaltüre war bewacht, indes gingen die Befugten häufig aus und ein. Ich erblickte einen pfälzischen Hausoffizianten, den ich anredete, ob er mich nicht mit hineinbringen könne. Er besann sich nicht lange, gab mir eins der silbernen Gefäße, die er eben trug, welches er um so eher konnte, als ich sauber gekleidet war; und so gelangte ich denn in das Heiligtum. Das pfälzische Büfett stand links, unmittelbar an der Türe, und mit einigen Schritten befand ich mich auf der Erhöhung desselben hinter den Schranken.

Am andern Ende des Saals, unmittelbar an den Fenstern, saßen auf Thronstufen erhöht, unter Baldachinen, Kaiser und König in ihren Ornaten; Krone und Szepter aber lagen auf goldnen Kissen rückwärts in einiger Entfernung. Die drei geistlichen Kurfürsten hatten, ihre Büfette hinter sich, auf einzelnen Estraden Platz genommen: Kur-Mainz den Majestäten gegenüber, Kur-Trier zur Rechten und Kur-Köln zur Linken. Dieser obere Teil des Saals war würdig und erfreulich anzusehen und erregte die Bemerkung, daß die Geistlichkeit sich so lange als möglich mit dem Herrscher halten mag. Dagegen ließen die zwar prächtig aufgeputzten, aber herrenleeren Büfette und Tische der sämtlichen weltlichen Kurfürsten an das Mißverhältnis denken, welches zwischen ihnen und dem Reichsoberhaupt durch Jahrhunderte allmählich entstanden war.«

Die Mahlzeit und die Macht. Der Knabe sah die Glorie und den Aufwand, aber er erkannte auch das Unzeitgemäße dieses Lebensbildes, in dem die Form alles war und alles bedeutete, Gesellschaft nur in ihrer hierarchischen Ordnung verstanden wurde. Nichts wurde bei diesem Welttheater ausgelassen. Selbst jeder noch so geringe Gegenstand hatte seine Aufgabe und sprach seinen Text im Chor des Ganzen.

So war auch die Tafel bei jedem Bankett dieser Zeit ein wichtiger Teil der Macht- und Prachtentfaltung. Der Küchenmeister entwarf nach eigenen und anderen, von Hausmarschällen oder Haushofmeistern entworfenen Plänen den Tafelriß, zeichnete also auf, an welchem Fleck auf dem Damasttischtuch welche Schaugerichte aus Wachs oder Tragant stehen sollten, wo die großen Platten mit den ganzen gebratenen Tieren, manchmal wieder im Federkleid und Fell, und wie diese von Tellern und Schüsseln mit welchem Inhalt zu umrahmen seien. Dann wurde gesotten und geröstet, gekocht und gebacken, und endlich wurden die Diener losgeschickt. Sie gingen zusammen von der Küche in den Speisesaal, und bei jedem Gang trugen sie zehn oder 20 Trachten auf den Tisch, alles auf einmal, Suppe und Fleisch und Salate und Mus und Gemüse und Pasteten und Fisch und Kompott.

Zur vollendet arrangierten Tafel gehörten auf jeden Fall Servietten. Sie waren noch keine Mundtücher, sondern Teil des höfischen Zeremoniells. Sobald die Mitglieder der fürstlichen Familie oder des Hofstaates Platz genommen hatten, trat ein Page oder Diener mit Wasserkanne und Becken aus Silber oder Gold hinzu und reichte die Serviette, mit der man sich vor und nach der Tafel die Hände abtrocknete, nachdem man sie über das Lavoir gehalten hatte, damit der Page sie mit Wasser begießen und so reinigen konnte. Das war notwendig, weil noch vieles mit den Fingern gegessen wurde.

So lagen die Servietten auch nicht nur zusammengefaltet neben dem Teller, sondern spielten im Tafel-Theater ihre besondere Rolle: Der Damaststoff wurde leicht gestärkt, damit man ihn gut brechen konnte, wie man die kunstvolle Verwandlung eines einfachen weißen Stoffquadrats in Lilien, Schwäne, Türme und so weiter nannte. Diese Formen korrespondierten im Geiste des Barock mit dem Thema der ganzen Tafel. Die fürstlichen Serviettenbrecherinnen kannten Dutzende von Formen, deren Faltregeln sie wie Staatsgeheimnisse hüteten. Denn eine schön gebrochene Serviette war Tafelschmuck im eigentlichen Sinne und hatte im Chor des Ganzen auch ihre ganz bestimmte Stimme, so rein und hell wie ein Sopran.

Nach dem ersten Gang wurde alles abgeräumt, oft auch das Tischtuch, und die Diener gingen ein zweites Mal von der Küche in den Saal, wieder jeder mit einer Schüssel. Bei den meisten Banketten gab es noch einen dritten Gang, und beim letzten Gang kam das Dessert auf den Tisch, oft auf einem besonders schönen und mit Blüten bestickten Tischtuch, mit neuen Schaugerichten oder prachtvollen Aufbauten aus Früchten und Blumen.

Es war nicht einfach, an diesem *à la française*, also französisch gedeckten Tisch an die Speisen zu kommen, die vor den Gästen in unverrückbarer Ordnung arrangiert waren. Auf manchen Gemälden sieht man, wie sich die Damen und Herren mit Spießchen und Löffeln mit überlangen Stielen behelfen mußten. Eine gebratene Wachtel oder eine Feige ließ sich so relativ einfach auf den eigenen Silberteller angeln. Bei den beliebten Pasteten mit ihren halbflüssigen Füllungen aus Fleischfarcen oder gezuckerten Beeren war es schon schwieriger, Geschick mit Eleganz zu paaren. Deshalb war – was man auch auf Gemälden und Stichen erkennen kann – dieses Essen höchst personalintensiv. Man »befahl« einen Schluck Suppe – schon sprang der Diener mit einem Suppenteller auf einem Servierteller zu einer der meist an den vier Ecken plazierten Terrinen, füllte den Suppenteller und servierte ihn dem Gast.

Dieser mußte um alles bitten, was er nicht selber in erreichbarer Nähe hatte, vor allem um Wein und Bier, denn es war noch nicht üblich, jedem sein Glas neben den Teller zu stellen. Also: ein erneutes Zeichen des Gastes, der Diener trat an das Büfett, auf dem Weinkannen, Becher und Gläser standen, füllte ein Glas mit dem gewünschten Getränk, stellte es auf ein Tablett, präsentierte es dem Gast und wartete, bis dieser es geleert hatte. Dann wanderte das Glas auf dem Tablett zum Büfett zurück, und der Diener schwenkte es in der wassergefüllten Kumme aus. So war es sauber für das nächste Mal.

Neben dem Getränkebüfett stand sicher eine Anrichte. Schon der Name sagt, was dort geschah: Die großen ganzen Braten wurden zuerst einmal um den Tisch getragen, damit alle die Pracht bewundern konnten, dann wurden sie auf der Anrichte abgesetzt, das Fleisch tranchiert, und auf einen Wink des Gastes kam wieder ein Teller auf ein Tablett, ein Stück Fleisch auf den Teller, und schon wühlte sich der Diener durch die allgemeine Dienermenge, um seinem Herrn das Fleisch zu präsentieren, das dieser nun säuberlich mit den Fingern zum Munde führte.

Das Dessert, das aus Gebäck, frischen Früchten, kandiertem Obst und zuckrigem Konfekt bestand, hatte die Gabel schon vor der Zeit des Sonnenkönigs auf den Tisch gebracht, allerdings nicht als Eß-, sondern als Nehmegabel mit ebenfalls langem Stiel und zwei langen spitzen Zinken: Damit piekte man das klebrige Konfekt auf und legte es sich auf den Teller.

Das Prinzip der Barockküche stimmte sich ein in diesen Rahmen der Pracht und der irdischen Glückseligkeit. Der Herd mit seinem offenen Feuer, den großen schweren Kesseln, den Bratspießen und den kleinen tönernen Töpfen erlaubte noch keine Finessen in der Zubereitung, wohl aber in der Zurichtung.

So wurde das im Topf Zusammengekochte, zu Mus Gekochte, das »Gemus« oder »Gemüs«, mit teuren Gewürzen geadelt, mit Mandeln besteckt, mit Rosinen gesüßt, mit dem Salamander, dem in der Glut heiß gemachten Formeisen, in Streifen oder Karos gebrannt oder schlicht und einfach vergoldet. Hauchdünn gehämmerte Goldblättchen auf dem Spießbraten, auf der Eierspeis, auf Mandelsülzen, auf Marzipan und Gebäck. Das italienische Schnitzel, das ein Feldherr mit nach Wien an den Kaiserhof brachte, wo es als Wiener Schnitzel seine Weltkarriere begann, ist vermutlich auch vergoldet gewesen, und die Panade ist nichts anderes als die preiswertere Nachahmung der güldenen Hülle.

Auch die Zutaten waren noch mittelalterlich einfach. Die Gaben der beiden Amerika hatten Europa zwar erreicht, aber Kartoffeln, Paprikapflanzen, Mais, Tomaten, Kakao, um nur ein paar zu nennen, blühten noch in den botanischen Gärten und erfreuten die Fürsten als seltene Pflanzen. Ihr Gebrauch war noch fast unbekannt, denn die Bürger hatten Angst, sich an den Fremdlingen zu vergiften.

Dafür gab es Wildgeflügel und Süßwasserfische in großer Fülle und in Arten, die heute ausgestorben oder naturgeschützt sind, aber ein Vogel ist ein Vogel und ein Fisch ein Fisch. So versuchten die Köche, diese wohlbekannten Formen zu verkleiden, zu verhüllen, zu verzaubern, einen kleinen gebratenen Vogel in einen größeren und den in einen Schwan oder einen Pfau im vollen Federkleid zu stopfen. Pastetenhäuser waren so groß, wie es der Ofen erlaubte, und kunstfertig aufgebaut wie ein Schloß mit Türmen und Zinnen. Das schlichte Zusammengekochte kam in ein Segelschiff aus Tragant, und bei einem fürstlichen Trauerbankett wurde alles schwarz gefärbt.

Auch die häuslichen und alltäglichen Gerichte, die nicht sonderlich aufregend aussahen, wurden kunstvoll geschmückt. Das Haus- und Kochbuch von Goethes Großmutter Textor beginnt mit einer Art Bastelanleitung für Tafelschmuck aus Tragant, für Wachsblumen, aber auch für Früchte, Spargel oder Nüsse. Das »Gelbwachs« der Spargelköpfe wurde zum Beispiel mit Grünspan gefärbt, und dann wurde »das Weiße angesetzt«, und man ließ die Wachsstangen erstarren. Danach »nimb ein heiß Messer und streich hin über, wo das Weiße angesetzt sind, damit man meine, es sei so gewachsen«. Dann wird die Spargelstange krumm gebogen, »lege es in die Schüssel, gieß Baumöl und Essig darüber zu vexiren«. Auf ähnliche Art und Weise werden Nüsse »mit gestossenem Umbra gefärbet«, und dann folgt gleich ein Rezept, »die Pretzeln zu machen«. Diese aber sollten gegessen werden.

Auch die Ordnung der Rezepte in den alten Kochbüchern zeigt also noch den Geist der barocken Küche. Suppenrezepte stehen zwischen solchen für Salate und Mandelkuchen, Rezepte für Medikamente und Krankenspeisen bei Froschschenkeln, und das Kohlrezept findet man beim Geflügel. Viele Rezepte enden mit dem Befehl: »Ists gut, so gibs hin!« Was fertig war, wurde aufgetragen, zwar nicht »von vierundzwanzig Grafen« und auch nicht auf güldenen Platten, aber doch im Sinne dieser barocken Ordnung: alles auf einmal.

Der junge Johann Wolfgang Goethe stand zwischen den Zeiten oder besser: in beiden. Und obgleich jene der goldenen und silbernen Prunkteller und der absoluten Fürsten in ein paar Jahren zu Ende gehen sollte, wurde das Gold- und Silberschauspiel der Kaiserkrönung in Frankfurt noch zweimal nach der Französischen Revolution wiederholt: 1790 für Leopold II., den Bruder Josephs II., wobei der Quartiermeister der unterdessen verwitweten Frau Rat Goethe die mecklenburgischen Prinzessinnen Friederike und Luise mit ihrem Bruder Georg ins Haus am Hirschgraben legte. Luise, die künftige preußische Königin, ließ ihre Hofmeisterin von Frau Aja einsperren und pumpte vergnügt und von keiner Etikette gestört mit der Schwester Regenwasser im Hof und backte mit Goethes Mutter Krapfen. Bruder Georg war derjenige, der Goethe 30 Jahre später die Uhr aus dem Haus im Hirschgraben schenken sollte.

1792 wurde der letzte Römische Kaiser Deutscher Nation gekrönt: Franz II., ein Enkel Maria Theresias, der nach 1806 als Kaiser von Österreich regierte. 1792 war das Jahr des Sturms auf die Tuilerien, als der Nationalkonvent Frankreich zur Republik erklärte, als dieses neue Frankreich der alten europäischen Monarchie, Österreich, den Krieg erklärte und Preußen ein letztes Mal dem früheren Souverän beistand.

»Nimm süße Butter!« Aus dem Kochbuch von Goethes Großmutter aus Wetzlar

Aber noch ist Johann Wolfgang ein Knabe, das älteste Kind der Familie. Nach ihm wurden noch fünf Kinder geboren, doch vier starben jung oder schon bei der Geburt. Johann Wolfgang hatte bis zum neunten Lebensjahr immer ein oder drei Geschwister, zum Schluß blieben jedoch nur er und Cornelia, die Zweitgeborene, am Leben. Mit dieser Schwester wurde er nach einem strengen, geregelten Stundenplan des Vaters unterrichtet, flüchtete sich aber gern zum Großvater und folgte dem Vater ebensogern zu den drei Grundstücken vor den Toren von Frankfurt.

Die den Gartenschatz der Friedberger Gasse in der Küche verarbeitete, die Großmutter Textor, kam aus Wetzlar. Ihr Vater war zwar Prokurator am dortigen Reichskammergericht, aber im Vergleich zur Freien Reichsstadt Frankfurt war Wetzlar ein Nest. Deshalb wurde die junge Anna Margarethe Justina Lindheimer mit einem Kochbuch ausgerüstet, das ihr helfen sollte, in einer Patrizierstadt zu bestehen. Alle alltäglichen Gerichte und Verrichtungen beherrschte die 14jährige Braut. Also beschränkten sich diejenigen, die ihr das Kochbuch zu schreiben angefangen hatten, auf das Besondere und auch Kostspielige, auf Kalbfleisch und Geflügel, auf seltene Gemüse und Fische, vor allem auf süße Speisen, auf »Tortelen« und »Zucker-Werck«, auf »Brey« und Gebackenes aus Zucker, Eiern und Mandeln.

Nach diesem Buch hat die junge Anna Margarethe auch die Regeln des *service à la française* gelernt. Man sieht den Tisch abgebildet, auf dem alle Gerichte nebeneinander stehen. »Gibs hin!«, »Stells auf!«, aber nach der genauen Ordnung: Diese Mandelschnitten »kanst du ohne brüh vor gebackenes auffstellen«, und »wan du Eß schön haben wilst, so vergulte Eß«.

Schön und klar und rein – das war das Ziel. Das mochte den Unterschied andeuten zwischen den großen Küchen in Schlössern und Hofhaltungen, die Hunderte zu versorgen hatten, und der bürgerlichen Küche einer Familie, die mit dem umging, was in den eigenen Gärten wuchs und reifte, und dadurch ein schon modernes Qualitätsgefühl entwickelte, die Küche also als Ort betrachtete, an dem gekocht wurde, was gut schmeckt.

Das kostete freilich Mühe, und in fast jedem Rezept steckt ein guter Rat für die richtige Zubereitung: »Nimm süße Butter!« Das hieß: frische und nicht das Butterschmalz, das in Steinkrügen im Keller aufbewahrt wurde. Trag's oder stell's in den Keller, »biß Eß kalt ist«: Dort kühlte ein Brei ab, dort stockte das Gelee, denn diese tiefen Gewölbekeller waren der einzige Ort, an dem sommers und winters die gleiche niedrige Temperatur herrschte. Reichte sie nicht aus, so richtete man sich einen Eiskeller ein, ließ also im Winter das Eis zu Stangen schneiden, das einen Teich oder einen Fluß bedeckt hatte, und in den Keller schaffen.

»Stoß in klein; reib Eß fein glatt«: Das ist die häufigste Art der Zerkleinerung im Mörser. Sicher hatten die Textors und auch die Lindheimers mehr als einen Mörser im Küchenregal stehen. Sicher gab es einen kleineren für Gewürz, einen für Nüsse, Mandeln und die Zuckerstücke, die, mit dem Hammer vom Zuckerhut geschlagen, fein gestoßen wurden, und dann: »seyhe ihn durch Ein siebgen«. Für den auf diese Art fein durchgesiebten Zucker kaufte Johann Caspar Goethe seine silberne Dose, und wenn seine Frau und seine Schwiegermutter Textor etwas besonders Gutes backen oder kochen wollten, so verwendeten sie »Canarienzucker«, also Zucker von den Kanarischen Inseln. Ein dritter Mörser oder »Mörschel« stand für Fleisch und Geflügel bereit, falls es nicht für »Pastetgen« oder »Knöpplein« mit dem Messer feingehackt wurde.

Ebenso zeitraubend war die Teigzubereitung. Um »Schnee zu machen«, brauchte die Köchin oder die Küchenmagd »eine Weiße Ruthe«, also einen kleinen Besen aus geschälten Weidenzweigen. Dieser Schnee wurde jedoch nur selten unter einen Teig gehoben, sondern auf oder in Milch festgemacht. Die Teige aus Zucker und Eiern wurden anders steif: »Rührs durcheinander ein gantze stundt«, immer in die gleiche Richtung und »in einem verglästen haffen«, also in einer innen glasierten Steingutschüssel.

Die Gänse lieferten nicht nur Eier zum Backen, sondern auch einen kräftigen Federkiel. Gänse wurden im vollen Federkleid gekauft und erst zu Hause ausgenommen und gerupft, so daß man sich die besten Schwungfedern als Backgerät heraussuchen konnte. Ein Federkiel wurde wie eine Schreibfeder angespitzt, in »rothen safft« getunkt, und dann malte man beliebige Dekorationen auf und um »Tortelen«, Nocken oder ähnliche Süßspeisen herum. Das Mehl zu diesen Torten und Biskuits kam aus der großen Mehlkiste in der Speisekammer. Bei besonders erlesenem Gebäck heißt es: Nimm »schön Weiß mehl« oder »neues mehl«.

Reste wurden mit großer Phantasie verarbeitet, sie kamen in Füllungen und Farcen. Altbackene Semmeln wurden ebenso wie das tägliche schwarze Brot gerieben, wobei die Semmeln mit Eiern zu Aufläufen und »Knöpflein« verarbeitet wurden, während das Misch- und Roggenbrot Suppen und Saucen band und gern vor der Verwendung in Schmalz angeröstet wurde.

Es fällt auf, daß die Kuchenteige kein Fett, also keine Butter enthielten. Sie waren freilich so reich an Eiern – oft zehn bis zwölf auf 500 Gramm Mehl und Zucker –, daß die lezithin-, also fetthaltigen Dotter den Teig ausreichend locker machten. Denn Fett schmilzt beim Backen, gibt dabei Wasser ab, das als Dampf den Teig hochtreibt.

Es war auch wichtig, daß diese Teige nicht zu heiß gebacken wurden, also wurde oft angegeben, ob die »TartenPfan« gleich nach dem Brotbacken in den Ofen geschossen werden sollte oder etwas später. Wer keinen eigenen Backofen hatte, brachte die Bleche manchmal zum Nachbarn oder zum Bäcker – oder die Köchin mußte sich, wie erwähnt, die Mühe mit dem Dreibein und dem glutgefüllten Deckel machen. Anna Margarethe Justina Textor benutzte viereckige Biskuitbackformen, und für kleineres Gebäck faltete sie sich Papierförmchen. Beides wurde mit Schmalz ausgestrichen und mit Semmelbröseln »besät«.

Die Lebensmittel, die in Wetzlar verwendet wurden, waren einfacher und nicht so vielfältig, wie sie die junge Frau Textor auf den Frankfurter Märkten kennenlernen sollte. Zwei waren den Autoren ihres Kochbuchs noch unbekannt oder unvertraut: Kartoffeln und Reis. Beides schätzte der Enkel später sehr, und den Reis hat er schon in mancherlei Form im elterlichen Hause kennengelernt.

Dort gab es Reisrezepte, die Frau Aja ihrer Tochter Cornelia mit in die Ehe gab und die, weil sie Frau Aja so gut geschmeckt hatten, mit anderen Rezepten im Kochbuch der Frau Rat Schlosser auftauchten.

Reis war zwar mit den Mauren bis nach Spanien gekommen, doch blieb er in Nordeuropa ein rares Getreide. Bauern kochten zu Weihnachten und zur Hochzeit den weißen Reisbrei, Fürsten rechneten ihn wie alles Reine und Weiße zu den Herrenspeisen. Geistliche ließen sich ihn als Fastenspeise schmecken. Daß Reis in erstaunlich vielen dieser frühen Rezepte in Milch gekocht wurde, hatte mehr mit der noch zu Goethes Zeiten sehr verbreiteten Elementarlehre als mit wirtschaftlichen oder religiösen Notwendigkeiten zu tun. Diese Lehre stammt aus dem griechischen Altertum. Hippokrates hatte, um die Geheimnisse der Natur, die auch in den Nahrungsmitteln magisch wirke, erklären zu können, die Lehre von den vier Säften entwickelt. Er meinte, die vier Elemente Feuer, Wasser, Luft und Erde hätten ihre Entsprechung in

Wärme/Kälte und Nässe/Trockenheit und diese wiederum in den Säften des menschlichen Körpers. So war ein Heilmittel eine »gute Speise«, die absolute Harmonie dieser Elemente. Der Reis – trocken – kam deshalb mit der – feuchten – Milch in einen Topf, und so nahm er auf den Küchenzetteln der hierarchisch gestaffelten »Tische« – vom Fürstentisch zum Beispiel bis zum Marschalltisch für die Nichthoffähigen, mit dem Goethe anfangs in Weimar beim täglichen Mittagessen vorliebnehmen mußte – seinen Platz als Herrenspeise und zugleich als wohltätiges Elementargericht ein.

Das große Vorbild aller Hofköche, die diese Rezepte im Kopf hatten, war in Johann Wolfgang Goethes Kinderjahren der berühmte Kurmainzer Mundkoch Max Rumpolt. Sein Erzbischof gehörte zu den ersten Fürsten des Reiches, den Kurfürsten. Der Erzbischof stellte daher hohe Ansprüche, und Rumpolts *New Kochbuch* repräsentierte alles, was man damals können und wissen mußte: Wie man Bankette für Kaiser und ähnlich hohe Herrschaften ausrichtet, mit Trachten oder Gängen von 30 Fleischgerichten und als Drittgang, zum »Obß«, 68 Gerichte aus Früchten, Zucker, Marzipan und Blumen, darunter natürlich viele Schaugerichte, und so weiter.

Liest man nun im zweiten Teil des *New Kochbuch* die Rezepte, so stellt man fest, daß Rumpolt die ganze Basis-Reisküche beherrschte. »Von allerlei Zugemüs« handelt das Kapitel, in dem der Reis vorkommt, und es beginnt mit der »Panada von durchgestrichenem Reiß, der in der Erbeßbrühe gesotten, ist auch gut und wohlgeschmackt«. Das waren der Beschreibung nach Reisklöße, die man entweder in einer Fleischbrühe oder, wie hier, in einer Erbsenbrühe reichte. Dann folgt »Reiß gekocht in der Rindfleischbrühe, das wohlgesotten und wie ein Muß wirt«, und gleich als nächstes dasselbe, aber »daß der Reiß gar nicht versotten ist, daß die Kern gantz seyn«. Der Reis wurde also schon, je nach kulinarischem Ziel, körnig oder weich gekocht.

Und dann folgen alle Rezepte, die man noch heute kennt und die in dieser Form oder in Variationen auch in den Goetheschen Familienkochbüchern auftauchen: Türkischer Reis mit Mandeln und Butter, salzig und süß; Panada mit Eiern; Milchreis; Reiscroquetten; Reis in Mandelmilch; Flammeri aus Reismehl; Milchreis mit Mandeln und Rosinen; Reisschmarren, Reis-»Turten«.

In dem Kochbuch der Großmutter Textor aus Wetzlar findet sich jedoch nur ein einziges Reisrezept als letzte Eintragung: »eine Fastenspeise alter Art«. War in der Handelsstadt Frankfurt Reis der verschiedenen Herkunftsorte als schon alltägliche Ware zu kaufen, galt er in Wetzlar wohl noch als exotische Rarität.

Die Zubereitung zeigt die ganze Mühe, die jede Kochmethode außer dem Sieden und Schmoren in großen Töpfen und dem Braten am Spieß mit sich brachte, wobei die Einwickelei mit einem alten Küchenlumpen einem wie eine Vorstufe der Kochkiste des 19. und 20. Jahrhunderts vorkommt: Die Küchenhader halten die Kochhitze, und der Reis kann in diesem mummeligen Schlafrock ohne weitere Energiezufuhr quellen.

So also entstand »ein guter Reis auf italienische Art in der Fastenzeit«: Zuerst wird eine Mandelmilch hergestellt, unterdessen gibt man den Reis in heißes Wasser, »um ihn aufquellen zu lassen«, dann nimmt man ihn heraus, läßt ihn abtropfen, und er wird mit »übergeschlagenen Tüchern getröcknet«. Als nächstes kommt er in einen reinen irdenen Topf, man »gießet Mandelmilch darüber und rühret den Reiß gantz langsam herum, damit die Milch überall hineinkriechen könne«. Wenn der Reis so viel Milch geschluckt hat, daß sie noch ein paar Fingerhoch darüber steht, »so wird der Topff mit einer Stürtze bedeckt, ein groser Küchenhader darüber geleget, und auf diesen ein groser Stein, der Topff in heise Asche gesetztet, wo er die gantze Nacht stehen bleibet. Des andern Tags siehet man darnach, und wann die oberfläche des Reißes trocken scheinet so schüttet man noch etwas Milch hinzu und setzt ihn wieder in die heise Asche, welche biß an den Augenblick, da man anrichtet unterhalten wird.«

Johann Wolfgang Goethe hat auf seiner italienischen Reise andere Reisgerichte kennengelernt, aber vor allem die Suppen hatte er noch so gut in Erinnerung, daß er in Weimar immer wieder Reissuppe auf den Küchenzettel schrieb. Sie stand auf der Beliebtheitsskala zwischen »Grieß-Suppe« oder »Suppe mit Grießklößchen« und der »Nudel-« oder »Makkaroni-Suppe«. Da Goethe Gemüse liebte, wird seine Reissuppe im Wechsel des Gartenjahres immer mit den gerade vorhandenen Gemüsesorten gekocht worden sein – und mit der Brühe vom täglichen Rindfleischgang.

»Dich reizt nicht Fern und Früh …« Goethes Lebens- und Speisenmotto

Ob einfaches oder umständliches Geköchel, ob Küche oder Garten: Alles, was Johann Wolfgang Goethe als Kind sah und miterlebte, hatte seinen Sinn und seinen Zusammenhang. Er sah, wie Früchte wuchsen, reiften und geerntet wurden, zum Beispiel Pfirsiche, Weintrauben, Spargel: Für sie entwickelte der Knabe eine Vorliebe, die ihn später Weinspaliere und Spargelbeete anlegen ließ, sobald ihm ein Stück Erde gehörte, und die über den Genuß der selbst gezogenen frischen Früchte hinaus zu einem tiefen, prophetischen Blick in das Wesen der Pflanzen führen sollte. Er sah, was mit den Früchten in der Küche, in den Töpfen und Häfen, geschah. Er sah das Herdfeuer, wie es angefacht wurde und erlosch. Noch auf den Abrechnungen in Weimar findet man Schwamm und Feuerstein, die notwendigen Geräte zum Feuerschlagen in der Zeit vor den Streichhölzern.

Er half vielleicht einmal mit, wenn Brotreste vom Vortag auf der Blechreibe zu den Semmelbröseln verrieben wurden, die die Köchin für alles brauchte: zum Andicken der »Schü«, der immer vorhandenen Fleischbrühe, zum Binden des Bratensaftes, zum Backen und Panieren. Croquetten oder »Knöpflein« aus Semmelteig waren in der Zeit vor der Kartoffel eine beliebte, fast tägliche Beilage zu Gemüse und Fleisch.

Johann Wolfgang Goethe sah, wie gewirtschaftet wurde, wie also mit dem Geld zwar das qualitativ Gute, wenn nicht Beste gekauft, aber sparsam verwendet wurde. Goethes hatten wie alle anderen Bürger ihre festen Lieferanten für das, was sie nicht selbst herstellten oder herstellen konnten und was es nicht auf dem Markt gab: für die Winteräpfel, das Getreide, die Maronen aus

Kronberg, den Käse aus Emden, die Würste aus Göttingen. Und für das Eis im Keller.

Was geschah, wenn es einmal nach einem milden Winter kein Eis gab und dann auch noch der Kaiserkrönung mit ihren über 20 000 hochgestellten Gästen aus dem ganzen Reich wegen besonders viel nötig gewesen wäre, schildert Elisabeth Goethe 1790 in einem Brief an den Sohn: »Diesen Winter hats hier kein Eis gegeben – und die galante Welt hat diese Herrlichkeit entbehren müssen, ein einziger Mann, der S … heißt, hat von 88 noch eine Grube voll. Diese Grube ist ohngefähr so groß, wie meine Wohnstube, doch nur 3 Schuh hoch, – diesem Mann hat der Churfürst von Cöln 19 000 Floren davor geboten, er giebts aber nicht anders, als 30 000 Flor. O, wer doch jetzt Eis statt Wein hätte!«

Lebensbilder für alle Sinne. Denn es roch überall nach Mensch und Vieh und dem, was beide aßen und tranken. In Johann Caspar Goethes Haus kam zum Weindunst aus dem Keller, der einen an der Haustür empfing, gleich der aus der Küche, Holzrauch vom offenen Feuer, Fett und Ruß, und so gut die Abflußrohre gewesen sein mögen: Im Höfchen konnte man besonders im Sommer riechen, was aus den geheimen Orten floß. Auf der Straße vorm Haus lagen die Pferdeäpfel, der Unrat. Aus den Ständen und Gewölben strömte der alte Geruch von Moder und Gewürzen, der verlockende von frisch gebackenem Brot, der faulige von Fleisch, das zu lange in der Sonne hing. Goethe konnte sich noch als alter Mann an die Gerüche erinnern und vor den Schlachtgerüchen ekeln. Er liebte freilich die Knackwürstchen, die dabei entstanden, und erbat sich noch in Weimar von Christiane Vulpius diejenigen, die sie so besonders gut zu machen verstand.

Das Vieh war nicht nur am Schlachterhaken gegenwärtig. Die Kinder sahen bei den Gängen zu den Gärten die Gemeindeherden, sie sahen, wie auf den Gemeindewiesen vor der Stadt an einem Tag des Jahres die Rindviehherden aus allen Nachbardörfern zur Versteigerung zusammengetrieben wurden, sahen dort zu Pfingsten die Schafherden, sahen den Ochsen auf dem Marktplatz, der bei großen Festen öffentlich am Spieß gebraten wurde, und sie wurden auf all diesen Pfaden wohlwollend von Eltern und Großeltern begleitet. Johann Wolfgang Goethe kannte im Keller den Grundstein, den *lapis fundamentalis*, mit der Jahreszahl des Umbaus, 1755, den er sich immer wieder vom Vater zeigen ließ, wie eine Vergewisserung, auf welch sicherem Boden das Haus und sein Leben standen.

So verfolgte er, wie sich auf diesem *lapis fundamentalis* die Generationen abwechselten, er sah die Großmutter Goethe in den Keller steigen und ihren Wein versorgen, die »alten Herren«, wie sie die Fässer nannte, sah, wie es die Mutter von ihrer Schwiegermutter lernte. Er erlebte die Mutter zwischen Küche und Wochenbett, sah den Tod und die Särge der kleinen Geschwister, beobachtete den Vater, wie er penibel sein Haus verwaltete, sah beim Großvater Textor die gleiche Ordnung in Haushalt und Garten.

Lebensbilder eines Stadtkindes, eines Privilegierten, mit einem eigenen Bett und Eltern, die nicht die Armut der Tagelöhner, Kutscher und Dienstboten kannten, des vierten Standes – fast die Hälfte der Frankfurter Stadtbevölkerung gehörte ihm an –, die aber einen behinderten Verwandten in den Haushalt aufnahmen und jeden Monat für Alte, Witwen, Abgebrannte und andere spendeten, wenn sie in Not geraten waren.

Und Johann Wolfgang Goethe sah die eigene Familie und die des Großvaters Textor bei Tisch. Im Hirschgraben wurde ungefähr für ein Dutzend Angehörige gekocht, am Friedberger Tor waren es sicher noch mehr, wenn sich jeden Sonntag dort die Familie versammelte: Da waren die Großeltern selbst, dazu die Textor-Töchter mit ihren Ehemännern und Kindern, Frau Goethe, Frau Melber, Frau Pfarrer Starck, Hoffmanns und Loens. »Als ältester Enkel und Pate«, schrieb Goethe in *Dichtung und Wahrheit*,

»hatte ich seit meiner Kindheit jeden Sonntag bei meinen Großeltern gespeist.« Lebensbilder der Geselligkeit.

Diesen Bildern blieb Goethe verpflichtet, als der 16jährige das Haus verließ, um in Leipzig die Akademie zu besuchen. Dort traf der Student im Jahr 1765 vieles anders an. Die Stadt war nicht sehr viel kleiner als Frankfurt, aber keine Residenz der sächsischen Könige – das war Dresden geworden – und keine freie Reichsstadt wie Frankfurt, nur dem Kaiser untertan.

Um Leipzig hatten sich im Mittelalter immer wieder Fürsten und Markgrafen mit Namen wie aus einem Ritterroman wegen der Oberlehnsherrlichkeit gestritten: Otto der Reiche oder Dietrich der Bedrängte, Heinrich der Erlauchte und Friedrich der Streitbare. Doch im Laufe der Jahre hatte sich die Stadt, endlich vom Kaiser dem Bischof von Merseburg gegeben, die Rechte erworben, die eine Stadt brauchte, wenn sie wirtschaften wollte: Gerichtsbarkeit, Zoll- und Münzrecht. Hinzu kamen, von großer Bedeutung für die Stadt, hohe Reichsgerichte und die seit Anfang des 16. Jahrhunderts bestehende Buchhändlermesse, die gegen Ende jenes Jahrhunderts Frankfurt am Main überflügelt hatte. Als Johann Wolfgang Goethe in Leipzig eintraf, war die Stadt seit einem Jahrhundert der Hauptstapel- und Kommissionsplatz des gesamten deutschen und ausländischen Buch- und Musikalienhandels, und die erste Buchhandelsgesellschaft war gegründet worden.

Die Universität entstand, als Anfang des 15. Jahrhunderts 2000 deutsche Studenten aus Prag ausgewandert waren und der damalige Markgraf von Thüringen und Meißen in Leipzig sofort ein neues *studium generale* für sie und andere *studiosi* eingerichtet hatte. Johann Wolfgang Goethe wäre lieber nach Göttingen gezogen, um Altertumskunde zu studieren, aber der Vater bestand auf Leipzig und Jura, und die Universität hatte die Vorlesungen von Johann Christoph Gottsched zu bieten, der deutsche Dichtung als

Lehrgegenstand eingeführt hatte und ein Beförderer der Aufklärung war.

Der Siebenjährige Krieg war gerade vorbei, noch war die Stadt befestigt. Gerade wurde ein festes Theater gebaut, und da die Stadt keinen Landesherren hatte, statt dessen mit Studenten und Messegästen immer neuen internationalen Einflüssen und Moden ausgesetzt war, genoß sie den Ruf von Eleganz und Weltläufigkeit. Der junge Johann Wolfgang Goethe kam wie ein Provinzkind in die Stadt von Welt, wechselte sofort »meine sämtliche Garderobe gegen eine neumodische«, machte bei den Professoren brav Antrittsbesuche, mietete sich wie die meisten seiner etwa 800 Kommilitonen bei einer Familie als möblierter Herr ein, hatte jedoch mit 100 Gulden einen wesentlich höheren Monatswechsel und genoß die Freiheit, von keinem mehr gegängelt zu sein. Er lernte in den Salons der Honoratioren, zu denen ihm Empfehlungsschreiben des Vaters Zugang verschafften, das galante Parlieren, spielte Karten, trank Bier, aß an einem der Mittagstische, die Professoren und Bürgerfamilien für eine begrenzte Anzahl von zahlenden Studenten hielten, und prahlte in einem Brief an einen Frankfurter Freund: »Merkt einmahl unser Küchenzettul. Hühner, Gänße, Truthahnen, Endten, Rebhüner, Schnepfen, Feldhüner, Forellen, Haßen, Wildpret, Hechte, Fasanen, Austern pp. Das erscheinet täglich, nichts von anderm groben Fleisch ut sunt Rind, Kälber, Hamel pp. das weiß ich nicht mehr wie es schmeckt. Und die Herrlichkeiten sind nicht teuer, gar nicht teuer.«

Dann wechselte er den Mittagstisch, denn er hatte Besuch von seinem Schwager Schlosser bekommen, und »solange Schlosser in Leipzig blieb, speiste ich täglich mit ihm und lernte eine sehr angenehme Tischgesellschaft kennen«. In dieser »geschlossenen Gesellschaft« fühlte er sich »um so wohler, als mir die Tochter des Hauses, ein gar hübsches, nettes Mädchen, sehr wohl gefiel und mir Gelegenheit ward, freundliche Blicke zu wechseln«. Da geht die Liebe durch den Magen, denn Käthchen Schönkopf, die Wirtstochter, »half die Speisen bereiten, die ich genoß, sie brachte mir wenigstens abends den Wein, den ich trank …«

Diese Speisen waren nicht unbedingt Austern und Schnepfen, Hechte und Fasanen. Johann Wolfgang Goethe hatte es in Frankfurt als Kind in den Gärten gelernt und sollte es als alter Mann den Kaiser im zweiten Teil des *Faust* zu seinem Erztruchseß sagen lassen:

»Der Lieblingsspeisen Wahl laß mir zu allen Zeiten,
wie sie der Monat bringt, und sorgsam zubereiten!«

Und der Fürst erwidert:

»Dich reizt nicht Fern und Früh, womit die Tafel prangt,
einfach und kräftig ist's, wornach dein Sinn verlangt.«

Das ist das Motto, Goethes Lebens- und Speisenmotto, der Schlüssel des wahren Genusses, damals wie heute: die Wahl der Lieblingsspeisen vom Angebot des Monats, des Marktes bestimmen zu lassen. Das verbürgt reife Früchte, gutes Fleisch, also höchste Qualität. Die sorgfältige Zubereitung aber garantiert, daß man diese Qualität auch schmeckt.

»… nicht Fern und Früh« – nichts sinnlos und unvernünftig aus der Ferne heranholen lassen. Kein Schwein durch ganz Deutschland treiben, wenn man es vor den Toren der Stadt im Stall halten kann. Kein Transport, an dem nur der Händler verdient und bei dem die Qualität der Ware leidet. Dann lieber verzichten.

Dem widerspricht nicht, daß der Geheimrat in Weimar begann, ein Netz von Versorgungslinien über ganz Deutschland zu spannen. Er bekam geschickt, was in Weimar nicht wuchs, und bat um dieses und jenes. Aber es handelte sich stets um Dinge, die den Transport vertrugen. Ein Sack Kastanien aus Frankfurt, »ich wünsche, daß sie wohl schmecken und ebenso bekommen mögen – es gibt dieses Jahr nicht viele – sie halten immer gleichen Schritt mit dem Wein – wenn der nicht im Überfluß gerät; so geraten sie auch nicht«, schrieb Frau Aja im Jahr 1797. Sie schickte auch das welsche oder türkische Korn, also den Mais, und »wünsche, daß es 100fältige Früchte tragen mögte«. Aus fast ganz Europa kam der Wein gereist, und wenn Goethe in Jena arbeitete, bat er Christiane Vulpius um eine Kiepe mit sechs oder zwölf Flaschen. Selbstverständlich reisten weihnachtliche Großmutterpakete von Frankfurt nach Weimar mit »einer Schachtel Weihnachtsgebäck«.

Auf Krebse verzichtete der Geheime Rat, wenn der Sommer zu warm wurde, und wenn Frau Aja Weintrauben nach Weimar schicken ließ, war das erstens eine Seltenheit und zweitens mit so viel Umstand verbunden, daß es die Grenze des vernünftigen Transports bezeichnete.

Nicht »Früh«: Nichts vor der Zeit von den Sträuchern und Bäumen reißen, nur weil man als erster mit der Erdbeere und den Spargeln auf den Tellern angeben will. Lieber warten, reifen lassen, damit sich die Kohlenhydrate in den Äpfeln und Marillen in Zucker, Fruchtzucker umsetzen, damit die Sonne das Aroma wachküssen kann.

In Frankfurt hatte Goethe gelernt, wie man die Reife feiern, wie man daraus ein Fest machen kann. Das beschreibt er in *Dichtung und Wahrheit*, wenn er die Gartenfeste und die Weinlese schildert, und das erzählte Frau Aja: »… da schelts – ich ruf: ›guck einmal wers ist.‹ – ›Ei es ist der Frau Bethmann ihr Bedienter, ob Sie wollte heunt Nachmittag mit ins Kirschenwäldchen fahren?‹ – Ei was? – Ei freilich! Was werd ich nicht fahren wollen an diesen einzigen Plaisierort vor allen schönen Orten in ganz Deutschland, wo die Kirschen wie die schönste Rubinen im smaragdenen Blätterschmuck an den Bäumen hängen, wo die Frankfurter Sonnenstrahlen ein Goldnetz durchwirken, und der Himmel sein blaues

Zelt mit silbernen Wolken drüber spannt. – Jetzt sag ich, wir wollen präzis zwölf Uhr essen, dann wird alles zurecht gemacht zum Abend wann ich heimkomm … Jetzt ohne weiter Federlesen die Spitzehaub auf, dann den Filethandschuh ohne Daumen, daß ich sie nicht brauch auszuziehen beim Kirschenessen, das Körbchen nehm ich mit, dass ich kann Kirschen mitbringen – Nun ist alles in Ordnung – so wird der Tisch gedeckt und aufgetragen – denn zwölf Uhr ist schon vorbei – was giebts heut? – ›Brühsupp‹. Fort mit, ich mag keine – und was giebts noch? ›Stockfisch aufgewärmt von gestern und Kartoffel.‹ Den Stockfisch laß mir von der Nas eweg, der paßt nit zu meiner Stimmung, ich mag mir keinen Stockfischgeruch in den Vorgeschmack aufdampfen lassen, den ich von dem Blumenduft drauß auf der Wies schon in Gedanken genieß, aber die Kartoffel bring sie, an denen verunreinigt man die erhabenen Gedanken nicht …«

Der Stockfisch, der luftgetrocknete und ungesalzene Kabeljau oder Schellfisch, ohne Kopf und Innereien, der tagelang gewässert werden muß, damit er quillt und wieder genießbar ist, war das klassische Handelsgut der Hanse gewesen und hielt sich als eine Art Dauerkonserve bis ins 19. Jahrhundert. Er war alles andere als frisch, dafür brachte er den Schmausenden in keine Bedrängnis, wie sie Frau Aja empfand: »Nun war das Essen noch nicht all, da kam noch eine gebratne Taub. – Ich hatte Appetit, fliegt mir grad eine lebendige Taub vors Fenster und rucksert mir lauter Vorwürf ins Herz. Ich fahr ins Kirschenwäldchen, und das arme Tier mit verschränkte Flügel, mit denen es sich hätt können in alle Welt Freude schwingen, liegt in der Bratpfann. Der Christ jagt die halb Natur durch den Schlund, damit er auf der Erd kann bleibe, um sein Seelenheil zu befördern und dann macht ers grad verkehrt. – Nun kurz der Vorwurf von der Taub am Fenster lastet mir auf dem Herzen, ich kann keinen Bissen essen. – Die Taub wird unberührt wieder in die Speiskammer gestellt …«

»Einfach und kräftig« – das ist der letzte Wunsch des gerade gewählten Kaisers im *Faust II*, und wenn man diese Verse liest, in denen der alte Goethe den Pomp und die Künstlichkeit und Sinnenferne des Zeremoniells der Kaiserwahl beschwört, so sieht man wieder den Knaben im Römer, der mit der silbernen Weinkanne in Händen dieses Hochtheater einer Mahlzeit verfolgt, was mit Essen nichts mehr zu tun hat.

»Einfach« – das spielte noch einmal die Schwester des Römischen Kaisers Deutscher Nation, dessen Krönung der Knabe miterlebt hatte. Marie Antoinette ließ sich als französische Königin eine Schäferidylle bauen, verkleidete sich als Hirtin und tändelte mit Lämmchen am seidenen Bande. Dieses Spiel entpuppte sich bald als der falsche Stil und die falsche Geste. Goethes »einfach und kräftig« war dagegen nicht nur eine Laune oder eine These, sondern eine Erfahrung, die ihm sein Leben lang bestätigt wurde.

Goethe, der junge Student in Leipzig und in Straßburg, ließ sich »Speisen bereiten, die ich genoß«, und auch in Wetzlar, wo der unterdessen graduierte Jurist sein Praktikum am Reichskammergericht ableistete, folgte er diesem Gefühl, das ihn in die Natur nicht als Rokoko-Bühne für Schäferspiele, sondern als Lebensort führte, dessen Kraft zur Erquickung er spürte.

Damals war Wandern keine reglementierte Sportart, sondern die einzige Möglichkeit der Fortbewegung, falls man nicht zu Pferde oder in einer rumpeligen Kutsche saß. Auch Johann Wolfgang Goethe wanderte wie jedermann zum Beispiel von Frankfurt nach Darmstadt, um einen Besuch zu machen, er wanderte im Schloßensturm über den Schlammpfad, im Schneegestöber, wie es in *Wanderers Sturmlied* heißt. Und auch wenn er – »Es schlug mein Herz. Geschwind zu Pferde!« – von Straßburg nach Sesenheim ritt, konnte er den Mietgaul nicht die ganze Strecke galoppieren lassen. Er ritt im Schritt, und er sah den Wald und die Wiesen und die Heckenrose, er spürte die linden Lüfte, »das frische Feld – / Im Blütendampfe / Die volle Welt«.

Die Natur wurde für viele zum Ursprung neuer Erkenntnisse, vor allem aber zu einem Ort außerhalb, außerhalb der Stadt, außerhalb der Schlösser. Die Wälder waren tiefer als heute, die Nächte stockfinster, das Wasser der Bäche noch rein, und der junge Johann Wolfgang Goethe ließ seinen jungen Helden Werther so unruhig umherschweifen, wie er es selber tat.

»Wie froh bin ich, daß ich weg bin!« lautet der erste Satz dieses Romans, der einen sensationellen Erfolg hatte. »Bald werde ich Herr vom Garten sein …«, an einem Orte, an dem »alles ringsumher so paradiesisch« scheint. Dort will Werther keine Bücher, »ich bitte dich um Gottes willen, laß sie mir vom Halse!«, und keine Menschen seines Standes: »Die geringen Leute des Ortes kennen mich schon und lieben mich, besonders die Kinder.« So läßt er sich das »Tischchen aus dem Wirtshause bringen und meinen Stuhl, trinke meinen Kaffee da und lese meinen Homer«, befreundet sich aber mit Kindern, schenkt ihnen einen Kreuzer für einen Weck zur Suppe, und endlich sind sie »ganz an mich gewöhnt, sie kriegen Zucker, wenn ich Kaffee trinke, und teilen das Butterbrot und die saure Milch mit mir des Abends«.

An einem anderen Abend wendet er sich an seinen Herzensfreund: »Da bin ich wieder, … will mein Butterbrot zur Nacht essen und dir schreiben.« Dann folgt die berühmte Szene – Werther sieht Lotte zum erstenmal: »In dem Vorsaale wimmelten sechs Kinder, von eilf zu zwei Jahren, um ein Mädchen von schöner Gestalt, mittlerer Größe, die ein simples weißes Kleid, mit blaßroten Schleifen an Arm und Brust, anhatte. Sie hielt ein schwarzes Brot und schnitt ihren Kleinen ringsherum jedem sein Stück nach Proportion ihres Alters und Appetits ab, gabs jedem mit solcher Freundlichkeit, und jedes rufte so ungekünstelt sein: Danke! indem es mit den kleinen Händchen lange in die Höhe gereicht hatte, eh es noch abgeschnitten war, und nun mit seinem Abendbrote vergnügt … wegsprang …«

Liebe auf den ersten Blick und das kurze Idyll: »Ich lebe so glückliche Tage …« Keine halbe Stunde Weg zu Lotte: »Wenn ich des Morgens mit Sonnenaufgange hinausgehe nach meinem Wahlheim und dort im Wirtsgarten mir meine Zuckererbsen selbst pflücke, mich hinsetze, sie abfädne und dazwischen in meinem Homer lese; wenn ich in der kleinen Küche mir einen Topf wähle, mir Butter aussteche, Schoten ans Feuer stelle, zudecke und mich dazu setze, sie manchmal umzuschütteln: da fühl ich so lebhaft … die simple harmlose Wonne des Menschen …, der ein Krauthaupt auf seinen Tisch bringt, das er selbst gezogen, und nun nicht den Kohl allein, sondern all die guten Tage, den schönen Morgen, da er ihn pflanzte, die lieblichen Abende, da er ihn begoß, und da er an dem fortschreitenden Wachstum seine Freude hatte, alle in einem Augenblicke mitgenießt.« Und abends ißt er seine Milch und denkt über den Unterschied der Stände nach. »Zwar weiß ich so gut als einer, wie nötig« er ist, »wie viel Vorteile er mir selbst verschafft«, aber: »Was das für Menschen sind, deren ganze Seele auf dem Zeremoniell ruht, deren Dichten und Trachten jahrelang dahin geht, wie sie um einen Stuhl weiter hinauf bei Tische sich einschieben wollen!«

Das alles erwartete Johann Wolfgang Goethe in nur etwas anderer Form, als er, getrieben von Unentschlossenheit, schon auf dem Weg nach Italien, gegen den Rat und Befehl des Vaters nach Weimar fuhr.

2

Gastlichkeit bei Hofe – Gastlichkeit beim jungen Genie

Georg Melchior Kraus,
Abendgesellschaft der Herzogin
Anna Amalia (Tafelrunde)
Aquarell, um 1795
Stiftung Weimarer Klassik,
Graphische Sammlung

»… zur verwitweten Herzogin gebeten« Goethes gesellschaftliche Pflichten am Weimarer Hof

Am 3. November 1775 begann die Fahrt mit der Kutsche, am 7. November kam Johann Wolfgang Goethe in Weimar an.

Weimar, die Stadt, war klein. 6000 Einwohner in 600 oder 700 Häusern in engen Gassen, noch von Wehrmauern umgeben. Weimar war die Residenz eines Herzogtums, das aus vier getrennten Herrschaftsgebieten bestand, eine Gesamtfläche von knapp 2000 Quadratkilometern umfaßte und in dem etwas über 100 000 Menschen lebten. Eins der vielen Fürstentümer, die den feudalen Flickenteppich des Heiligen Römischen Reiches ausmachten, keine Industrie, nur stillgelegte Bergwerke, dazu Landwirtschaft und Wald. Kaum Handel, weil die Wege nicht befestigt waren. Die Residenz war nicht einmal Poststation.

Als Johann Wolfgang Goethe mit August von Kalb morgens früh um fünf durchs Erfurter Tor in die Stadt rollte, mußte sich die Kutsche nur deshalb nicht durch Schafherden oder an Schweinen vorbeiarbeiten, weil die Tiere der Sicherheit wegen nur tagsüber auf die Weide vor der Stadt getrieben wurden und im Winter im Stall standen.

Weimar war klein, und das Schloß des Herzogs samt Hoftheater und Hofkirche St. Martin war gerade abgebrannt. Der frisch vermählte 18jährige Souverän Herzog Carl August von Sachsen-Weimar-Eisenach war mit seiner jungen Braut Louise in den umgebauten ersten Stock des Landschaftshauses gezogen, weil er kein Geld besaß, sich ein neues Schloß bauen zu lassen. Es reichte nur zu einem Redoutenhaus, einem Gebäude mit vielen Sälen, in dem die üblichen Festlichkeiten stattfinden konnten, für den

Herzog der Repräsentation wegen wichtig und notwendiger als ein eigener Palast.

Sein Hofstaat, also seine Haushaltung, war für damalige Fürstenverhältnisse klein: je zwei Marschälle und Stallmeister, für das Herzogspaar je drei Kammerherren, für die Herzogin außerdem drei Hofdamen. Zum kaiserlichen Hof in Wien gehörten Tausende von Personen.

In Weimar gab es jedoch nicht nur die Hofhaltung des gerade volljährig gewordenen Carl August, sondern auch die seiner Mutter, der verwitweten Anna Amalia. Sie wohnte, nachdem sie die Regierung an den ältesten Sohn abgegeben hatte, im Wittumspalais und hatte einen erst recht kleinen Hofstaat: einen Marschall, einen Kammerherrn und eine Hofdame.

Und etwas außerhalb von Weimar, in Tiefurt, gab es eine weitere, ebenfalls kleine Hofhaltung, die des Prinzen Constantin, des jüngeren Bruders des regierenden Herzogs.

Doch auch von dieser bescheidenen Machtentfaltung lebte die Stadt Weimar. Fast ein Drittel ihrer Einwohner gehörte zum Hof, samt den Dienerschaften, den Beamten, die in der Bibliothek, der Kunstkammer etc. Dienst hatten, den Jägern, Kutschern und Bereitern, der Hofkapelle, insgesamt etwa 170 Personen, und den Alten, die ihre Pension erhielten. Dazu kamen die Handwerker und Geschäftsleute der Stadt, die ebenfalls vom Hof lebten und ihn, wie die restlichen Untertanen, mit ihren Steuern finanzierten.

Um die drei Fürstensitze kreiste die Adelsgesellschaft, die aus rund 40 Familien bestand. Hinzu kamen der Landadel und die durchreisenden Fürstlichkeiten und Aristokraten samt ihrer eigenen Entourage.

Und alle wohnten in Weimar so dicht aufeinander, daß man nur zum Fenster hinausschauen mußte, um über alles Bescheid zu wissen. In dieses System aus auch eifersüchtig gehüteten Standesrechten geriet nun der junge Mann aus Frankfurt. Anfangs wohnte er bei seinem Reisegefährten, im Hause des Geheimrats von Kalb, im Deutschritterhaus hinter der Stadtkirche. Danach mietete er eine Wohnung am Burgplatz, außerdem stand ihm im Fürstenhaus ein Zimmer zur Verfügung, und von 1779 bis zu seinem Einzug in das Haus am Frauenplan hatte er in der Seifengasse eine Stadtwohnung, neben dem Haus der Steins.

Aber noch ist er gerade erst angekommen. Noch ist er Gast des jungen Herzogs, dessen spontaner Einladung er gefolgt ist. Erst in den gemeinsamen Wochen in Weimar wuchs im Herzog das Vertrauen zu dem Freund und der Wunsch, den 23jährigen Doktor aus Frankfurt zu halten und zu binden. Er überlegte sich, was er zu bieten hatte, welches Amt, welche Stellung. Sein Hof leistete zwar erbitterten Widerstand, der Fürst hatte jedoch eine außergewöhnliche Mutter. Anna Amalia war nicht mehr Regentin, aber ihr Wort besaß Gewicht, und sie erkannte in Johann Wolfgang Goethe das Genie und sorgte dafür, daß der Frankfurter blieb. Auf diese Weise verband sie seinen Namen für immer mit Weimar, aber auch den ihren für immer mit dem seinen.

So kam es, daß Johann Wolfgang Goethe am 18. Mai 1776 das Gartenhaus am Stern in Besitz nahm, das ihm der Herzog mit 600 Talern zahlte und schenkte. Am 26. April wurde er ins Grundbuch eingetragen, war damit als Grundbesitzer Bürger von Weimar und konnte vom Herzog im Juni 1776 als Geheimer Legationsrat mit Sitz und Stimme ins Geheime Consilium befördert werden. Das war die höchste Behörde des Herzogtums, und dieses Amt brachte Pflichten und Verantwortung mit sich.

Auch das Geheime Consilium war nicht groß. Vier Männer und der Herzog bestimmten über das Fürstentum, und Johann Wolfgang Goethe war der jüngste und unerfahrenste. Trotzdem bekam er die Leitung verschiedener Kommissionen zugeteilt: Bergbau, Wege, Kriegskommission. Das bedeutete nicht nur Arbeit, sondern auch ständige Nähe zum Fürsten. So waren die Wohnungen in Weimar notwendig, aber das Gartenhaus erst recht.

Johann Wolfgang Goethe lebte nun in der Hofgesellschaft, nicht von allen geliebt und gelitten, nicht geübt und vertraut mit den höfischen Formen, die von einem ehernen Gleichmaß waren.

Die Fürstlichkeiten besaßen nur wenige Möglichkeiten, sich darzustellen und ihren Untertanen gegenwärtig zu sein. Die sinnfälligsten waren Schaugepränge jeder Art: die Hofbälle und die Redouten, die Maskenzüge und Liebhaberaufführungen wie an allen anderen Höfen Europas auch.

Die zweite Möglichkeit der Selbstdarstellung war die Hoftafel. In beiden Hofhaltungen, beim jungen Herzog und bei seiner Mutter, wurde täglich mittags Tafel gehalten. Die Durchlauchten saßen der Tafel vor, und nur diejenigen hatten die Ehre, an dem Mahl teilzunehmen, die hoffähig, also: adelig waren. Johann Wolfgang Goethe mochte sich mit seinem Herzog duzen, sie mochten auf Reisen die Strohlager und die Mädchen teilen, und sie mochten zusammen in Werthertracht durch ihre Toberei die Spießbürger jeglichen Standes schrecken – an die Hoftafel und zu Hoffesten hatte der Freund erst Zutritt, nachdem er geadelt worden war.

Die dritte Möglichkeit der Selbstdarstellung pflegte vor allem die Herzoginwitwe. Anna Amaliens Musenhof, wie man ihn später nannte, entsprang dem Bedürfnis der gebildeten und intelligenten Frau, in Gesellschaft der großen Geister ihrer Zeit zu leben. So hatte sie schon vor Goethes Auftritt die beiden Dichter Christoph Martin Wieland und Johann Karl August Musäus nach Weimar geholt, Formen der geistreichen Geselligkeit gepflegt, die auch Johann Wolfgang Goethe behagten und die mit geringem Aufwand und Kosten verbunden waren. Wenn sich die Mittwochsgesellschaft bei ihr im Wittumspalais einfand, gab es Tee. Und wenn es üppig sein sollte, so bot man eine Platte mit Aufschnitt an und ein Glas Wein.

Anna Amalia lud Johann Wolfgang Goethe oft zum Mittagessen, aber nicht an ihre offizielle Tafel. Das hätte das ganze System erschüttert. Er mußte sich an die Marschalltafel setzen, die für Bürgerliche, Beamte und für die zahlreichen durchreisenden Gäste gedeckt und auch von der fürstlichen Küche versorgt wurde. Er steckte, wie er im November 1775 an Auguste Gräfin Stolberg schrieb, »im Treiben und Weben des Hofes«, und er hatte es vor allem mit Frauen zu tun, die jede Bewegung auf diesem Parkett beherrschten.

Die älteste und wichtigste, später eine große Freundin und Briefpartnerin der Frau Aja: Anna Amalia, seines Herzogs Mutter. Die Herzogin von Sachsen-Weimar-Eisenach stammte als geborene Prinzessin von Braunschweig-Wolfenbüttel aus einem großen Fürstenhaus, kam von einem eleganten und geistreichen Hof. Friedrich II. von Preußen war ihr hochverehrter Onkel. Sie wurde nach zwei Ehejahren, gerade 18 Jahre alt, Witwe. Das war 1758. Sie hatte damals einen Sohn, den Erbprinzen, und war mit dem zweiten, Prinz Constantin, schwanger. Voller Energie und Hartnäckigkeit übernahm sie mit der Erlaubnis Kaiser Josephs II. »Vormundschaft und Administration« ihres kleinen Landes und versuchte, trotz Geldknappheit und Kriegslasten die Finanzen zu ordnen und an ihrem Hofe Wissenschaft und Künste zu pflegen – etwas, das sie gelernt hatte, als die Pflicht eines aufgeklärten Fürsten anzusehen. Und das sie darüber hinaus als bestes und billigstes Mittel betrachtete, das Ansehen des Hauses zu mehren. So zog sie Schriftsteller und Gelehrte an ihren Hof, ließ, der Wolfenbütteler Tradition und ihrer Neigung zur Literatur folgend, im Grünen Schloß die fürstliche Bibliothek einrichten, die Johann Wolfgang Goethe oft benutzte, und pflegte die Musik.

Sie war, als sie dem Sohn die Regierung übergab, erst Mitte 30, und alles, was sie angeregt hatte, blühte und entwickelte sich weiter, blühte aber nur, wenn es gepflegt wurde. Sie schrieb Frau Aja, in Weimar passiere nichts von alleine, außer man griffe auf die »eigenen Ressourcen« zurück.

In dieser Erkenntnis, aber auch in dem Reichtum der eigenen Ressourcen war sie Johann Wolfgang Goethe gleich, traf sich mit ihm auf einer Ebene, auf der das Alter und das Hofzeremoniell keinen von beiden behinderten oder einschränkten. Für sie, die nicht mehr Regierende, spielte es ohnehin keine so große Rolle mehr. Sie konnte sich mehr Freiheit gönnen und auch ihren Gästen gewähren. Zum Beispiel jenen, die sie einlud.

Karl von Lyncker, der 1780 als 13jähriger an den Hof von Weimar kam und bis 1784 als Page diente, schrieb in seinen Erinnerungen: »... jeder von uns Pagen wartete gern bei der Mittwochstafel der Herzoginmutter auf, wozu nur einer bis zwei von Adel, aber mehrere sogenannte schöne Geister eingeladen wurden ...«

Die zweite Frau, die die Gesellschaft von Weimar prägte, war dem Range nach die erste, die Regierende Herzogin Louise. Sie war die Tochter des Landgrafen von Hessen-Darmstadt, 1774 mit Carl August verheiratet, und sie kannte Goethe seit 1773, seit seinem ersten Besuch in Darmstadt. Er sah sie in Weimar wieder, im Fürstenhaus, wie das Landschaftshaus unterdessen genannt wurde, in dem der Herzog und sie ihre Hofhaltung hatten.

Sie wurde stets in höchsten Tönen gelobt: erhabene Tugenden, strengste Selbstbeherrschung, edelste Gesinnung. Und nach ihrem Tod, 1830, sagte Goethe zum Kanzler Müller: »Nicht allzu liberal dürfte man die Fürstin schildern. Sie habe vielmehr standhaft an ihren Rechten gehalten. Ihre gesellige Herablassung sei mehr das Auslaufen ihrer Standesrichtung gewesen ... Echte Altfürstlichkeit, durch die weimarischen Zustände ins Idyllische hinübergezogen.«

Zwei Fürstinnen, zwei Frauen, die die gesellschaftliche Form wahrten, weil sie ihre Legitimation war und weil beide wußten und es als Verpflichtung empfanden, daß sie als Vorbilder galten.

In ihrer unterschiedlichen Haltung aber zeigten sie den Spielraum, den der einzelne auch innerhalb der strengsten Standesgrenzen besaß. Anna Amalia übte das Zeremoniell mit leichter Hand, Louise befolgte es mit äußerster Gewissenhaftigkeit und dem immer augenscheinlichen Bewußtsein ihrer fürstlichen Würde. Da der frisch gebackene Geheimrat Goethe sie verehrte – obgleich sie sich erst herabließ, sich an seine Tafel zu setzen, nachdem er geadelt worden war – und ihre Hofdame Charlotte von Stein liebte, hatte er nichts dagegen, ein Höfling in ihrem Sinne zu werden.

Johann Gottfried Herder schrieb 1782 verächtlich an Johann Georg Hamann: Goethe »ist also jetzt Wirklicher Geheimer Rat, Kammerpräsident, Präsident des Kriegscollegii, Aufseher des Bauwesens bis zum Wegbau hinunter …, dabei auch Directeur des plaisirs, Hofpoet, Verfasser von schönen Festivitäten, Hofopern, Balletts, Redoutenaufzügen, Inskriptionen, Kunstwerken usw., Direktor der Zeichenakademie, in der er den Winter über Vorlesungen über die Osteologie gehalten; selbst überall der erste Akteur, Tänzer, kurz, das Faktotum des Weimarschen und, so Gott will, bald der Major domus sämtlicher Ernestinischer Häuser, bei denen er zur Anbetung umherzieht. Er ist baronisiert, und an seinem Geburtstage … wird die Standeserhebung erklärt werden. Er ist aus seinem Garten in die Stadt gezogen und macht ein adlig Haus, hält Lesegesellschaften, die sich bald in Assembleen verwandeln werden usw. usw.«

Zu Beginn dieser Entwicklung, als Johann Wolfgang Goethe noch bei August von Kalb wohnte und »noch keine Wirtschaft« hatte, wie Karl von Stein in seinen Erinnerungen schrieb, »so aß er gewöhnlich in meinem Elternhause«. Und bekam manchmal einen nahrhaften Happen mit, fürs Abendbrot: »Noch ein Dank für das Wurst-Andenken«, schrieb er im Januar 1776 an Frau von Stein. Paßte es bei Stallmeisters nicht, so aß er an der Marschalltafel, war gelegentlich »zur verwitweten Herzogin gebeten«, also zu Anna Amalia, wenn sie nicht öffentliche Tafel hielt, und »abends: Fürstliche Tafel«.

Abends bedeutete auch: nach der »Cour«, also dem öffentlichen Empfang in der Redoute, nach einem »Konzert bei Hofe« und ähnlichen Veranstaltungen – keine sehr geliebte gesellschaftliche Pflicht, so daß Johann Wolfgang Goethe im Februar 1776, am Ende der Saison, erleichtert notierte: »Mit Wieland führ ich ein liebes häusliches Leben, esse Mittags und Abends bei ihm wenn ich nicht bei Hofe bin.«

Im März konnte er eine eigene Wohnung beim Hofkassier König gegenüber dem Gelben Schloß mieten und zog dort mit seinem Diener Philipp Seidel ein. Das war die letzte Station vor dem Gartenhaus, und Johann Wolfgang Goethe wird wie Werther gedacht haben: »Du kennst von altersher meine Art, sich anzubauen, mir irgend an einem vertrauten Ort ein Hüttchen aufzuschlagen und da mit aller Einschränkung zu herbergen.« Und er wird froh gewesen sein, mit dem Hin und Her und dem ewigen Essen aus fremden Töpfen aufhören zu können.

»... ich hab denn so herum gehausvatert« Ein Gartenhaus als Lebensbühne

Das Gartenhaus im Park an der Ilm lag außerhalb, glücklicherweise außerhalb, und erwies sich als der Ort, an dem Johann Wolfgang Goethe sein eigenes Leben führen konnte.

Das Haus war eine Bruchbude. Es lag in einem vernachlässigten Garten voll Unkraut und Gestrüpp und war kaum eingerichtet, es regnete durch das Dach, es gab keinen Ofen. Dafür konnte Goethe die Räume nach Belieben und nach seinem Bedarf bestimmen. Unten: Saal, Speisezimmer und eine kleine Schlafkammer. Oben: Arbeitszimmer und Wohnraum. Da war die Trennung öffentlich und privat schon angedeutet, die Reservierung eines Raumes für ihn allein.

Johann Wolfgang Goethe bestellte also neue Möbel, und die »Inventar-Liste des Gartenhauses« 1776 bis 1778 zählt sie auf. Der Diener Philipp Seidel begann mit dem, was ins Dienerzimmer kam: Eckschrank, Stuhl, Bett. Dies waren die Küchenmöbel: »1 Schlüsselbrett, 1 Kästchen zum Messerputzen, Topfbretter, 1 Küchen-Schrank, 2 Stellagen, 1 Mehlkasten, 1 kupferner Eiskasten, 1 Käsekasten.« Man sieht, wie gewirtschaftet und was wie aufbewahrt wurde.

In den Keller kamen »2 Schränke und 1 Weinrepositorium«. Für »Speisezimmer und Erdsälgen«, also den kleinen Saal im Erdgeschoß, der mit gelb, grün und grau gestrichener Leinwand tapeziert wurde, bestellte Goethe schließlich beim Hof-Ebenisten drei Tische aus Tannenholz, die zu einer Tafel zusammengestellt werden konnten, dazu »6 Tafel-Stühle, überzogen mit brauner Glanzleinwand«. Das waren einfache Möbel, nicht aus dem englischen Mahagoni, das gerade in Mode kam, auch nicht vergoldet und verziert, wie es das noch herrschende Rokoko empfahl, sondern schlichte Stühle aus hellen, einheimischen Hölzern.

Goethe betonte immer wieder in Gesprächen und Briefen, wie wenig ihm am Prunke liege, daß ihm der einfache Stuhl lieber sei und ihn weniger ablenke als der gepolsterte Fauteuil. Keine Bequemlichkeit, die zum Müßiggang einlade, auch keine Teppiche, sondern blank gebohnerte Dielen oder goldenes Parkett.

Als »Hausrat« wurde dazu besorgt: Silberbesteck, ein zwölfteiliges Speiseservice aus Gotha aus *terre de pipe*, also: Pfeifenton, einer Art des Steinguts. Das war ein preiswertes Geschirr, so wie man es sich als Junggeselle für seinen ersten Haushalt kauft – und bei dem man sich nicht aufregen muß, wenn ein Stück zerbricht.

Als letztes auf der Hausratsliste: »2 Nachtigallenbauer«. Und für »draußen«: Hundehütte, Bienenstöcke, Stall mit 16 Hühnern, Waschhaus, Holz- und Pferdestall. Damit war die Wirtschaft vollständig.

Schon beim Umbau und bei der Einrichtung des Gartenhauses zeigte sich, wie genau Johann Wolfgang Goethe wußte, was er wollte, und wie er es sich als Lebensbühne entwarf. So bekam das Haus einen seitlichen Anbau zu ebener Erde für den Holzvorrat und den Waschkessel, der nun einmal im Monat angeheizt wurde, oben vor seinem Arbeitszimmer gewann Johann Wolfgang Goethe einen Altan, der in seinen künftigen Geselligkeiten eine große Rolle spielen sollte.

Schon für diesen kleinen Haushalt brauchte er Hilfskräfte, und da er von Anfang an zu delegieren verstand und sich alles abnehmen ließ, was ihn in seiner Arbeit belastet und von ihr abgelenkt hätte, war er stets großzügig in bezug auf Personal. Und im Vergleich zu seinen hohen Herrschaften war Johann Wolfgang Goethe, der Bürgerssohn, gar nicht so schlecht ausgestattet. Seine Mutter hatte dafür gesorgt, daß ihn der altvertraute Philipp Seidel begleiten konnte und nun nach Art des Johann Caspar Goethe das Haus führte und das Haushaltsbuch in doppelter Buchführung schrieb. Er bestellte zuerst eine Köchin, Dorothee Wagenknecht, später weitere Dienstboten, Christoph Sutor und den 16jährigen Diener Paul Goetze samt seiner Mutter.

Beschäftigte die Herzogsfamilie festbesoldete Perückenmacher, Tafeldecker, Vorleser und ähnliche Hilfskräfte, so mietete Goethe diejenigen, die er jeweils brauchte, und Seidel und seine Nachfolger trugen die Ausgaben für Wäscherinnen und Spinnerinnen ein, auch für deren Verpflegung – »zwei Pfund Schweinefleisch abends für die Waschfrauen« –, für Leinenbleicher und Tagelöhner, Kutscher und Wagenmacher, Botenfrauen und Büglerinnen.

Im Frühjahr 1776 begannen die Arbeiten am und im Gartenhaus: Die Treppe mußte gefestigt werden, morsche Balken ausgetauscht, ein Ofen gesetzt und der Ziehbrunnen unter der Treppe geputzt werden. Hinter dem Haus stieg ein Hang mit Gestrüpp und alten Bäumen empor, und daneben lagen vernachlässigte und überwucherte Gemüse-, Erdbeer- und Spargelbeete. Auf dieser »unteren Anlage«, wie das Gemüseland genannt wurde, fingen der Hofgärtner und seine Leute mit ihrer Arbeit an. Neue Erde, Terrassierungen, neue Beete, neue Wege und Alleen, das war das Werk des ersten Frühlings, und im Mai schlief Goethe zum erstenmal im Gartenhaus, stach den ersten Spargel und sandte ihn Frau von Stein: »Guten Morgen mit Spargels.«

Das war die richtige Kulisse für Goethes Gartenleben. Und so, wie er es in Frankfurt erlebt hatte, verband er Kraut und Blumen, richtete mit Hilfe des herzoglichen Gärtners Spaliere für Geißblatt, Kletterrosen und Wein an der Hauswand ein, erbat sich aus Frankfurt Baumsetzlinge und andere Pflanzen, skizzierte einen englischen Garten, wie sie gerade modern und in vielen anderen sächsischen und schlesischen Schloßparks nachgeahmt wurden:

Freiheit auch für Büsche und Bäume, allerdings in der Art, wie sich der Mensch die Freiheit der Natur vorstellte. Er steckte den Herzog mit seiner Begeisterung so an, daß die beiden aus den vernachlässigten Ilm-Auen im Laufe der Jahre einen Park werden ließen.

So frisch, wie er es erlebte, schrieb er für »Gustgen«, Auguste Stolberg, die Schwester der Grafen Stolberg, Mitglieder des Göttinger Hains, in dieser ersten Zeit in seiner »Hütte« ein Tagebuch: »Sonnabends Nachts 10 in meinem Garten. Ich habe meinen Philipp nach Hause geschickt und will allein hier zum erstenmal schlafen. Und so meinen Schlaf einweihen dass ich dir schreibe. Die Maurer haben gearbeit bis Nacht, ich wollt sie aus dem Haus haben, wollte – o ich kann dir nicht ins Detail gehen. Den ganzen Nachmittag war die Herzoginn Mutter da und der Prinz und waren guten lieben Humors, und ich hab denn so herum gehausvatert, wie alles weg war, ein Stück kalten Braten gessen und mit meinem Philipp … von seiner und meiner Welt geschwäzzt, war ruhig und bin's und hoffe gut zu schlaffen zu holdem Erwachen. Gute Nacht beste. – Es geht gegen eilf … es ist eine herrliche Empfindung dahausen im Feld allein zu sizzen. Morgen frühe wie schön. Alles ist so still. Ich höre nur meine Uhr tackcken, und den Wind und das Wehr von ferne. gute Nacht.«

So begann es. Unbefangen und mit der Selbstsicherheit des Sohns freier Bürger nahm Johann Wolfgang Goethe die anderen Lebensformen wahr und setzte seine eigenen hinzu. »… nahm meinen Bruder und mich«, schrieb Karl von Stein, »in sein neu Gartenhaus, wo wir Eierkuchen buken, was er mir lehrte in der neuen Küche.«

Die Mutter, Charlotte von Stein, an ihre Schwester: »In Goethes Garten hab ich schon einmal Kaffee getrunken und von seinem Spargel gegessen, den er selbst gestochen und in seinem Ziehbrunnen gewaschen hatte.« Das war am 10. Mai 1776 und spricht dafür, daß es um die verwucherten Beete so schlecht nicht bestellt war oder daß Goethe und die Gärtner gute Arbeit geleistet hatten.

Und so ging die Gästeliste weiter. »Im Garten gessen«: mit dem Herzog, mit Wieland, Frühstück mit der Herzogin und Frau von Stein. Erleichtert schrieb Philipp Seidel nach diesem ersten Ansturm heim nach Frankfurt, »… daß wir eine Köchin haben und ich nunmehr eine ordentliche Haushaltung zu dirigieren habe«. Im nächsten Jahr kamen zu Dorothee Wagenknecht, die bis 1789 bei Goethes blieb, noch die anderen Diener und die Mutter von Paul Goetze als Wirtschafterin hinzu, so daß die Feste ausgerichtet werden konnten, die Goethe für Kinder und Erwachsene gab.

Eins der Kinder war Karl von Lyncker. Er hat die Erinnerung an dieses erste »in Weimar noch nie gesehene Fest« in seinen Aufzeichnungen festgehalten. Das Fest »gab der junge Legationsrat Goethe am Oster-Heiligabend in seinem soeben erst bezogenen, an den oberweimarischen Wiesen gelegenen Garten einer Menge Knaben aus guten Häusern. In allen Winkeln des Gartens waren Orangen und bunte Eier versteckt, die wir suchen mußten.

Alles war erlaubt. Unsere Hofmeister schmausten an einem besonderen Tische und durften uns nicht stören. Gegen Abend ließen sich dann zwei hohe wandelnde Pyramiden sehen, welche mit Eßwaren aller Art, namentlich mit Bratwürsten, Karbonaden und dergleichen, behangen waren. An diesen sprang die muntere Jugend in die Höhe, rupfte sich nach Belieben herunter, was ihr annehmlich schien, und geriet vor Lust dergestalt außer sich, daß sie die eine umwarf, aus welcher Bauinspekteur Goetze, damals noch Paul genannt, zu allgemeinem Gelächter hervorkroch.«

Einige Jahre später, so berichtete Caroline Riemer, variierte Goethe sein Fest: Er stellte »für die Kinder seiner Bekannten in weiter Ausdehnung ein Eiersuchen an, das meistens im Freien an der sogenannten Schnecke gehalten wurde, die auf dem freien

Platz am Eingange des Parkes stand und aus zwei kolossalen Linden gebildet war. – Die in allen Farben prangenden Eier waren an zwei Orten in den Hecken verteilt; das Nest mit den Eier legenden Hasen, hier aus Zuckerteig geformt, fehlte nie. Wie jubelten die, die es fanden! Pyramidenartige Erhöhungen der geschnittenen Hecken waren mit Bratwürsten und ähnlichen eßbaren Dingen behangen. Danach sprangen die größeren Knaben ... Nach geendigtem Eiersuchen wurden die Kinder mit Backwerk, Mandelmilch, Himbeersaft und ähnlichen erfrischenden Getränken bewirtet. Spiele jeder Art wurden auf der nahen Wiese getrieben. Erst mit anbrechender Nacht zog die frohe Schar heim.«

Und wieder etwas später bewies Johann Wolfgang Goethe bei einem höchst zeremoniellen Fest, einem Kinderball, wie man Freiheit und Form vereinen kann, wie aber das *Laisser-faire* den Erwachsenen nicht davon befreit, über die Kinder zu wachen und sie zu behüten. Friedrich de la Motte Fouqué hielt fest, »wie Goethe ehedem Kinderfeste bei sich zu halten pflegte. Da mußten ihm die Freunde ihre Kindlein, Mädchen und Bübchen, ohne weiteres – nicht Eltern, nicht Hofmeister durften sie begleiten – anvertrauen. Goethe empfing in völliger Hofgala seine Gästchen, die er allesamt: ›Ihr kleinen Menschengesichter‹ zu titulieren pflegte. Er selbst eröffnete den Ball mit einer der Dämchen!

Nach diesem feierlichen Entrée aber ließ er dem kindlichen Getriebe freien Lauf, doch so, daß er die ›kleinen Menschengesichter‹ als getreuer Aufseher keinen Augenblick aus den Augen verlor, ihren Tanz, ihre Genüsse bewachend, so daß keines Nachteil für Gesundheit oder Sitte zu erleiden hatte und dennoch unter dieser väterlich-gastlichen Obhut unaussprechlich frei und wohl zu Sinne war und sie auch wiederum zur rechten Zeit, gehörig abgekühlt und wohl eingepackt, heim befördert wurden.«

Die gleiche Achtung vor der Würde eines Kindes zeigte eine Szene bei einem von Goethes Geburtstagen. Ein kleines Mädchen kommt in Begleitung seiner Mutter, soll ein Gedicht aufsagen, stockt aber, und Goethe nimmt die Fünfjährige an die Hand und führt sie aus dem allgemeinen Trubel hinaus ins ruhige Nebenzimmer, setzt sich und zieht das Kind auf seinen Schoß. »Nun sag mir mal auf, was du gelernt hast. Marie begann: Ufm Bergli bin i gesässe – Ha de Vögle, half Goethe ein. – Ha de Vögle zugeschaut, fuhr Marie fort. – Hänt gesunge, – hänt gesprunge, half Goethe wieder ein, und so ging er mit dem Kinde das ganze liebe Liedchen bis zu Ende durch und führte die Kleine dann zur Mutter zurück ... Am Nachmittag schickte er seiner kleinen Gratulantin Früchte und Konfekt von der Geburtstagstafel.« So macht man einem Gast das Fest zur Freude, ob dieser Gast nun fünf oder 50 Jahre alt ist.

Die Schwester der kleinen Marie Melos teilte die folgende Erinnerung mit: »Als Jugendgespielin der Enkel des Dichters, Wolfgang und Walter, waren die drei Töchter des meloschen Hauses gar vielfach in Goethes Hause, wie die beiden Knaben fast täglich zu ihnen herüberkamen.

Goethe selbst, bis an sein Lebensende ein Kinderfreund, war alle Zeit gar liebevoll gegen seine Enkel und deren Gespielinnen; wenn ihm das kleine Volk über seinem Haupte zu viel Lärm machte, so schickte er ihnen als einzige Mahnung zur Ruhe eine Schachtel voll köstlicher Frankfurter Süßigkeiten, um welche sie Lotto spielen möchten; öfter auch warf er die Süßigkeiten den Kindern aus den Fenstern seines Arbeitszimmers in den Garten hinab, wobei Ida die Bevorzugte war.«

Auch diese Szene ist eine Lehrstunde der Gastlichkeit: die Liebe, die Zuneigung als Regulativ. Und Süßigkeiten in ihrer eigentlichen Rolle: Wer Kinder täglich lutschen läßt, kann nicht mit Süßem locken und loben. Wenn das Süße aber eine Seltenheit ist, aus Frankfurt, von der Familie oder den Freunden des Großvaters geschickt, dann ist es wahrhaft erinnerungswürdig.

Den Zauber seltener Süßigkeiten hatten auch Goethes erste Feste, andere als die höfischen, der Etikette verpflichteten Assemblagen und Redouten, Feste, die den jungen Herzog aus einer, wie Carl Ludwig von Knebel meinte, »pedantischen, beschränkten, verzärtelten Hofexistenz ins freie Leben hinausriß«. Da dieser junge Herzog, so Karl von Stein, »... unzertrennlich mit Goethe war, so hielten viele Goethes Einfluß auf den jungen Herrn für sehr nachteilig. Zu dieser Mißbilligung gehörte auch das Schlittschuhlaufen, ein vorher nur bei den unteren Ständen gebräuchliches Vergnügen. Ein Teich im Baumgarten wurde hiezu gewählt. Selbst die Herzoginnen kamen, selbst Damen lernten Schlittschuh laufen. Goethes Bedienter gab den Unterricht. – Auch mir! Und ich fand es auf dem Eise weit anziehender als den Cornelius Nepos. Auch mein Hofmeister war entzückt von dem neuen Leben. Gymnastische Übungen kamen in Schwung. Wir lernten auf Stelzen gehen, baden, schwimmen, ja sogar auf dem Seil tanzen. Von der jungen Gesellschaft war Goethe gewissermaßen die Seele. Durch ihn entstanden eine Menge Dinge, woran man vorher nicht gedacht hatte. Die gesellschaftliche Bildung nahm einen interessanteren Ton an durch gesellige Spiele, darunter auch Schauspiele, und auf meiner Eltern Gute Kochberg, wo die Anwesenheit Goethes, desgleichen die Knebels, des Herzogs und anderer Damen und Herren, im Herbste viel fröhliche Gemüter vereinte, lebte man sehr vergnügt. Goethe hatte ein besonderes Talent, angenehme Erzählungen zu machen, was er späterhin noch mehr kultivierte. An Kartenspielen wurde nie gedacht.«

Diese Winterfeste waren gewiß aus der Erinnerung an die Frankfurter Tage auf dem Eise geboren, die spätsommerlichen aus der Erinnerung an die heiteren Erntefeste in den Weingärten vor Frankfurt.

Im Sommer darauf wurde der Altan des Gartenhauses mit einem Fest eingeweiht, und Wieland schrieb im Juli 1777 entzückt über diese neue Kulisse einer anderen Geselligkeit. Schon im folgenden Jahr konnte er seiner Frau »die neuen Poemata … zeigen, die der Herzog nach Goethens Invention und Zeichnung dort am Wasser anlegen lassen und die eine wunderbar künstliche, anmutig wilde, einsiedlerische und doch nicht abgeschiedene Art von Felsen und Grottenwerk vorstellten, wo Goethe, der Herzog und Wedel oft selbdrei zu Mittag essen oder in Gesellschaft einer oder der andern Göttin oder Halbgöttin den Abend passieren …« Im August fuhr Wieland wieder »zu Goethen, der die Herzogin auf den Abend in seinen Garten eingeladen hatte … Wir speisten in einer gar holden, kleinen Einsiedelei. Auf der Freunde Gesundheit tranken wir eine Flasche Johannisberger 60 aus, und wie wir nun aufgestanden waren und die Türe öffneten, siehe, da stellte sich uns, durch geheime Anstalt des Archi-Magus, ein Anblick dar, der mehr einer realisierten dichterischen Vision als einer Naturszene ähnelte. Das ganze Ufer der Ilm, ganz in Rembrandts Geschmack beleuchtet – ein wunderbares Zaubergemisch von Hell und Dunkel, das einen Effekt machte, der über allen Ausdruck geht. Die Herzogin war davon entzückt wie wir alle.«

Damit hatte es folgende Bewandtnis: Im Juli sollte der Namenstag der Herzogin Louise im Freien gefeiert werden, auf den Ilmwiesen. Doch der Fluß führte Hochwasser, und Goethe schlug vor, die Wildnis gegenüber von seinem Garten zu nutzen. Also begann mit Hilfe der Gärtner die Umgestaltung: Ein alter Pulverturm wurde Glockenturm, ein strohgedecktes Borkenhüttchen und Mauerruinen vollendeten das romantische Bild, das als Einsiedelei die Kulisse eines Überraschungsfestes abgab.

Die Herren des Hofes – der Herzog, Johann Wolfgang Goethe, Karl Ludwig von Knebel, Josias von Stein, Prinz Constantin und Siegmund von Seckendorff – hatten sich als Mönche verkleidet, begrüßten die Damen mit holprigen Reimen und baten sie zur schlichten Bierkaltschale an einen Holztisch. Einige der Hofdamen rümpften die Nase – da flog eine Tür in der Rückwand der Hütte auf, Orchestermusik rauschte auf, und vor ihnen stand vorm silbrigen Filigran eines künstlichen Wasserfalls eine fürstlich gedeckte Tafel.

Das war ein Erfolg, und dem Herzog gefiel das »Louisenkloster« so gut, daß er wie sein Geheimer Rat im Gartenhaus manchmal in diesem Borkenhüttchen übernachtete und Besucher empfing.

»Erst Sauerkraut und dann fünfzehn Seiten aus Jean Paul!« An Anna Amalias Hoftafel

Es war eine Zeit, in der es keine Unterhaltung außer der gab, die man selber machte. Wenn man Musik liebte, mußte man singen und ein Instrument spielen lernen, um nach abgeschriebenen Noten oder solchen, die man sich aus Berlin oder Wien schicken ließ, die neuesten Lieder, Quartette oder Trios kennenzulernen. Oder man mußte sich, wie Goethe später, Europas geliebtes Wunderkind einladen, den zwölfjährigen Felix Mendelssohn Bartholdy. Wenn man die Künste liebte, mußte man Originale oder Stiche und Zeichnungen sammeln, die die bewunderten Tempel, Statuen oder Gemälde wiedergaben.

Und wenn man Geschichten und Gedichte liebte, schrieb man die Texte ab, las sie sich gegenseitig vor oder ließ sich von einer Botenfrau oder einem Reisenden die neuesten Romane und Lyrikbände bringen. Wenn man Shakespeares Stückc auf der Bühne sehen wollte, mußte man sie selber aufführen.

Das war besonders in Weimar unumgänglich, denn mit dem Schloß war 1774 das Hoftheater in Flammen aufgegangen, in dem Anna Amalia – was als sensationelle Ausnahme verstanden wurde – 70 von 100 Sitzplätzen im Parkett den Bürgern von Weimar eingeräumt hatte. Man mußte dazu eingeladen werden und saß dann auf Holzbänken ohne Lehnen inmitten der Logen, die dem Hof und dem Adel vorbehalten waren. Nach dem Brand nun erhielten Wandertruppen das Privileg, ihre Bühne aufzuschlagen. Im übrigen spielte der ganze Hof selbst Amateurtheater in einem der Säle im Fürstenhaus, im Wittumspalais, im Sommer in Schloß Ettersberg und Tiefurt auf der Bühne im Park unter Bäumen und zwischen Büschen, und Goethe übte sich ein als Theaterdirektor.

1780 war das neue Redoutenhaus fertig, das dann zum festen Hoftheater um- und ausgebaut wurde. Der Hof erwartete von Johann Wolfgang Goethe nicht nur die Theaterleitung, sondern auch, daß er für die Unterhaltung der Untertanen sorgte und Feuerwerke, Redouten, also Tanzvergnügungen, und Umzüge arrangierte. Und es machte dem jungen Goethe Vergnügen, ein Thema gestellt zu bekommen und sich daran zu üben. Es machte ihm Vergnügen, eine ganze Gesellschaft ins Kostüm zu stecken und in Schwung zu bringen. Er bot an, was ihm einfiel, was amüsant und neu war, was er aus Frankfurt kannte, was sich vielleicht seine Mutter ausgedacht hatte, die genauso munter und quirlig wie Anna Amalia war, sich über jeden guten Einfall freute und auf alles einging, was im Rahmen des Anstands und des guten Geschmacks der Geselligkeit diente.

Johann Wolfgang Goethe gab, und er nahm, nahm auf, lernte, veränderte und verstand die höfischen Geselligkeiten als eine Sprache, die vielleicht universeller war als das Zeremoniell mit seinen minutiösen Regeln und Zeiteinteilungen und Komplimenten, längst hohlen Gesten, nur noch erträglich durch die Anmut.

So wurde Johann Wolfgang Goethe ein Hofmann, wurde ein Mitglied der Hofgesellschaft, wurde nicht nur geadelt, damit er im Fürstentum Weimar an den Hoftafeln speisen, sondern im Namen seines Herzogs als Hoffähiger handeln konnte und vor allem außerhalb Weimars von anderen Fürsten seinem Rang entsprechend wahrgenommen und behandelt wurde. Saß er aber als Hoffähiger an den Fürstentischen, so hatte er seinen ihm angemessenen Platz in der Hierarchie, in der sorgfältig gestuften Rangpyramide, und kein Genie konnte daran etwas ändern. Er trug die Hofkleidung, er machte die vorgeschriebenen Komplimente der Begrüßung, er führte seine Dame zu Tisch, er wurde bei Tisch von einem Pagen bedient, er mußte essen, was auf den

Teller kam. Er durfte nicht aufspringen, weil ihm das Sauerkraut nicht schmeckte, wie es Johannes Falk, damals ein beliebter Satiriker, erzählt: »Goethe aß zuweilen bei der Herzogin Amalia zu Tiefurt zu Mittag. Er beschwerte sich, daß der dortige herzogliche Mundkoch Goullon so oft Sauerkraut vorsetze. Eines Tages, da man ihm wieder Sauerkraut aufgetischt hatte, stand er voll Verdruß auf und ging in ein Nebenzimmer, wo er ein Buch aufgeschlagen und auf dem Tisch liegen fand. Es war ein Jean Paulscher Roman. Goethe las etwas davon, dann sprang er auf und sagte: Nein, das ist zu arg! Erst Sauerkraut und dann fünfzehn Seiten aus Jean Paul! Das halte aus, wer will.«

Freilich, diese Szene spielte nicht an der offiziellen Hoftafel, sondern in der Sommerresidenz, in den letzten Jahren des 18. Jahrhunderts, in denen sich manches zu ändern begann, außerdem speiste Anna Amalia, die Exregentin, allein mit Johann Wolfgang Goethe, der sich vermutlich entschuldigt hat, was der boshafte Falk vielleicht nicht ohne Absicht unerwähnt gelassen hat.

In Weimar an einer Hoftafel hatte Johann Wolfgang Goethe das vielleicht selber geschossen, was auf seinem Teller lag, denn der junge Herzog und er ritten anfangs noch mit Jägern und Meute auf die Jagd, nicht nur zum Vergnügen, sondern um den eigenen und den Hof der Herzoginwitwe mit Fleisch zu versorgen. Jedem Haushalt stand ein Deputat aus Rot- und Schwarzwild, Hasen und Wildvögeln zu, das jährlich festgelegt wurde und in den Speisezetteln oft schlicht als Wildbret auftaucht. Aber wie trocken und von Essig ausgelaugt dieses Fleisch nach den unzulänglichen Aufbewahrungsmethoden auch gewesen sein mochte, das spielte keine Rolle. Es war Herrenspeise, war auch ein Teil der fürstlichen Selbstdarstellung bei Tisch, diente im Rahmen der kunstvoll ausgeklügelten Trachten oder Gänge ebenso wie der, der es verspeiste, dem glorreichen Ganzen.

So sah Johann Wolfgang Goethe, wenn er gnädigst zur Hoftafel befohlen wurde, das fürstliche Tischtheater wieder, in seiner ganzen Pracht und Würde, in Weimar jedoch nicht wie im Frankfurter Römer mit Gold- und Silbergeschirr, sondern mit Porzellan. Zum Hause Braunschweig-Wolfenbüttel gehörte Schloß Fürstenberg an der Weser, seit 1740 Porzellanmanufaktur, die zur Zeit von Anna Amalias Heirat nach Weimar florierte. Die Prinzessin liebte dieses Hausporzellan, aus den Schatullrechnungen, also den Ausgaben, die sie der eigenen Schatulle entnahm, kann man verfolgen, welche Fürstenberg-Geschirre sie für die eigene Tafel bestellte und nachbestellte, wenn etwas zerbrochen war oder wenn sie, was üblich war, einem Gast oder einem treuen Dienstboten einen Teller oder eine Schüssel zum Geschenk machte.

Das Porzellan ahmte die Formen des altmodisch gewordenen Metall- und Fayencegeschirrs nach, und die einzelnen Teile wurden nach wie vor so entworfen, daß sie nach dem barocken Tafelriß ein Gesamtkunstwerk mit dem Mittelpunkt darstellten, der der zentralen Stellung des Fürsten entsprach. Um das *surtout* also wurden alle Platten, Terrinen, Saladièren, Saucièren und Schüsseln eines Ganges gleichzeitig auf ihre Unterteller oder Unterplatten gesetzt. Wurden diese Geschirre abserviert, so blieben die Unterplatten stehen, einmal, damit die Diener beim nächsten Gang wußten, wohin mit den neuen Schüsseln, Terrinen, Saladièren und Saucièren, und zum anderen, weil die Unterteller schön waren.

Denn das war der Unterschied zwischen Metall und Porzellan: Mochten Gold und Silber auch edler sein, Porzellan konnte man bemalen. Auf dem Staatsgeschirr von Anna Amalias Vater, dem Herzog zu Braunschweig-Wolfenbüttel, prangten die Landschaften und Ansichten seines Fürstentums, und Anna Amalia besaß ein Service mit den im Rokoko sehr beliebten Chinoiserien, kleinen Szenen in einer poetischen Ferne, so, wie man sich das Leben in dem noch unbekannten Japan und China vorstellte. Dieses Service bestand wohl ursprünglich aus 36 Couverts, Gedecken, und insgesamt aus über 200 Teilen. 1786 ließ die Herzogin von Braunschweig-Wolfenbüttel ihrer Tochter ein zweites Service schicken, das mit Blumen bemalt war und aus 110 Teilen bestand.

Für das Dessert, also den letzten Gang, wurde die Tafel bei einem großen, repräsentativen Hofdiner von allem befreit, auch von den Untertellern, oft wurde ein frisches, kostbares Tischtuch aufgedeckt, und dann wurde ein ganz anderes, ein Dessertservice aufgesetzt, das die Suppen- und Fleischgeschirre an Zierlichkeit und Phantasie, auch an Reichtum oft weit übertraf: kunstvolle Aufbauten, von denen man Tellerchen, Porzellanmuscheln oder -blätter abnehmen konnte, Schalen mit durchbrochenen Rändern, Pyramiden für Früchte und Blumen, Dekorationen aus geschliffenem Bergkristall oder Halbedelsteinen und – wie ein Ausklang des jeweiligen Arrangements – umrahmt von Porzellanfiguren oder -vasen, die entweder die Jahreszeit oder die Jagd, das Theater oder den Tanz zitierten.

Bei Anna Amalia konnte Goethe ein Service dieser Art aus Körbchen mit durchbrochenem Rand und weißen, goldgeäderten Porzellanblättern bewundern und benutzen – im Wittumspalais, in dem Haus, in dem sie hofhielt. Auch dort galt die Hofetikette, die internationale Förmlichkeit des Umgangs miteinander. Sie wurde am Kaiserhof in Wien ebenso zelebriert wie an den vielen deutschen Höfen, die oft noch kleiner waren als der von Sachsen-Weimar-Eisenach. Diese Hofetikette war so allgemein wie die heutige Straßenverkehrsordnung, so daß sich jeder überall an seinem angemessenen Platz im höfischen System wiederfand und, ohne zu zögern, agieren konnte. Dieses System überstand die Französische Revolution. Beseitigt, ermordet wurden nur die Menschen, die Aristokraten. Der Nutznießer dieser Revolution, Napoleon Bonaparte, fand es so praktisch und unübertrefflich, daß er es kurzerhand übernahm und einige Jahre die Hauptrolle, den Kaiser, spielte. Und es behielt auch noch in allen deutschen Herrschaften seine Gültigkeit, nachdem das Heilige Römische Reich deutscher Nation 1806 aufgelöst und aus dem deutschen der österreichische Kaiser geworden war.

Ebenso blieb das System der Tafel bei Hofe unverändert, auch in Weimar: Bis zum Tod des Großherzogs, 1828, bestellte der betreffende Hofbeamte die Fürstenberger Porzellane in Braunschweig nach, die zerbrochen waren oder mit denen man die Service vollenden wollte. Das bezog sich vor allem auf die Kaffee- und Schokoladenservice. Beide Getränke hatten im Barock etwa zur selben Zeit ihren Auftritt bei Hofe, und die Entwerfer der entsprechenden Porzellangefäße setzten diese am liebsten auf ein Tablett, natürlich auch aus Porzellan.

Ein solches Service bestand aus zwei bis sechs Schalen (Tassen) und aus sechs sogenannten »großen Stücken«, also Tee- und Kaffee- oder Schokoladenkannen, Teedose, Zuckerschale (mit und ohne Deckel), Milchkännchen und Spülkumme. Darin wurden die Teetassen ausgespült, denn da man die Teeblätter in der Kanne aufgoß – noch waren Teesiebe nicht üblich –, gerieten diese in die Tassen. Als es noch nicht als unelegant galt, aus der Untertasse zu trinken, wurden auch diese nach Gebrauch in der Kumme ausgeschwenkt. Im *Ancien régime* war das Kaffeestündchen ein Vergnügen im Salon, im kleinen Kreise, *à deux*, und die Morgenschokolade wurde auf einem *Déjeuner*, dem Porzellantablett mit Geschirr für zwei Personen, serviert. Porzellantabletts gab es im Gartenhaus noch nicht, und wenn zahlreiche Gäste erwartet wurden, mußte sich Goethe von seinen Freunden Geschirr leihen.

Aber so wie die Jahresfeste, auch die persönlichen wie ein Geburtstag, noch öffentlicher begangen wurden als heute, war auch das Gefühl für Sachenbesitz noch nicht so ängstlich auf das Private bezogen. Die Häuser waren offener, sparsamer möbliert und mit Selbstverständlichkeit gastfrei, auch großzügig.

Die kleine Gabe spielte damals vielleicht zum erstenmal im Rahmen der Empfindsamkeit in Freundeskreisen und in der Gesellschaft eine große Rolle. Man gab aus Liebe und Nachbarschaftsgefühl. Man gab von dem ab, was gerade im Garten reifte und blühte, gab ein Stück von dem, was in der Küche gerade frisch gebacken und gesotten war, schickte den Diener oder ein Kind vorbei und schrieb einen kleinen Zettel mit einem Morgengruß zu den ersten Kirschen.

Im Winter, wenn nichts mehr wuchs und keine Aprikosen mehr vom Spalier ins Körbchen kamen, sandte man sich einen süßen Gruß. »Auch ein glückliches Jahr, Liebste, und Zuckerbrot!« So Goethe an Charlotte von Stein am 1. Januar 1779.

Und nachdem sie ihm ein Büchschen geschenkt hatte, bedankte sich Goethe so: »Ihr artig Büchsgen werd' ich immer bei mir führen, und schicke etwas Süßes dagegen, das freilich seiner Natur nach angenehm und vergänglich ist.«

Waren die Gaben ein Bild des Vergänglichen, aber auch des Angenehmen, so wird das Süße in Brief und Gedicht zum Symbol für das Liebenswerte:

Genießet, weil Ihr süße seid,
auch etwas Süßes gerne …

Und so bekommen die Morgengrüße vom 17. März 1781 einen tieferen Sinn: »Heut' erhalten Sie nichts süßes zum Frühstück. Sie werden sich mit schwarzem Brod begnügen …« Dagegen mit einer Süßigkeit, die sicher aus Frau Ajas Weihnachtspaket stammte: »Deiner süßen Liebe schönes Zeichen und einige Frankfurter Marzipane schick ich dir.«

»*Ich habe den ganzen Sommer Zeit mich einzurichten*«
Die ersten Jahre am Frauenplan

Hatte Johann Wolfgang Goethe das Gartenhaus zur Freude und zu seinem Amt verholfen, so brachte ihm dieses Amt Arbeit und Akten. Denn im Consilium wurde nicht nur über Steuern und Finanzen entschieden, sondern auch über Wasserbau, also etwa über eine Fluß-Handelsstraße, über den Theaterbau, die Wiederbelebung des Ilmenauer Silberbergwerks, von dem sich Goethe den so notwendigen wirtschaftlichen Aufschwung versprach, über den Wegebau, der den Handel zum Blühen bringen sollte, über eine Polizeiverordnung zur öffentlichen Ausleihe von Büchern, die die allgemeine Bildung der Bürger fördern sollte, in der Kriegskommission über die Halbierung der Militärausgaben, um das hochverschuldete Land zu sanieren, über allgemeine Schulanstalten und die Universität Jena und vieles andere.

In dem Maße, in dem sich Goethe in diese und andere Themen einarbeiten mußte, brauchte er Platz für Unterlagen, auch Platz für die Schreiber, denen er diktierte, und für Besprechungen jeglicher Art. Als Mitglied des Geheimen Consiliums erhielt er ein Jahresgehalt von 1200 Talern, konnte sich also recht gut eine Stadtwohnung leisten. Außerdem schwoll die Ilm in jedem Frühjahr von den Schmelzwassern aus den Thüringer Bergen an und überschwemmte die Wiesen – zur Freude der Schlittschuhläufer. Doch sie machte beim Gartenhaus Boden und Mauern feucht und förderte den Winterhusten.

So floh Goethe bei schlechtem Wetter ins Fürstenhaus, und Frau Aja, bei der gerade Anna Amalias zweiter Sohn Constantin logierte und die sicher mit Weimarer Hintergrundgeschichten versorgt war, schrieb an die Herzoginmutter: »Haben doch Ihro Durchlaucht die Gnade und helfen mit dazu, daß mein Sohn den Winter in der Stadt eine Wohnung bekommt. Sooft wir hier schlimme Witterung haben …, so fällt mir's schwer aufs Herz, daß der Dokter Wolf in seinen Garten gehn muß, daß allerlei Übels draus entstehen kann usw.«

Das spricht dafür, daß es im Gartenhaus kein *privet* gab, erst recht keinen dazugehörigen Abfluß wie im Hirschgraben. Alles zusammen führte dazu, daß der »Dokter Wolf« das Haus am Frauenplan mietete und Frau Aja der Fürstinmutter im November 1781 schreiben konnte: »Durchlauchtdigste Fürstin! Es hat mich sehr gefreut, daß mein Sohn sich ins künftige wie andere Christenmenschen geberden und auf führen will – daß Ihro Durchlaucht die Gnade haben wollen, den guten Wolf, sein neues Hauß ausschmücken zu helfen – davor statte ich den Unterthänigsten Danck ab …«

Johann Wolfgang Goethe mietete vom Garnisonsmedicus Dr. Helmershausen, der in der östlichen Hälfte des Hauses wohnte, die westlichen Zimmer des Vorder- und Hinterhauses, dazu Küche, Keller, Kammern und Kabinett, Mansarden, Schuppen und Ställe. Er durfte den Hofbrunnen mitbenutzen und hatte freien Zugang zum Garten. »Ich habe den ganzen Sommer Zeit mich einzurichten«, meldete Goethe seiner Nachbarin Stein und fügte hinzu: »Der Ausgang durch den Garten ist nicht das Geringste von den Annehmlichkeiten dieser Wohnung …«

Der Ausgang: Das war und das ist das Törchen in der hohen Gartenmauer zur Ackerwand, in deren Schutz ein Mensch ungesehen die wenigen Schritte nach links zum Steinschen Haus gehen konnte. Ein Schutz, den sich Goethe bewahrte: Außer ihm besaß nur sein Freund und Gönner, der Herzog, einen Schlüssel zum Gartentörchen und konnte unangemeldet und jederzeit bei seinem Freund erscheinen.

Die gemieteten Räume wurden geweißt und eingerichtet, und am 2. Juni 1782 zog Goethe vom Gartenhaus in die Stadt, mitten in die Residenz, die mit Unterbrechungen durch Kriege und Reisen 50 Jahre lang sein Domizil geworden ist.

An den Herzog schrieb Goethe: »Wieviel mir die neue Einrichtung an Arbeit erleichtert, ist kaum zu sagen …«, aber man kann nur vermuten, daß die vorderen, größeren Räume als Empfangs- und Speisezimmer gedient haben, denn seine endgültige Form nahm das Haus erst an, nachdem Goethe aus Italien zurückgekommen war, den Kopf voller Bilder einer Baukunst, die sich ihm als Ideal eingeprägt hatte und den Stil des späteren Umbaus bestimmte.

Goethe zog mit dem vertrauten Personal ein, Seidel, Sutor, Wagenknecht und Mutter und Sohn Goetze. Die Köchin fand in der wesentlich größeren Küche einiges mitgemietetes Inventar vor, dazu den üblichen Holzschuppen für das Feuerholz, und die Mädchen konnten nach Übereinkunft mit dem Hausbesitzer die Waschküche mitbenutzen. Alle hatten in den Mansarden bessere und zahlreichere Schlafräume. Die beiden Kellerräume erlaubten eine gute Vorratswirtschaft, und der »untere Garten«, wie der am Gartenhaus nun genannt wurde, lieferte weiterhin Gemüse und Obst, im Laufe der Jahre auch die Früchte der Bäume, die Goethe gleich zu Anfang hatte setzen lassen: Kirschen, Pflaumen, Äpfel, Birnen und Aprikosen am Spalier.

In der ersten Frauenplan-Zeit zahlte Goethe 144 Taler Miete pro Jahr, dazu den Lohn für die Dienstboten, 20 bis 50 Taler pro Person und Jahr, außerdem Kleidung, Schuhe, Livree und andere übliche Zulagen.

Der Diener, zuerst Seidel, später Goetze, Stadelmann, zum Schluß Krause, richtete sich unten neben der Haustür sein Dienerzimmer ein, in dem er stets zur Besuchszeit saß und in dem sich auch wartende Besucher aufhalten konnten. Der Diener nahm Anfragen und die Bitten an, empfangen zu werden, lief hinauf und brachte den Wartenden die Antwort gleich zurück. Es gab in Weimar noch keine Stadtpost, also mußte der Diener Goethes Botschaften und Bücher in die Hotels und Schlösser bringen, er lief zum Kaufmann, zum Fleischer, zu den Handwerkern und in die Bibliothek.

Die Köchin trug säuberlich ins Küchenbuch ein, was ihr der Diener oder was sie selbst eingekauft hatte. Auf dem Markt oder beim Kaufmann, der seine Spezereien und seine Saisonware in der Tageszeitung ankündigen mußte, weil es keine andere Möglichkeit gab, sein Angebot bekanntzumachen, außer man schaute täglich bei ihm herein und fragte, ob zum Beispiel die Morcheln für den Herrn Geheimrat schon gekommen seien. Das war auch kein Umstand, da der Diener auf dem Botenweg zum Fürstenhaus oder dem Wittumspalais ohnehin durch die Stadt lief und einen Blick auf die frisch hereingekommene Ware werfen konnte.

So trug die Köchin also ein, daß für den Haushalt 2 Pfund Lichter gekauft werden mußten, Feuersteine und Schwamm, um die Lichter und das Herdfeuer anzünden zu können, dazu das, was man immer brauchte, »Baumöhl, Zucker, Milch, eine Mandel Eier [Die Mandel ist ein altes Mengenmaß: 15–16 Stück.], Zwieback, 1 Bar tauben [Das können zwei oder mehrere gewesen sein.], Zwiebeln und Zitronen, 28 Weck Butter«.

Dann notierte sie oder Philipp Seidel bei bestimmten Nahrungsmitteln ihren Zweck: »Weißbrot für Junker von Stein [der fast drei Jahre bei Goethe im Frauenplan wohnte] zum Morgenbrot«, »Mussje Wolfgang 2 litr. Cofe, Semel vor uns zur sup«.

Oder: »Milch vor uns zur birsuppe.« Im Sommer: »Milch zur kalt Schale« oder »bir zur kaltSchale«. Das ist das Bild einer Junggesellenwirtschaft: oben Kaffee und Weißbrot, unten in der Küche die Morgensuppen. Der Kaffee wurde im Sommer im Garten getrunken, und der Junker wird ihn manchmal in der Küche geschlürft und dort »birsuppe« gelöffelt haben.

Im Frühling wurde das erste Grün gekauft, das auf den Markt kam: »Sallat und Ratißgen, Holunderblüten und Sauerampfer, Hopfensprossen und Kohlsprossen«. Ende April schon 3 Pfund Spargel, begleitet von »Rohm zu Spargel« zu »Semel Schnitgen«, eine Beilage wie in Frankfurt, noch vor der Kartoffelzeit. Die Sommersaison begann mit den ersten Schafskäsen und grünen Erbsen. Die Reihe der Gemüse führte durch das Gartenjahr, Bohnen und Lattich, Sellerie, Spinat und Kohlrabi, Zwiebeln und Möhren und endete im Winter mit weißen Bohnen und Linsen, Scorcaner Wurzeln oder Schwarzwurzeln, weiße Rüben, gelbe Rüben, rote Rüben, »Weiß Krauth und Roth Kraut«.

Das Wildbret stammte vom Hof, Schweinefleisch wurde fast nur für die Dienerschaft gekauft, weil der »Dokter Wolf« es nicht mochte, aber Rindfleisch und Würste, Kalbsbrust und Kalbsleber, die gefüllt wurden, oder einen Kalbsbraten zu Sardellensalat lieferte der Schlachter alle zwei oder drei Tage. Dazu kaufte die Köchin eine saure Gurke, wohl weil noch niemand daran dachte, Gurken wie in Frankfurt einzulegen, oder weil Weimar keine so gesegnete Gurkengegend war. Vor allem aber wurden »äepfel« gekauft, »Vorstoffer« und »ein halb Pfund Zucker zu äepfeln«, falls es eine Ente gab. Oft wurden auch »äepfel und hanlotten«, Hagebutten, zusammen zu einem Kompott zum Fleisch gekocht.

Immer wieder ergibt sich aus dem Geschriebenen das Gericht: »halb Pfund Zucker und Rohm zum thé, Rohm zur Scorcaner Wurzel«, zum gefüllten Kraut, zum Hasen, zu Nierenschnittchen, zu gelben Rüben, zur Hechtsauce. »Milch for uns zur Suppe«, Milch zur gefüllten Kalbsleber, Milch zum Brei.

Das waren einfache Gerichte, aber da Goethe oft bei Hofe aß, bei Anna Amalia oder Weimarer Freunden, bestimmte er nicht den alltäglichen Speiseplan, sondern bekam das, was der Markt und seine Gärten und sein Deputat boten und was seine Köchin ohnehin auf dem großen Herde zubereitete.

In dieser Zeit, in der sich Goethe im Frauenplan einrichtete, ordnete auch Dorothee Wagenknecht ihr Reich neu. Sie fing an, die Seiten in ihrem Küchenbuch in eine linke Spalte für »Herr« und eine rechte für »Gesinde« einzuteilen, und machte ihre Pläne für beide Küchen so ökonomisch wie möglich.

Am Dreikönigstag 1783 bekam der »Herr« zum Beispiel eine Gans zu Mittag, dazu Kohl und Kastanien, im Gänsefett gekocht, und danach eine Bratwurst, während das »Gesinde« gedämpftes Rindfleisch mit Rüben aß, dafür abends Bratwürste, gewärmtes Rindfleisch und Wurstsuppe und Goethe eine halbe Gänseleber und Muscheln mit einer Zitrone.

Am nächsten Mittag: Kohlrabi, Zunge, Taube und Kartoffelsalat für den »Herrn«, die restliche Gans mit Herzkohl für das »Gesinde«. Abends aß er gelbe Rüben und Nierenschnittchen zu warmem Krautsalat, das »Gesinde« Bratwürste und rote Bete. Ein andermal bekam der »Herr« Kirschsuppe mit Wein und Zitrone, Hühner, Blumenkohl und Kohlrabi zu Mittag und abends eine Pastete von vier Pfund Kalbfleisch, die für Backlohn außer Haus, wohl für ein Gästeessen, fertig gemacht wurde. Das »Gesinde« aß mittags »den übrigen Kalbsbraten« mit gelben Rüben, also das, was nicht in die Abendpastete kommen sollte. Das Gesindeabendessen bestand aus Milch- und Biersuppe.

Am 4. April aß der »Herr« sein Morgenbrot schon »im Garten«: Bratapfel, Butter in der Büchse und Frankfurter Wurst. Mittags hatte er weiße Rüben und Schöpsenfleisch, Schweinelende und eine Mandeltorte. Das »Gesinde« bekam ebenfalls Schöpsenfleisch, dazu Zwiebeln und Kartoffeln und abends eine Milchsuppe. Auch das geräucherte Schweinefleisch mit Sauerkraut (und Speck zum Schmoren) wurde für beide Parteien gekocht. Der »Herr« bekam eine Kalbsmilch extra. Außer der Reihe heißt es unter »Herr« »Nachmittag: Café, Zucker und Rohm«. Am Abend brauchte Dorothee Wagenknecht nur für das »Gesinde« Milch-

und Biersuppe zu kochen. In der Rubrik »Herr« steht: »… abends bei die gnädige Frau von Stein«.

Auch wenn Goethe nicht im Frauenplan aß, sondern bei Hofe oder auf der Dornburg, blieb das »Gesinde«-Essen einfach: Rindfleisch und Bohnen, Kohl, Bratwurst und Kalbsbratenreste, Rindfleisch und Grünkraut, abends die Rindfleischbrühe. Größere Fleischmengen wurden verbraucht, wenn Waschfrauen, Büglerinnen oder Spinnerinnen zu versorgen waren. Dann wurde eingetragen: zwei Pfund Schweinefleisch für die Wäscherinnen.

Wie sehr Goethe der Herr seines Hauswesens war, zeigt das Zeugnis, das er »einer der boshaftesten und inkorrigibelsten Personen«, der Beiköchin Charlotte Hoyer, schrieb: »Sie hat zwei Jahre, 1809/11, in meinem Haus gedient. Für eine Köchin kann sie gelten, und ist zuzeiten folgsam, höflich, sogar einschmeichelnd. Allein durch die Ungleichheit ihres Betragens hat sie sich zuletzt ganz unerträglich gemacht. Gewöhnlich beliebt es ihr, nach eigenem Willen zu handeln und zu kochen …« Goethe wollte gekocht haben, was ihm schmeckte.

Je größer der Haushalt im Laufe der Jahre wurde, desto höher der Verbrauch. Im Fleischbuch, in das der Schlachter eintrug, was er lieferte, steht 1831 an einem Tag im November: »$2\frac{1}{4}$ Pfund Wurst, $4\frac{1}{4}$ Pfund Rindfleisch, 2 Pfund Kalbfleisch, 8 Pfund Pökelfleisch.« Das war die Grundmenge, die fast jeden Tag eingekauft wurde. Hinzu kamen im Wechsel: »4 Kalbsmilcher, 1 Schweinefuss, 1 Schweinelende, 1 Cervelatwurst, 1 Zungenwurst, 1 Bratwurst, 1 Stück Kalbsleber, 4–8 Pfund Salzknochen, 4–6 Pfund geräucherter Speck.«

Die Rechnungen wurden ungefähr einmal in der Woche vom Schlachter Carl Weise vorgelegt, bezahlt und mit der Bemerkung »zu ergebenstem Dank erhalten« quittiert.

»... schüttet man zwölf Loth geriebene Chocolade hinein« Rezepte und Gerichte vom Koch des Herzogs

Die Köchinnen, die ihre Küchenbücher führten, der Fleischer und der Kaufmann, die in ihren Bestellbüchern die gelieferten Waren eintrugen, und die Traiteure der Gasthäuser schrieben ein ebenso »krauses« Deutsch wie der preußische König Friedrich II. Er, weil er lieber bei seinem Französisch blieb und sich nicht um die Sprache seiner Untertanen kümmerte, die anderen, weil sie kaum je etwas zu schreiben hatten.

Noch ungefähr eine Generation vorher hatte man im Amt und an den Universitäten Latein geschrieben und am Hof Französisch gesprochen. Wie das Volk mit der gesprochenen und geschriebenen Muttersprache zurechtkam, war denen ziemlich gleichgültig, die sich in den anderen beiden Sprachen elegant und gespreizt bewegten. Nun aber hatte sich nach einem Gelehrtenstreit zwischen Schweizern und Leipzigern über die richtige deutsche Mundart das Hochdeutsche durchgesetzt, und Johann Christoph Adelung und Jacob und Wilhelm Grimm begannen mit Bienenfleiß, deutsche Wörter zu sammeln und zu erklären und ihre Schreibweise festzulegen.

Aber bis zu den Köchinnen und Marktfrauen war das alles noch nicht durchgedrungen. Die einen schrien ihre Ware aus, wie ihnen der Schnabel gewachsen war, und die anderen schrieben das Geschrei so in ihre Bücher, wie sie es verstanden oder mißverstanden hatten. Wer deutsche Wörter für das Amtsblatt oder die Dichtung brauchte, drang gar nicht in die Gefilde von frischem Salat und Knackwürsten vor. So schrieben die Köchinnen von »ratißgen«, »rabünzgen« und »brobangßeröhl«, Wörter, die man laut lesen muß, um sie als Radieschen, Rapunzel und Provencer Öl zu verstehen.

Weil es noch keine geregelte Orthographie gab und Küchenwörter auch nicht als erste in den zu sichtenden Wortbestand der Gelehrten aufgenommen wurden, schrieben die Köchinnen manches immer wieder anders, den Sellerie als »seleri« oder »selri«, so als ob sie ausprobieren wollten, welche Schreibweise am besten mit dem Klang des Wortes übereinstimmte und zur Konvention werden konnte: »Schokolate« oder »Chocolad« oder »schokolat«. Die »Schniedling Soos« in Karlsbad wurde in Weimar schlicht »Schnittlauch Sause« geschrieben, der »Spienat« hat oft noch ein vornehmes H am Ende oder ein doppeltes N in der Mitte und wird gern mit »Amulets« gegessen, die uns als »omelets« schon bekannter sind. »Frikatellen« schrieb man auch »Friecartelen«. Der »Butting«, »Bouding« oder »Buttling« wurde zwar mit »Sauße« oder »Soose« gegessen, war aber kein Pudding, wie man heute den Flammeri nennt, sondern ein gekochter Pudding. Flammeris dagegen, nach der deutschen Erfindung des Puddingpulvers »Pudding« genannt, gab es so wenig wie andere Desserts mit Sahne oder Schlagsahne. Statt dessen trug man die »Appeltarte« oder »Darte« auf oder kleine »MandelDartgen«, auch »Confekt« oder »Compot«, mit deren Schreibweise Diener oder Köchinnen keine Schwierigkeiten hatten.

Der Koch des Herzogs blieb aber beim Französischen, weil es seine Muttersprache war, seine Bücher ließ er jedoch auf deutsch erscheinen, weil er sich in Deutschland Ruhm erworben hatte: François Le Goullon. Ein Koch, weil es die Mode erforderte, einen französischen Koch zu haben; ein Mann, weil es der feudalen Tradition entsprach, einen Mann über die Küchenherde herrschen zu lassen. Le Goullon beherrschte auch die bürgerliche Gesellschaft in Weimar so, wie es sich aus dem Selbstverständnis eines Kochs aus der Nation der königlichen Köche ergab.

Johann Wolfgang von Goethe, dem Geheimen Rat, stand es zu, sich seiner zu bedienen, was er um so lieber tat, als Le Goullon ebenso wie der Arzt Christoph Wilhelm Hufeland für den Wert des Einfachen eintrat, das – wenn es dem Feinschmecker behagen sollte – so gut und frisch wie möglich sein sollte. In dieser Hinsicht war das kleine Fürstentum mit seiner Landwirtschaft und seinen Möglichkeiten, sich auch in der Stadt aus Gärten selbst zu versorgen, ideal. Was wuchs, mußte nur reifen.

Le Goullon kam zwar aus der französischen klassischen Kochschule, war aber genauso weltläufig, aufgeschlossen und neugierig wie der Herr Geheime Rat. Wenn dieser englische Reisende empfing und an seine Tafel lud, so führte Le Goullon englische Rezepte und Gewohnheiten ein, kultivierte vor allem die Sitte des ohnehin am Weimarer Hof beliebten Teetrinkens, bot aber nicht nur der Aristokratie, sondern auch dem bürgerlichen geneigten Publikum seine Erfahrungen und Rezepte in der Sammlung *Der elegante Theetisch* an. Wie in Goethes Vita mischen sich auch in diesen Vorschlägen noch einmal Barock und Biedermeier, Vergangenheit mit weiß geschälten Birkenreisern als Schneebesen und einer Zubereitung für Trinkschokolade, die einen begreifen läßt, wie froh Goethe immer war, wenn ihm sein geschätztes Getränk so gekocht wurde, daß es schmeckte. Aber auch die Zukunft hatte schon begonnen, indem Bratröhren, Aufläufe und das englische Steingutgeschirr Erwähnung fanden, das die Formen des teuren handbemalten Porzellans nachahmte, aber wesentlich billiger war und es dem Bürger nach den Napoleonischen Kriegen ermöglichte, trotz der schlechten wirtschaftlichen Lage den Tisch wie bei Fürstens zu decken.

Le Goullon schlug auch ein modernes Rezept für Trinkschokolade vor: mit Milch. Das liest sich zwar noch immer wie ein Dessertrezept, war aber auch geschmacklich ein Fortschritt im Vergleich zu dem normalen »Chocoladen-Rezept«. Nach diesem mußte man die Chocoladenschaufel in glühende Kohlen legen, dann die Chocolade mit einem Quirl zu Schaum rühren und diesen Schaum in Tassen füllen, bis die Tassen ganz voll Schaum waren, und dann hielt man die glühende Chocoladenschaufel über die Tassen, wodurch der Schaum gebacken wurde und sich die Chocolade nicht gleich wieder absetzte. Die Milch-Chocolade wurde nun folgendermaßen zubereitet: »Man setzt drei Nösel Milch [knapp 1½ Liter] in einer Kanne oder Topf, welcher aber wenigstens fünf Nösel halten muß, über das Feuer, gießt, wenn solche anfängt, recht heiß zu werden, ungefähr halb Nösel davon in ein anderes Geschirr, um sechs Eidottern darinnen recht schaumig zu quirlen. Sobald die Milch anfängt zu steigen, schüttet man zwölf Loth geriebene Chocolade und ein oder zwei Loth Zucker hinein, läßt solches in die Höhe steigen, gießt den Eierschaum dazu, und setzt solche noch einige Minuten, unter beständigem Quirlen, auf das Feuer.« Und wenn man das alles richtig gemacht hat, »so wird solche außerordentlich schaumig und gibt weit mehrere Tassen als gewöhnlich«.

Viele Gerichte und Getränke hat Le Goullon für die Mahlzeiten an der Hoftafel entworfen. Dort lernten die Weimarer Neues kennen, dort etablierten sich neue Moden aus seiner Konditorei, vielmehr: aus der Konditorei der herzoglichen Hofküche. Diese Konditorei war die Abteilung der hochherrschaftlichen Küche, in der die Speisen für den dritten und letzten Gang eines Diners nach dem an allen Höfen zelebrierten französischen Service zubereitet wurden. Beim ersten Gang oder Service wurden alle Gerichte von den Suppen bis zu den Speisen auf die Tafel gestellt, die dem großen Braten, dem Höhepunkt des Menüs, unmittelbar vorausgingen. Mit dem Braten selbst begann der zweite Gang, der alle, auch die warmen, süßen Gerichte umfaßte, die aus der Küche geliefert wurden. Wenn nun die Diener mit dem letzten Apfelauflauf oder warmen Mandelkuchen die Küche verließen, um durch die Flure zum Speisesaal hinaufzulaufen, konnten Koch, Köchin und Küchenmädchen das Herdfeuer ausgehen lassen, konnten sich die Schlappen von den Füßen schleudern und die Beine hochlegen. Der Rest des Mahls ging sie nichts mehr an.

Trugen die Diener die leeren Schüsseln und Teller der warmen Gerichte in die Spülküche, so hatte der Haushofmeister schon die Diener mit Butter und Käse – samt Beilagen – in den Saal dirigiert. Dieser Käse bildete die Grenze zwischen den Gerichten aus der Küche und der Konditorei.

Der Konditor brauchte kein Herdfeuer mehr. In seiner »kalten Küche« stand alles schon bereit, was er mit seiner Truppe, vielleicht seit dem Morgengrauen, zusammengestellt hatte. Dieser dritte Gang begann meistens mit dem Eis, weil das sofort gegessen werden mußte. Also sah der Speisezettel des Konditors für ein Diner mit 80 bis 90 Gästen ungefähr folgendermaßen aus:

Glace panaché, also buntgeschichtetes oder gebändertes Speiseeis, auf Wassereis-Sockeln aufgetragen. Dann folgten 12 Schüsseln mit *bon bons divers*, gemischtem Konfekt aus Marzipan, gebrannten Mandeln, Schokolade und vielem mehr. Dazwischen standen: 12 Schüsseln mit verschiedenem Eingemachten; 12 Schüsseln mit verschiedenem Gebäck; 36 Schüsseln mit *fruits conservés*, wobei das Konservieren auch das Trocknen umfaßte. In diesen Schüsseln lagen also getrocknete Feigen und Aprikosen, Weinbeeren und kleine Birnen und anderes. Und: 16 Schüsseln mit frischen Früchten der Saison.

Diese süße Fülle wurde auf den Speisezetteln, die der Konditor dem Haushofmeister zur Auswahl oder Billigung des täglichen Diners vorlegte, meist kurz und knapp als *Glaces et Desserts* bezeichnet, weil die Bausteine dieses dritten und letzten Gangs sich im Rahmen der Angebote des Marktes gleichblieben. Ehe sich die Damen und Herren erhoben, gab es noch *Café et Liqueur*. Gefiel dem Geheimen Rat und Staatsminister nun das eine oder andere Gericht, so konnte er es sich aus der Hofküche zum Frauenplan herüberschicken lassen. Das waren die guten Seiten des Hoflebens.

Gefiel dem Geheimen Rat aber noch sein Hofleben insgesamt? Gefielen ihm die unablässigen Versuche der Frau von Stein, einen Höfling aus ihm zu machen? Im Oktober 1775 schrieb er noch an den Freund Johann Heinrich Merck: »Ich erwarte den Herzog und Louisen, und gehe mit ihnen nach Weimar. Da wird's doch wieder allerley guts und ganzes und halbes geben, das uns Gott gesegne.« Im Januar 1776 schrieb er an ihn: »Ich bin nun ganz in alle Hof- und politische Händel verwickelt und werde fast nicht wieder weg können ...« Zehn Jahre später, im September 1786, wandte er sich an den Herzog mit der Bitte um einen »unbestimmten Urlaub« nach so vielen Jahren des Hof- und Staatsdiensts: »Verzeihen Sie daß ich beym Abschiede von meinen Reisen und Außenbleiben nur unbestimmt sprach, selbst itzt weiß ich noch nicht was aus mir werden soll ... behalten Sie mich lieb und glauben Sie: daß, wenn ich wünsche meine Existenz ganzer zu machen, ich dabey nur hoffe sie mit Ihnen und den Ihrigen, besser als bisher, zu genießen.«

3

Bilder einer anderen Gastlichkeit

Johann Heinrich Wilhelm Tischbein,
Goethe am Fenster
seiner Wohnung in Rom
Aquarell, 1787
Freies Deutsches Hochstift
Frankfurter Goethe-Museum

»… als wolle jeder das große Fest des Genusses mitgenießen …« Rom, Neapel, Sizilien oder: Die Leichtigkeit des Kochens

Italien. Das unerreichte Reise- und Lebensziel seit jenen Oktobertagen 1775, als ihm der Vater riet, nicht länger auf des Herzogs Kutsche zu warten, die ihn nach Weimar bringen sollte. Die Kutsche verspätete sich, erreichte ihn, der schon in Heidelberg war, dann doch, und so hatte Italien warten müssen, zehn Jahre lang. Nun freilich, 1786, sah er das Land und sich selbst in der südlichen Fremde anders, als er es damals getan hätte. Es war der Blick desjenigen, der »ganzer« werden wollte, nach Jahren der Arbeit, der Überlastung, des Hoflebens, des Zeremoniells bis in die Nahrungsaufnahme hinein, der spannungsvollen Liebe zu Charlotte von Stein. Es war der Blick eines Mannes, der sich endlich frei von Bindungen und Verpflichtungen gemacht hatte, ungestört allein sein konnte, ganz allein essen und trinken, was ihn gerade lockte und wie er es wollte.

In Weimar Staatsminister, nun fast noch junger Mann. Er hielt dennoch mit dem geübten Blick des hohen Beamten, der sich um alles kümmern und Sachverstand für vieles entwickeln mußte, jedes Detail fest, schätzte es ein, verglich es mit Vertrautem. So registrierte er, der für den Weimarer Wegebau zuständig war, gleich zu Beginn der Reise, daß vor Regensburg die Chaussee aus Granitsand »so glatt wie eine Tenne« war, so daß er mit der Postkutsche für 24$^1/_2$ Meilen nur 31 Stunden brauchte. Andererseits fand er Fluß und Brücke in Frankfurt von besserem Aussehen als in Regensburg.

Doch schon wurden die Sinne dessen wach, der sein Leben lang eine Vorliebe für gutes Obst hatte. In Regensburg war das Obst noch »nicht sonderlich«, nur »gute Birnen hab' ich gespeist – aber ich sehne mich nach Trauben und Feigen«. Er fuhr nachts mit der Post »auf Brixen«, und dann reihte sich Entzücken an Entzücken, eine kulinarische Entdeckung und Erfahrung an die andere. »Eine Frau mit Birnen und Pfirschen begegnete mir«, und dann beschreibt er genau, wie die Weinstöcke »über lange niedrige Lauben« gezogen waren, »und die Trauben hängen gar zierlich von der Decke herunter und reifen von der Wärme des nahen Bodens«.

Ebenso interessierte ihn, wie anders und wie hoch hier das türkische Korn wuchs, wie anders die Forellen aus den Gebirgsbächen aussahen. »Es sind keine eigentlichen Forellen, groß, manchmal funfzig Pfund schwer, über den ganzen Körper bis auf den Kopf hinauf punktiert; der Geschmack zwischen Forelle und Lachs, zart und trefflich.« Ebenso bemerkenswert, daß der Kaiser »von diesem Fange zehntausend Gulden Pacht … erhält«. Solche Bäche wünschte er sich wohl in Weimar. Und wieder das Lob der Früchte: »Mein eigentlich Wohlleben aber ist in Früchten, in Feigen, auch Birnen, welche da wohl köstlich sein müssen, wo schon Zitronen wachsen.«

Ende September 1786 war er vor Venedig, fuhr durch »die weiten Reisfelder«, die gewässert wurden, und war von der Fülle »der Pflanzen- und Fruchtgehänge über Mauern und Hecken« überwältigt. »Unbeschreiblich«: Kürbisse auf Dächern, »und die wunderlichsten Gurken hängen von Latten und Spalieren«. Das war wohl die erste Begegnung mit den Zucchini, ebenso erblickte er zum erstenmal auf dem Fischmarkt von Venedig »die unendlichen Seeprodukte«, gerade frisch aus dem Meer.

Auf dem Weg nach Rom sah er schöne Kastanien und »trefflichen« Weizen, im Wechsel mit »Bohnen für die Pferde« angebaut, die »hier keinen Hafer bekommen«. Er sah Lupinen jetzt im Herbst grün stehen, sah den Lein (Flachs) keimen und vor allem die Ölbäume, möchte sie am liebsten vom erstickenden Efeu befreien und notiert, »das türkische Korn zehre den Boden aus … Ich glaube es wohl bei dem geringen Dünger.«

Eine Beobachtung, ein halbes Jahrhundert vor Liebigs Erfindung des Kunstdüngers, die zwischen vielen ähnlichen Beobachtungen auf seiner Reise steht und zeigt, wie sorgsam und sorgenvoll die Früchte des Feldes während Wuchs und Reife begleitet wurden. Sie trugen ein Fünftel bis die Hälfte der Körner und Köpfe und Knollen, die heute eingefahren werden, und Dürre und Mißernten bedeuteten immer noch und immer wieder Hungerjahre.

Die Fülle der Früchte überwältigte den Reisenden aus dem Norden deshalb wie ein Schlaraffenland. Es waren gesegnete Gefilde, und Goethe erlebte in neuer Form und täglich wieder, wie einfach das Essen sein kann, wenn jeder Bestandteil köstlich ist: Brot, Käse und Wein, dazu die Früchte, die ihm gerade in die Hand reiften, am liebsten von einem »holden Kinde« gepflückt. Das waren seine Reiseerquickungen, mehr brauchte er nicht, auch um während der rumpelnden Fahrt mit dem Postillion nichts Schweres im Magen zu haben.

Ebenso wohltuend für ihn zeigte sich die Veränderung, die er an seinem Äußeren vornahm. Wie damals in Leipzig warf er das alte Kleid ab, die düsteren, dicken Wollsachen, die Stiefelröhren, kaufte sich das leichte Gewand der Gegend aus dem Leinen und lief in leichten Schuhen als ein schon Gewandelter durch Rom. »Die Begierde, dieses Land zu sehen, war überreif: da sie befriedigt ist, werden mir Freunde und Vaterland erst wieder recht aus dem Grunde lieb und die Rückkehr wünschenswert, ja um desto wünschenswerter, da ich mit Sicherheit empfinde, daß ich so viele Schätze nicht zu eignem Besitz und Privatgebrauch mitbringe, sondern daß sie mir und andern durchs ganze Leben zur Leitung und Fördernis dienen sollen.«

Rom war die erste große Stadt, die Johann Wolfgang von Goethe sah und erlebte, die erste Metropole eines einstigen Weltreichs, und zudem die Hauptstadt des europäischen Christentums. So »finden sich aller Orten und Enden herrliche Sachen«. Goethe zeichnete, sammelte und durchstreifte die Stadt mit Freunden, trank einen Schwarzen im Caffè Greco bei der Spanischen Treppe, dem Treffpunkt der Deutschen, vor allem der deutschen Künstler in Rom. Er aß mit dem Maler Tischbein »im Schatten des großen Obelisk« Trauben und ging dann in die Sixtinische Kapelle. Er stellte im Dezember, sicher nicht ohne Gärtnerneid, folgendes fest und machte eine Lehrstunde für Fritz von Stein und die Herder-Kinder daheim im kalten Weimar daraus: »Den Kindern mögt ihr folgendes lesen oder erzählen: Man merkt den Winter nicht, die Gärten sind mit immergrünen Bäumen bepflanzt, die Sonne scheint hell und warm, Schnee sieht man nur auf den entferntesten Bergen gegen Norden. Die Zitronenbäume, die in den Gärten an den Wänden gepflanzt sind, werden nun nach und nach mit Decken von Rohr überdeckt, die Pomeranzenbäume aber bleiben frei stehen. Es hängen viele Hunderte der schönsten Früchte an so einem Baum, der nicht wie bei uns beschnitten und in einen Kübel gepflanzt ist, sondern in der Erde frei und froh in einer Reihe mit seinen Brüdern steht … Für ein geringes Trinkgeld ißt man deren so viel man will. Sie sind schon jetzt recht gut, im März werden sie noch besser sein …« Aber da war er schon auf dem Weg nach Süden.

Noch in Rom sah Johann Wolfgang von Goethe, wie die Zitronen für den Transport über die Alpen präpariert wurden: Da versorgte ein alter Weltgeistlicher »eine Anzahl wohlgehaltener Zitronenbäume von mäßiger Höhe in verzierten Vasen von gebrannter Erde, welche im Sommer der freien Luft genossen, im Winter jedoch im Gartensaale verwahrt standen. Nach vollkommen geprüfter Reife wurden die Früchte sorgfältig abgenommen, jede einzeln in weiches Papier gewickelt, so zusammengepackt und versendet. Sie sind wegen besonderer Vorzüge im Handel beliebt. Eine solche Orangerie wird als ein kleines Kapital in bürgerlichen Familien betrachtet, wovon man alle Jahre die gewissen Interessen zieht.«

Vor Neapel wurde er »sogleich durch die über die Mauern hängenden Pomeranzen auf beiden Seiten des Wegs begrüßt. Die Bäume hängen so voll, als man sich's nur denken kann.« Mignon hatte wohl recht, sich dahin zu sehnen. Wieder lenkten »wohlgeackerte und -bestellte Weizenfelder, in schicklichen Räumen mit Oliven bepflanzt«, die Aufmerksamkeit auf sich, Feigen, Granatbäume, Orangen, ein Palmbaum, »noch nie gesehene Blumen und Sträuche«. Und immer wieder Oliven und Pomeranzen, deren gezuckerte und eingekochte oder kandierte Schale das Zitrusaroma so kräftig bewahrte und beim Kochen und Backen wieder freigab, daß diese Frucht neben der Zitrone eine der wichtigsten Zutaten war.

Im April war er in Sizilien: »Vom Essen und Trinken hierzuland hab' ich noch nichts gesagt, und doch ist es kein kleiner Artikel. Die Gartenfrüchte sind herrlich, besonders der Salat von Zartheit und Geschmack wie eine Milch.« Hier lernte er in der Hitze den Wein mit Wasser zu mischen, kleine junge Artischocken und Kohlrabi roh zu essen, sah Karuben (oder: Johannisbrot), Puffbohnen, Mandeln, die ersten Tomaten, die er die »Äpfel des Solanum« nannte. Sie waren gelb, und sie machten auf ihn nur einen botanischen, keinen kulinarischen Eindruck. Goethe erwähnt nicht, daß diese »Äpfel« eßbar seien.

Dafür sah er in Agrigent eine Familie Nudeln fabrizieren, und »zwar von der feinsten, weißesten und kleinsten Sorte, davon diejenigen am teuersten bezahlt werden, die, nachdem sie erst in die Gestalt von gliedslangen Stiften gebracht sind, noch von spitzen Mädchenfingern einmal in sich selbst gedreht, eine schneckenhafte Gestalt annehmen. Wir setzten uns zu den hübschen Kindern, ließen uns die Behandlung erklären …, und so hatten sie uns denn auch das trefflichste Nudelgericht bereitet ...« Vielleicht war es diese Mahlzeit, die seine lebenslange Vorliebe für Nudeln begründete, denn auf der Rückreise hatte er in Neapel schon einen Kennerblick, der auch die wirtschaftliche Seite dieses Nahrungsmittels streifte: »Was die Mehl- und Milchspeisen betrifft, welche unsere Köchinnen so mannigfaltig zu bereiten wissen, ist für jenes Volk, das sich in dergleichen Dingen gerne kurz faßt und keine wohleingerichtete Küche hat, doppelt gesorgt. Die Makkaroni, ein zarter, stark durchgearbeiteter, gekochter, in gewisse Gestalten gespreßter Teig von feinem Mehle, sind von allen Sorten überall um ein geringes zu haben. Sie werden meistens nur in Wasser abgekocht, und der geriebene Käse schmälzt und würzt zugleich die Schüssel.« Diese Makkaroni vergaß er nicht, und sie tauchten in Weimar wieder auf als köstliche Fülle einer Pastete und bis zu seinem Tod neben den Grießnocken als beliebteste Einlage in der täglichen Rindsbouillon.

Gleichzeitig beschreibt Goethe denen, die in Weimar an der Hoftafel die Etikette mit Eleganz zelebrierten, die neapolitanische Anmut der Straße: »Fast an der Ecke jeder großen Straße sind die Backwerkverfertiger mit ihren Pfannen voll siedenden Öls, besonders an Fasttagen, beschäftigt, Fische und Backwerk einem jeden nach seinem Verlangen sogleich zu bereiten. Diese Leute haben einen unglaublichen Abgang, und viele tausend Menschen tragen ihr Mittag- und Abendessen von da auf einem Stückchen Papier davon.«

Goethe genoß es, sich auf der Straße zu bedienen: »Allein ich muß doch hier von den Herumträgern sprechen ... Einige gehen herum mit Fäßchen Eiswasser, Gläsern und Zitronen, um überall gleich Limonade machen zu können, einen Trank, den auch der Geringste nicht zu entbehren vermag; andere mit Kredenztellern, auf welchen Flaschen mit verschiedenen Likören und Spitzgläsern in hölzernen Ringen vor dem Fallen gesichert stehen; andere tragen Körbe allerlei Backwerks, Näscherei, Zitronen und anderes Obst umher, und es scheint, als wolle jeder das große Fest des Genusses, das in Neapel alle Tage gefeiert wird, mitgenießen und vermehren.«

Die Leichtigkeit des Seins und Kochens entzückte ihn immer wieder: »Wir hatten unterwegs eine Henne gekauft, der Vetturin [der Kutscher] war gegangen, Reis, Salz und Spezereien anzuschaffen, weil er aber nie hier gewesen, so blieb lange unerörtert, wo denn eigentlich gekocht werden sollte, wozu in der Herberge selbst keine Gelegenheit war. Endlich bequemte sich ein ältlicher Bürger, Herd und Holz, Küchen- und Tischgeräte gegen ein billiges herzugeben und uns, indessen gekocht würde, in der Stadt herumzuführen, endlich auf den Markt, wo die angesehensten Einwohner nach antiker Weise umhersaßen, sich unterhielten und von uns unterhalten sein wollten.«

Solche Mahlzeiten waren mehr als Nahrungsaufnahme oder höfische Selbstbestätigung. An jenem Tag im April 1787, an dem er »bei heißem Sonnenschein durch … wüste Fruchtbarkeit« geritten war und in Caltanisetta nur einen Sack mit Häcksel als Schlaflager hatte, folgte der Gast aus weiter Ferne, der den Einheimischen als Dank für ihre Gastfreundschaft Unterhaltung und Belehrung bieten mußte, dem Muster einer antiken, wie er es nannte, Geselligkeit, deren Bild er mit so vielem anderen nach Weimar heimtrug.

Auch die Erinnerung an die freundschaftlichen Mittagessen, zu denen ihn die Malerin Angelika Kauffmann in Rom manchmal einlud, gehörte dazu. Schon die Witterung dämpfte das möglicherweise Formelle, und das gleiche Interesse, die gleiche Bildung der Gäste ließen außerdem eine Form der Geselligkeit entstehen, die keine Förmlichkeit brauchte.

Goethe bewunderte in Rom wie in Neapel das Schönheitsgefühl, mit dem Räume mit Ranken, Marktstände mit frischem

Grün und gedeckte Tische mit Girlanden und Blüten geschmückt wurden, und auch dieses Bild einer so anders, anmutig und wie zufällig geschmückten Tafel hat er nicht vergessen. Er bewunderte ebenso das Geschick der Kinder, die ihren Spielkameraden auf der Straße Wassermelonen oder gebratene Kürbisse in Stücke schnitten und anboten. Er, der Salatliebhaber, bewunderte die viel zarteren Blätter, und Salat sollte, vielleicht in Erinnerung daran, in Weimar und auf Reisen, in Marienbad und Karlsbad, zu jeder seiner Mahlzeiten gehören.

Und in Neapel registrierte er, der Gemüseliebhaber, wie er übertroffen wurde: »… es ist eine Freude, zu sehen, welche unsägliche Menge von Küchengewächsen alle Markttage hereingeschafft wird und wie die Industrie [der Fleiß] der Menschen sogleich die überflüssigen, von den Köchen verworfenen Teile wieder in die Felder bringt, um den Zirkel der Vegetation zu beschleunigen. Bei der unglaublichen Konsumtion von Gemüse machen wirklich die Strünke und Blätter von Blumenkohl, Broccoli, Artischocken, Kohl, Salat, Knoblauch einen großen Teil des neapolitanischen Kehrichts aus …« Und er lachte auf dem Markt über die welschen Hähne in den »Butiken«, »welche alle eine rote Fahne im Bürzel haben«.

Im Frühjahr 1788 nahm er Abschied von Rom, von dem Pinienschößling, den er in Angelika Kauffmanns Hausgarten gepflanzt und in der Sixtinischen Straße von den »Dattelpflanzen … aus Kernen gezogen hatte«. Mit auf die Heimreise nahm er Steine und Muscheln, Zeichnungen und Kupferstiche und Kopien von Kunstwerken, die ihm wichtig geworden waren, und einen Kopf voll von Bildern einer anderen Lebensweise und Gastlichkeit.

4

Neue Gastlichkeit im eigenen Haus

Der Gelbe Saal
im Haus am Frauenplan
Stiftung Weimarer Klassik
Foto: Jürgen Pietsch, Spröda

»Eine mäßige Wohnung mit ungleichen Zimmern« Raum für Bücher, Raum für Reifröcke

Zurück in Weimar, zeigte sich die Größe des Herzogs, indem er Goethe, ohne zu zögern, den Wunsch nach einem anderen Lebensinhalt gewährte und bezahlte. Keine Amtsgeschäfte mehr als tägliche Fron, Kunst und Naturwissenschaft als Hauptgeschäft.

Wieder im Haus am Frauenplan: die Begegnung mit Christiane Vulpius, die nach einer Weile im Gartenhaus und dann am Frauenplan die Rolle der Hausfrau übernahm. Philipp Seidel, der begriff, daß seine Zeit vorbei war, und Paul Goetze, von Seidel schon eingearbeitet als neuer persönlicher Diener, der nicht nur die Kassen- und Tagebücher führte, sondern – wie Seidel – auch für Goethe schrieb. Das Zwischenspiel im Großen Jägerhaus, Marienstraße 3, in der südlichen Vorstadt, ursprünglich für die Forstverwaltung des Herzogs gebaut, wo Goethe von 1789 bis 1792 wohnte. Dort, am 25. Dezember 1789, die Geburt von August, dem ersten und einzig überlebenden Kind von Christiane Vulpius und Johann Wolfgang von Goethe. Dann abermals im Haus am Frauenplan, endgültig. 1792 Kauf des Hauses aus der herzoglichen Schatulle, Schenkung als standesgemäße und mietfreie Dienstwohnung und ein Jahrzehnt später endgültiger Besitz.

Goethe war nun nicht mehr Untermieter, und so begannen Umbau und Modernisierung, was Abtritte und Wasserleitungen betraf, die Verwirklichung eines neuen Lebensrahmens. Das Haus, das uneingeschränkt ganze Haus, ein sicherer Ort für Frau und Kind, für Kunst und Bücher, für Arbeit und Geselligkeit, veränderte sich rasch, weil Goethe genau wußte, wie er es haben wollte. Er brauchte Ruhe für sich selbst und seine Arbeit. Die Abgeschlossenheit und das Sonnenlicht, das ihm Lebenselixier war, fand er in der Reihe der Gartenzimmer im ersten Stock. Sie waren klein, aber ihm genügten im Schlafzimmer ein Bett und – im Alter – ein Lehnstuhl dazu, im Arbeitszimmer ein Tisch zum Schreiben und Schränke für das Geschriebene, dazu ein paar Stühle, falls ihn einer der wenigen Menschen aufsuchte, denen er – außer den Sekretären – gestattete, diese private südliche Hälfte des Hauses zu betreten. Ihm genügte ein kleiner Raum voller Bücherregale, nur als Hand- und Arbeitsbibliothek, denn seine wahre Bücherei war die Fürstliche Bibliothek, nur ein paar Schritte vom Frauenplan entfernt, aus der sich Goethe im Laufe seines Weimarer Lebens fast 2000 Titel ausgeliehen oder vom Diener hat holen lassen.

Diese Bibliothek war die Entsprechung dessen, was das Vorderhaus bald barg: Sie bot Literatur zu den Sammlungen aller Wissensgebiete, die Goethe beschäftigten und die wiederum mit dem eine geistige Einheit bildeten, was an der Universität Jena gelehrt wurde, auch mit der Botanik, also dem botanischen Garten, den der Herzog auf Goethes Anregung 1794 in Jena anlegen ließ und in dem Goethe später manchmal wohnte. Eine Einheit, die ihren Zentralpunkt am Eßtisch im mittleren Zimmer des Vorderhauses fand. Im Gespräch vor Tisch, im abgeschlossenen, mauergeschützten, blumenerfüllten und bis auf Nachbargeräusche ungestörten Garten hinter dem Haus und bei Tisch während des Essens und danach gewann diese Einheit Gestalt. Sie wurde mit jedem Gedankenaustausch zwischen Suppe und Braten, jedem Zuwachs an Erfahrung und Erkenntnis genauer.

Es gab noch keine akademisch gelehrte Naturwissenschaft und auch noch keine Kunstwissenschaft. Wer also Kunstwerke miteinander vergleichen wollte, um ihren Ursprung und ihre Formprinzipien zu erkennen, mußte sie sich beschaffen, als Original, als Gipsabdruck, als Zeichnung von Gebäuden und Standbildern. Wer die Gesetze der Natur vom Licht und vom Stein bis zur Urpflanze erkennen und erforschen wollte, mußte beobachten und vergleichen, die Entwicklung von Knospe und Blatt in Hunderten von Skizzen festhalten, mußte die Ergebnisse mit anderen besprechen, mußte aus diesen empirisch gewonnenen Daten selber Schlüsse ziehen, mußte, wenn es vor Ort keine gab, seine eigene Universität sein: *universitas* als Allgemeinheit, Gesamtheit, Gemeinde, die Universität der Lehrenden und Lernenden. Das alles war und tat Goethe.

Dieser Universitas dienten die Zimmer, die zur Stadt schauten, zur Gemeinde, und so wie sich der Vater in Frankfurt mit Gesellschafts-, Bücher- und Bilderzimmern sein eigenes Reich geschaffen hatte, so begann der Sohn, sich sein Haus zu gestalten.

Es waren eigentlich zwei langgestreckte Häuser mit vielen kleinen Zimmern, ohne Flur aneinandergereiht, die meisten ohne Ofen. Das Vorderhaus lag zudem etwa zwei Meter höher, und beide Gebäude waren winklig und schief. Goethe kamen die Zweiteilung und die Abgeschiedenheit der Gartenseite entgegen. So änderte er vor allem die Nobelseite, ließ zuerst die schmale Stiege herausreißen, die in der Mitte des Hauses nach oben führte und auf der er zehn Jahre lang zum ersten Stock hinaufgelaufen war. Die neue Treppe sollte nicht mehr steil sein, sondern angenehm zu gehen, mußte also dreiteilig angelegt werden, führte zwar in die Empfangsräume des Vorderhauses und endete im Gelben Saal, hatte aber auch eine Abzweigung ins Hinterhaus und führte weiter in die Mansarden hinauf.

Das Treppenhaus empfing die Besucher mit Weitläufigkeit. Bequeme Stufen, Raum genug für Reifröcke, Platz für Kunstwerke an Wänden und Decke. Stufen und Geländer waren aus schlichtem Holz aus den Wäldern um Weimar, die Wände wie in allen Zimmern einfach gestrichen und nicht tapeziert, die Farben so, wie es Goethe aus Pompeji in Erinnerung hatte, kräftige, klare Farben als Hintergrund für die weißen Gipsköpfe und Gipsabdrücke, für die Zeichnungen und Gemälde. Der Anstrich der Zimmerwände erreichte im Laufe der Zeit die ästhetische Harmonie, die Goethe erreichen wollte. So schaut man noch heute aus dem sanften Grün des Treppenhauses, über die Holzintarsie vor der Schwelle – *Salve*! Sei gegrüßt! – hinweg in das Sonnengelb des großen Eßzimmers. Ein Schritt weiter geradeaus: das kleine Familieneßzimmer, wieder grün. Rechts geht es in das neue Brükkenzimmer, das, über den Hof gebaut, wie der Name sagt, eine Brücke zum Hinterhaus schlägt und über ein paar Stufen durch das Gartenzimmer zur Gartentreppe ins Grüne führt. Dieses Brückenzimmer: ein Blau, so tief wie das Azur eines südlichen Himmels, vor dem die weißen gipsernen Götterbilder wie Marmor leuchten.

Wendet man sich im großen Gelben Speisesaal zum Frauenplan, so liegen rechts die Sammlungszimmer, ungeheizt. Zuerst das Deckenzimmer, nach dem Stuck an der Stubendecke so benannt, altrosa, an den Wänden dicht an dicht gerahmte Zeichnungen, wie es Goethe von seinem Vater in Frankfurt in Erinnerung hatte. Ein Zimmer weiter nach rechts: das Majolikazimmer, graue Wände, weiße Sammelschränke mit den Majolikatellern, die wie Blumen hinter den Glastüren leuchten. Beide Zimmer dienten Goethe und seiner Frau eine Zeitlang als Schlafzimmer, doch wenn es kalt wurde, zog er sich ins Deckenzimmer zurück, das besser zu heizen war. Der letzte Raum: das große Sammlungszimmer in bläulichem Grün, bewacht von Herzog Carl August, dessen Porträt an der äußersten Wand der Zimmerflucht hängt. Diese drei Räume waren bis zu Christiane von Goethes Tod die Familienzimmer. Danach ließ sie Goethe aus- und umräumen, damit sie seine Sammlungen aufnehmen konnten.

Wendet man sich im Gelben Speisesaal nach links, so steht man im größten Raum der Vorderseite, im Junozimmer, im repräsentativen Empfangszimmer des Dichters und Staatsministers. Blaue

Wände, mit einem Ornamentband bemalt, neben der Tür die kolossale Gipsbüste der Juno Ludovisi. Auf der Italienreise stand Goethe vor dem marmornen Original in der Villa Ludovisi, dem »erhabenen einzigen Götterbild« der Antike, das seine »erste Liebschaft in Rom« war und ihm immer wieder »neue Eindrücke« schenkte. Der Abguß in Originalgröße steht seit 1823 in diesem Raum, der auch das Musikzimmer war. Hier wurde gespielt und musiziert, ein kleiner Chor aus Sängern des Theaters kam regelmäßig zum Singen, 1821 wurde ein Flügel gekauft, auf dem Felix Mendelssohn Bartholdy, Clara Wieck und Carl Friedrich Zelter gespielt haben.

Noch ein Raum weiter, der letzte in der Reihe und mit einer Tür zur Wendeltreppe in die Mansardenräume und zu Goethes Arbeitszimmer versehen: das Urbinozimmer, blaue Wände, Gemälde, darunter das Porträt des Herzogs von Urbino, so beherrschend wie am anderen Ende der Zimmerflucht das des Herzogs von Weimar. Wenn Goethe im Arbeitszimmer diktierte und Besuch angesagt wurde, war er mit ein paar Schritten im Urbinozimmer und empfing dort gern Gäste in kleiner Zahl. Die Türen zwischen diesen Sammlungs- und Empfangsräumen waren gewöhnlich geschlossen. Ein einziges Mal war die ganze Zimmerflucht für ein Fest geschmückt: 1825, als ganz Weimar das 50jährige Regierungsjubiläum von Carl August, seit dem Wiener Kongreß 1815 Großherzog von Sachsen-Weimar-Eisenach, feierte und Goethe ebenfalls sein halbes Jahrhundert in der Stadt.

Viele Besucher, die in diesen Jahrzehnten durch das Haus gingen, haben voll Verwunderung die Schlichtheit, wenn nicht Kargheit der Ausstattung wahrgenommen. Ein Sofa – noch wurde es »Sopha« geschrieben und gehörte als Möbelstück mit seinen weichen Kissen zur türkischen Mode, die den Damen Shawls, dem Salon Teppiche und der Küche den türkischen Mokka bescherte – war das erste wirklich bequeme Möbelstück. Europas Polsterer konnten den »Divan«, wie man es nach seiner Herkunft auch nannte, gar nicht schnell genug nach den Beschreibungen der Reisenden kopieren. Goethe aber liebte nichts Schwellendes, nichts, das zur Trägheit verführte. Er ging beim Diktieren auf und ab, und wenn er saß, saß er hart und gerade. Friedrich Wilhelm Riemer, zuerst Hauslehrer von Sohn August, dann des Vaters Sekretär und Mitarbeiter und 30 Jahre lang Hausgenosse, bemerkt dazu: »Hat irgendein Mensch sich Leben und Studien sauer und unbequem gemacht, so ist es Goethe … Im eigenen Hause: eine mäßige Wohnung, mit ungleichen Zimmern und ordinären Möbeln, einfacher Schreibtisch … schlichte Kleidung und gewöhnliche Hausmannskost.«

Der Umbau des Hauses berührte auch Goethes Gartenlust. Er wollte den Hausgarten näher haben, wollte nicht erst durchs ganze Haus laufen müssen, um ins Freie, ins Grüne zu kommen. So entstand das Brückenzimmer, das Vorder- und Hinterhaus miteinander verband und zum Gartenzimmer führte. Dessen Fenster wurde zur Tür, vor die ein hölzerner Altan gebaut wurde. Und jetzt nur noch die Treppen hinuntergesprungen – und schon war der Geheime Rat in seinem Garten. Das war auch der Weg der Gäste: über die Treppe in den Gelben Saal, nach rechts durchs Brückenzimmer zum Altan und dann über die Holztreppe in den Garten, in dem sich Goethe vor dem Essen gern eine halbe Stunde erging und sich erzählen ließ. Er konnte in Ruhe lustwandeln, denn er wußte, daß die Frauen in der Küche rechtzeitig das auftragen würden, was er sich bestellt hatte.

Vom Jägerhaus war wieder seine ganze Truppe mit umgezogen: Diener, Köchin, Mädchen, Kinderfrau für August und Christiane Vulpius. »… als er ein eigenes Haus besaß«, schreibt Riemer, »wurden auch ihre Tante und Stiefschwester darein aufgenommen und verblieben darin, ein Nebengebäude bewohnend, bis ans Ende ihres Lebens.« Sie alle führten miteinander in bewährter

Weise den Haushalt. Seidel verwaltete anfangs noch die Kasse, zahlte die anderen aus, gab Christiane Vulpius, was sie brauchte, und rechnete mit dem Herrn ab. Wieder Riemer: »Sie [Christiane Vulpius] hatte auch mit der Wirtschaft anfangs nichts zu tun, deren sie sich erst in der Folge aus eigenem Antrieb und Liebe zu ihm musterhaft annahm.« Sie übernahm also immer mehr Arbeiten im Hause und leitete die anderen Frauen an, sorgte zuerst einmal dafür, daß der Haushalt ausgestattet wurde.

Sie selbst brachte nur wenig Geschirr und Besteck mit, und das Material zeigt das Alter dieser Dinge an: Es sind noch Zinnteller, ein Dutzend, eine Kaffeekanne und eine Milchkanne, auch aus Zinn, dazu nur »an Borzlan … ein ganz kleines Serwizs« und ein paar einzelne »Dassen«. Ein gutes Jahrzehnt später erhielt Goethe aus der Erbschaft seiner Mutter zweimal Silberbesteck für je zwölf Personen, außerdem eine silberne Zuckerschale und zwei große Leuchter. Die 16 silbernen »Coffelöffel« teilte er sich mit seiner Nichte, Cornelias Tochter. Nicht mehr interessiert war er an den sechs Präsentiertellern, dem Bestecketui und Lavoir mit Kanne. Diese Stücke aus dem Silber- und Formenschatz des Barock verkaufte er direkt an den Juwelier für 550 Gulden, wohl für das Silbergewicht. Steingut und Porzellanservice wurden mit anderem Hausrat versteigert. Seinen eigenen Besteckvorrat ergänzte er gelegentlich durch rustikal Schlichtes und notierte manchmal, daß er auf einer Reise Bestecke mit Hirschhorngriffen gekauft habe.

Im Haus am Frauenplan standen schlichte weiße Teller auf dem Tisch aus der Berliner Porzellanmanufaktur, dazu schwach getönte Römer und farblose Weingläser, mundgeblasen und deshalb unregelmäßig in der Form, auch in der Höhe des Kelches und in der Dicke des Glases. Aus Böhmen brachte Goethe später Wassergläser mit, auch Kristallgläser, vielleicht als Souvenir, die er kurz vor der jeweiligen Heimreise kaufte, für 22 oder 30 Gulden

3 Stück, teuer im Vergleich zur Speiserechnung für eine Woche, die 15 Gulden nie überstieg. Teuer erst recht im Vergleich zu den Weimarer Preisen, wo er 3 Weingläser, wohl als Ersatz für zerbrochene, zu 6 Groschen gekauft hatte. Selbst für die Zahnbürste, in Weimar für 3 Groschen gekauft, mußte der Diener in Karlsbad das Vielfache zahlen: einen Gulden. 1793, als er während des Feldzugs seine Mutter in Frankfurt besuchte, schrieb er an Christiane Vulpius: »Meine Mutter hat mir noch ein schönes Tischzeug mit zwölf Servietten geschenkt, das kommt bald an … Richte die Haushaltung ein, wie Du es recht hältst, und behalte auch die Magd, da sie nöthig ist und Du mit ihr zufrieden bist.«

Noch war der Aufwand für den Haushalt nicht groß. Die Wäschebestandslisten führen alles dutzendweise auf, zum Beispiel die von 1790/91, in der Zeit im Jägerhaus: 4 Dutzend Oberhemden, 2 Dutzend Nachthemden, 20 Paar Manschetten, 57 Schnupftücher, 57 Paar Leinen- und 20 Paar Seidenstrümpfe, 12 lange und 40 kurze Halsbinden, je 32 Bettlaken und Überzüge, fast 6 Dutzend Handtücher und so weiter. Und nur 4 Paar Unterhosen. Das zeigt, was üppig vorhanden sein mußte, weil es wie in Frankfurt in die halbjährliche oder vierteljährliche Wäsche kam, und was Christiane Vulpius als kleine Wäsche täglich erledigt hat. Nach dem Umzug in den Frauenplan sorgte sie vor allem dafür, daß die Tafelwäsche für alle Mittagessen im Kleinen und im Gelben Eßzimmer reichte, und sie ließ spinnen und weben, bis sich auch die Tischtücher und Servietten zu vielen Dutzenden in den Schränken stapelten.

Das Spinnen war ein klassisches Zeichen des Frauenfleißes, eine der weiblichen Tätigkeiten gegen die verderbliche Trägheit, wie man damals meinte, und für die Vermehrung des Familienwäschebesitzes. Es wurde altmodisch und in dem Maße überflüssig, in dem Spinn- und Webmaschinen erfunden wurden. Noch schrieb Frau Aja 1778 an die Herzoginwitwe: »Daß Ihro Durchlaucht spinnen freut mich sehr, Frau Aja hats auch einmahl starck getrieben, und kans noch so zimmlich. An der Spinnerey vom Doctor habe ich so meine Freude daß ich ihm ehestens 25 Pfund schönen feinen Flachs zum geschenck überschicken will …«

Gegen die Sicherheit am Frauenplan und die Freiheit der Entfaltung stand die Unsicherheit des Krieges, denn Österreich und Preußen hatten sich gegen das revolutionäre Frankreich verbündet. Carl August mußte als preußischer Kürassiergeneral am Feldzug teilnehmen, und Goethe hatte ihn – auf dem Umweg über Frankfurt – zu begleiten. Christiane Vulpius blieb der Umbau überlassen.

Aus der Campagne in Frankreich schrieb ihr Goethe im September 1792: »… ich schicke Dir noch allerlei in die Haushaltung. Wenn dieser Brief ankommt, bist Du vielleicht schon im vordern Quartier. Richte nur alles wohl ein, und bereite Dich, eine liebe kleine Köchin zu werden …« Und vor Verdun: »Denke nur! Wir sind so nah an Champagne und finden kein gut Glas Wein. Auf dem Frauenplan solls besser werden, wenn nur erst mein Liebchen Küche und Keller besorgt … Bei meiner Mutter hab ich zwei Unterbetten und Küssen von Federn bestellt und noch allerlei gute Sachen. Mache nur, daß unser Häuschen recht ordentlich wird, für das Andre soll schon gesorgt werden …«

Im November 1792, auf der Heimreise: »Ich … stelle mir vor, wie Du Dich immer artiger einrichtest, wie das Haus fertiger wird und wie hübsch es sein wird, wenn ich zu Dir komme. Sei vergnügt, mein liebes Kind, genieße der Ruhe, indeß so viele tausend Menschen, von Haus und Hof und allen ihren Gütern vertrieben, in der Welt herumirren und nicht wissen wohin …«

Noch aber konnte er die »hübsche Wohnung« nicht genießen, noch war der Krieg nicht vorbei, sondern weitete sich aus. Nachdem der französische König guillotiniert worden war, versammelten sich die gesamten Reichstruppen gegen Frankreich, und Frau

Aja schrieb dem Sohn: »Ich habe einen Offizier und 2 gemeinen zu Einquartirrung es sind Hessen – gute Leute aber (unter uns gesagt) sehr arm – ich muß sie füttern, – die Frantzosen hatten die Hüll und die Füll – daß das füttern sehr incomodiert kannst Du leicht dencken – doch da es jeder thun muß so ists nicht anders …«

Und nochmals Goethe vor Mainz, das er in Trümmer sinken sah, an Christiane Vulpius wie eine Beschwörung: »Schreibe mir auch etwas von den Gärten, ich höre gern daß im Hause die Arbeit hinter einander weg geht …« Und an Christian Gottlob Voigt, der seit 1791 Mitglied des Geheimen Consiliums zu Weimar war: »Wie selig kann man seine Freunde preisen, die wenigstens das Unheil nicht mit Augen sehen das in dieser Gegend und nun auch in dem unglücklichen Maynz angerichtet wird … Mich wandelt in meiner jetzigen Lage eine Art Stupor an, und ich finde trivialen Ausdruck: der Verstand steht mir still, trefflich um die Lage meines Geistes auszudrücken.«

»Erdbeeren und Milch« Mahlzeiten als Entspannung

Ende 1793 kehrte Goethe nach Hause zurück, zu den Seinen, zu denen seit 1791 auch sein Freund aus Rom, der Schweizer Maler Meyer, gehörte, der »Kunschtmeyer«, wie man ihn in Weimar nannte. Heimkehr und Einübung in einen neuen, vielleicht den endgültigen Rhythmus des Alltags.

Johann Wolfgang Goethe war ein Frühaufsteher und nahm um sechs Uhr seine erste Mahlzeit zu sich. Sie bestand meistens aus einer Tasse Kaffee, Schokolade oder »Brüh«, also einer kräftigen Fleischbrühe, oft aß er frische Früchte dazu und Zwieback oder Biskuit. Zum Trinken benutzte er dabei im Laufe seines Lebens verschiedene Trinkgefäße. Der Goethesche Schokoladenbecher stammte aus der Frühzeit der Meißner Manufaktur und war ebenso wie die Unterschale mit Gold-Chinoiserien übersponnen.

Im Königreich Sachsen, dem großen Nachbarn des Herzogtums Weimar, hatte Johann Friedrich Böttger nach allerlei Versuchen und Fehlschlägen die »sächsische Erde« entdeckt, aus der nach dem höllenheißen Brand der richtige Scherben, ein Porzellan, entstand, hart und glatt. Schlug man dagegen, so erklang der reine, schöne Ton des neuen Werkstoffs, schaute man ihn an, sah man freilich nichts Weißes, sondern eine rötlich braune Keramik, die später Böttger-Steinzeug genannt wurde, Vorläufer des späteren Böttger-Porzellans. Aus dieser rotbraunen Masse formte Böttger fast als erstes Schokoladenbecher, etwa zehn Zentimeter hoch, unten schmaler als oben, mit einem kleinen Fußring und einem Lippenrand versehen. Das war der Ur-Schokoladenbecher.

Als der Maler, der das weiße Porzellan aus Meißen weltberühmt machen sollte, Johann Joachim Kändler, 1731 in die Ateliers der Porzellanmanufaktur in Meißen kam, fand er dort keinen einzigen Henkel an den Trinkgefäßen. Die Koppchen, die relativ flachen Teeschalen, besaßen einen hohen Fuß, so daß man sie gut zwischen Daumen und Zeigefinger klemmen und daraus trinken konnte, ohne sich die Fingerspitzen zu verbrennen. Den Kaffee goß man aus der Schale, zu der man heute in Deutschland Tasse sagt, in die Unterschale, also in die Untertasse, die noch keine Vertiefung besaß, die die Tasse am Rutschen hindert. Durch die große Oberfläche kühlte der Kaffee schneller ab. Das Schlürfen, das beim Trinken entstand, galt nach Kaendlers genialer Erfindung, die Schalen mit Henkeln zu versehen, rasch als unelegant oder kleinbürgerlich. Alle Trinkgefäße wurden nun mit Henkeln ausgestattet. Für Kaffee und Tee reichte ein Henkel, Schokoladenbecher bekamen zwei. Und so war wahrscheinlich der älteste Becher, aus dem Goethe in Weimar seine Schokolade trank, ein klassisch hohes Gefäß, unten schmal und oben breit, dazu zwei Henkel wie zwei große abstehende Ohren.

Im Laufe der Jahre bekam Goethe immer neue, jeweils hochmoderne Schokoladentassen dediziert, oft in Karlsbad oder Marienbad während der Kur. Seine Mutter hatte Christiane Vulpius eine besonders schöne geschickt, für die Reise mit der Post von Frankfurt nach Weimar verpackt in einem Lederetui, das eigens für die Tasse angefertigt worden war. All diese Sammeltassen wurden in der Goethe-Familie benutzt, auch jene, für die er selber Modell sitzen mußte. Denn es war damals Mode, die unterdessen bauchig geformten Tassen mit Ansichten von Landschaften, Schlössern oder eben mit Porträts berühmter Leute, Fürsten oder Verwandten zu schmücken. Er selbst hatte einst eine Ilmenauer Tasse für Frau von Stein bemalt.

In Ilmenau hatte Zacharias Gräbner vom Herzog von Weimar 1777 die Konzession erhalten, eine Fabrik einzurichten, die fünf Jahre später vom Minister Goethe verwaltet, aber bald darauf wieder verpachtet wurde. Goethe war nicht mit der Qualität der

Ilmenauer Ware zufrieden, bewunderte und kaufte statt dessen Meißner und Berliner Porzellan, also KPM, schlichte weiße Eßteller, und Porzellan aus Fürstenberg.

In den letzten Lebensjahren benutzte Goethe eine außergewöhnliche Frühstückstasse, die ihm Lina, eine der vielen Egloffstein-Gräfinnen, 1825 zum Jubelfest für Goethes 50 Jahre in Weimar geschenkt hat. Diese Tasse, ohne Manufakturzeichen, aber vermutlich aus der KPM, war makellos weiß und schlicht, nur am Griff und am Lippenrand mit einem schmalen Goldstreifen gesäumt. Die Form: zylindrisch, fast um ein Drittel breiter als hoch und von großem Fassungsvermögen. Goethe trank nach Auskunft seines Dieners Friedrich Krause täglich daraus, nicht nur seine Morgenschokolade, sondern auch Chaudeau, Weinschaumcreme, in Küchen- wie Kochbüchern der damaligen Zeit gern »Schodo« geschrieben. Dazu wurde ohne viel Umstände ein Glas Süßwein mit Eiern auf schwacher Holzglut – Kohle wäre zu heftig gewesen – mit der weißen Birkenrute geduldig geschlagen, bis die Masse schaumig aufging.

Das »Schodo« und andere leichte Fruchtgelees nahm Goethe gern zum ersten Frühstück zu sich, auch im hohen Alter begleitet von Zwieback oder Biskuit. Aus Jena schrieb er im Januar 1818 an die Schwiegertochter: »Ein Töpfchen leichte Citronengelee ... würde mich sehr erquicken.« Außerdem erbat er sich »etwas Himbeeressig, Eingemachtes und Quittenbrot aus der Conditorei«. Da gab es schon keine Ehefrau mehr, die ihm die »Quittenbast« bereitete und vorrätig hielt, also mußte er den Konditor der unterdessen großherzoglichen Küche oder den Konditor im Ort bemühen.

Auch die Biskuits wurden nun gekauft und tauchten täglich in den verschiedenen Anschreibbüchern auf. Unter diesem Biskuit oder diesen Biskuits, die zum ersten Frühstück wie Brötchen gegessen wurden, verstanden sowohl seine Mutter wie seine Frau und die Köchinnen, die Goethe im Laufe seines langen Lebens beschäftigte, jeweils etwas anderes. Im allgemeinen war es ein Rührkuchen ohne Butter und mit sehr viel Eiern, die den Fettmangel ausglichen. Auch die Residenzstadt Weimar war noch ländlich genug, um Hühner zu halten. Als der junge »Dokter Wolf« ins Gartenhaus zog, verfaßte sein getreuer Diener Stadelmann sofort eine Inventarliste, auf der unter »draußen« aufgezählt wurde: Hundehütte und Bienenstöcke, Waschhaus und Holzstall, Pferdestall und Stall mit 16 Hühnern. Auch in der Stadt fand sich in jedem Hof ein Winkel für einen Stall, und die Gerste in Goethes Küchenbüchern zeigte, daß es außer »Hühnerverstand« viel mehr nicht brauchte, um immer frische Eier zu haben.

Die Butter, die süße oder gute Butter – ein Begriff, der bis heute überlebt hat –, war dagegen eine Zutat des Sommers, und nach diesen gesegneten Wochen kam sie, wie bei Mutter Goethe in Frankfurt, aus dem Butterschmalzfaß im kalten Keller. Also war die Butter im Biskuit erst eine Folge der besseren Kühlmöglichkeiten. Der Butterbiskuit beruhte auf zwei Basisrezepten. Das erste konnte jede Köchin auswendig, und sie brauchte als Hilfsmittel nur die Balkenwaage. Sie legte in die eine sicher sehr schön blank geputzte Messingschale ein paar Eier, zum Beispiel fünf Stück. Diese Eier dienten ihr für alle anderen Zutaten als Maß: Sie schüttete den Zucker in die zweite Messingschale, und wenn die Waage im Gleichgewicht war, stimmte die Zuckermenge. Genauso verfuhr sie mit Mehl und Butter, und deshalb heißt dieser Kuchen: Eischwer- oder Gleichschwerkuchen. Diese gleich schweren Zutaten wurden mit eine Prise Salz verrührt, in die gefettete Gugelhupfform oder aufs Blech gefüllt und gebacken. Das andere Rezept ist das Genueser Biskuit, dessen Butteranteil, flüssig gemacht und wieder abgekühlt, zum Teig gerührt wird.

Etwas Biskuit verspeiste der alte Goethe auch gern als Zwischenhappen im Laufe des Tages, und abends gab es ein Stückchen Biskuit zum Wein: »Wir saßen noch eine Weile am Tisch, in dem wir zu gutem Biskuit einige Gläser alten Rheinwein tranken«, notierte Eckermann. Das Frühstücksbiskuit nahm Goethe jedoch allein zu sich. Schon im Gartenhaus saß er dabei gern auf dem Altan, genoß die Morgenfrische, schaute ins Grüne und auf das, was er gepflanzt hatte, und dachte über den Tag nach. Auch im Frauenplan trank er seine Schokolade gern mit dem Blick auf den Garten. Das sonnige Hinterhaus, in dem alle Fenster ins Grüne blickten und in das die Sonne hereinschaute, war sein Refugium. Dort hatte er auch den besten Blick auf seine Tafeltrauben, die an der sommerwarmen Hauswand am Spalier reiften. Er schätzte diese Früchte sehr und ließ sie mit großer Umsicht so versorgen, daß sie nach der Ernte lange hielten.

Amalie Näther, die ab 1821 bei Ottilie von Goethe Kammerzofe war, berichtete, wie sie einen auf dem Markt gekauften Vorrat von Weintrauben beim Geheimrat ablieferte, er aber sagte: »Bleibe noch da, Kind, du hast noch mehr zu tun. John [Goethes damaliger Schreiber] soll im Bibliothekszimmer eine Leine ziehen, du aber bindest an jede Traube ein Fädchen, an jeden Abschnitt wird etwas Siegellack getupft. Dann werden die Trauben an der Leine aufgehängt, und wir haben noch zu Weihnachten frische Trauben.« Auf diese Weise wurden weiter Trauben aufgehängt, solange sie auf dem Markt angeboten wurden, und da das Bibliothekszimmer ungeheizt war, hatte Goethe zum Frühstück und Dessert seine fast frischen Trauben.

Die nächste Mahlzeit des Tages fand um zehn Uhr statt. Zu dieser Stunde wurde ihm und seinem Sekretär das zweite Frühstück gebracht, zu dem er auch gern einen Gast bei sich sah. Es war eine kleine warme Mahlzeit oder eine Platte mit seiner hochgeschätzten Cervelatwurst aus Göttingen oder Sardellensalat, den man offenbar überall fertig kaufen konnte, denn er taucht auch auf fast allen Reiseabrechnungen auf. Einmal rühmte Goethe einen Karpfen mit polnischer Sauce, den er sich selbst zum Frühstück gekauft hatte, und wenn er nicht in Weimar war, jammerte er nach den köstlichen Knackwürsten, die Christiane Vulpius fabrizierte. Im Alter trank er gern ein Glas Madeira dazu.

Das Mittagessen fand zwischen 13 und 14 Uhr statt. Wenn er allein aß, ließ er sich das Essen ins Arbeitszimmer bringen. Wenn der kleine Kreis der Familie zusammen speiste, wurde im Kleinen Eßzimmer neben der oberen Küche serviert. Dieses hatte zwei Fenster zum Hof, nach Süden, war zwar klein, aber hell, und da Goethe die Sonne liebte, aß er gern in diesem Raum. Es besaß außerdem den Vorteil, daß er geheizt werden konnte.

Die obere Küche, die »Aufwärmkammer«, lag zwischen der Treppe, die von der Küche im Erdgeschoß heraufführte, und dem Familieneßzimmer. Dort stand ein Wärmeofen mit drei verschließbaren Fächern über einer ebenfalls geschlossenen Feuerstelle, eine Art Kachelofen mit Wärmenischen, in die je eine Terrine oder ein großer Deckeltopf paßten. Das Essen wurde also von der unteren Küche über die kleine Stiege dorthin transportiert und warm gehalten. Links neben dem Wärmeofen stand und steht noch heute ein Tellerbord mit schmaler Stellfläche auf einem Unterkasten, und laut einer Handwerkerrechnung aus der Zeit des Umräumens nach Christiane von Goethes Tod 1816 gab es in dem ursprünglich noch größeren Raum außerdem einen Tisch und eine Anrichte.

Solche Räume, die nach ihrem wichtigsten Möbelstück auch »Anrichte« hießen, waren in Häusern notwendig, in denen das Essen eine lange Reise vom Herd auf die Tafel hinter sich zu bringen hatte. In Schlössern wurden oft in die tiefen Fensternischen Kästen für Blechbehälter mit heißem Wasser gemauert, in die entweder Töpfe mit Essen oder die schon gefüllten Schüsseln und Terrinen gesenkt wurden. In anderen großen Häusern gab es in der Anrichte große blechgefütterte Holzkästen, in denen ein Gefäß mit glühender Holzkohle auf die Schüsseln wartete.

Dagegen war Goethes Wärmeofen so fortschrittlich wie brandsicher und zeigte außerdem, wie sich das Kochen mit dem gezähmten, im Herdloch eingeschlossenen Feuer durchzusetzen begann. Noch funktionierten diese Herde nicht technisch einwandfrei. Goethe beschwerte sich 1796 in Jena über seine Köchin, die aus Weimar mitgenommene Goetzin: Sie »kocht nicht übel, nur weil sie im Ofen kocht, sind die Sachen wohl einmal rauchig«. Aber während seiner Lebenszeit gingen die langen Jahrhunderte des offenen Herdfeuers ihrem Ende zu. Die Bevölkerung wuchs, das Holz wurde knapp, und Graf Rumford führte in München den »Sparherd« ein, wie er ihn nannte.

Waren Goethes Gäste zahlreich, so aß die Gesellschaft im Gelben Saal, dem zentralen Raum im ersten Stock. Im Dezember 1796 schrieb Caroline Schlegel an eine Freundin: »Goethe gab ein allerliebstes Diner, sehr nett, ohne Überladung, legte alles selbst vor und so gewandt, daß er immer dazwischen noch Zeit fand, uns irgendein schönes Bild mit Worten hinzustellen …« »Legte alles selbst vor« bedeutet, daß nicht wie bei Hofe die Gerichte der einzelnen Gänge auf die Tafel gesetzt wurden, daß er das Tranchieren auch nicht dem Diener überließ, sondern nach Hausvaterart die Platte mit dem Fleisch vorgesetzt bekam, es tranchierte und auf Teller legte, die dann der Diener herumreichte.

Immer gehörte zum Essen etwas dazu: ein schönes Bild oder, wie Charlotte von Stein im selben Jahr ihrem Sohn über die kleine Statuette einer Siegesgöttin schrieb, die dann ihren Platz auf dem Tisch im Junozimmer erhielt: »Er setzte sie am Tisch vor sich und meinte, beim Essen und Trinken sei am besten von der Kunst zu sprechen.« Und der jüngere Heinrich Voß faßte seine Begeisterung 1804 so zusammen: »Wir setzten uns einen Mittag um 1 Uhr zu Tisch und standen erst gegen 6 Uhr auf. Da haben wir eine Mittagslektion aus dem Sophokles gehalten und dazu recht geistigen Portwein getrunken und am Ende, wo Goethe unaussprechlich launicht wurde, recht weidlich gelacht.«

Riemer schreibt in seinen *Mitteilungen über Goethe*, er »hatte sogar keine Gewohnheiten, wie er sagt: ›Viele Gewohnheiten dürfe man haben, aber keine Gewohnheit‹, das heißt: man dürfe sich an nichts so gewöhnen, daß es zur andern Natur würde. Daher wechselte er zuweilen zum Beispiel in seiner Diät mit Speisen und Getränken, um sie nicht zu einem unerläßlichen Bedürfnis und sich nicht davon abhängig zu machen.«

Diese Einstellung mochte Freund Hufeland gefallen. Christoph Wilhelm Hufeland, Sohn eines Weimarer Hofmedicus, war dem Vater nachgefolgt, war Goethes Hausarzt geworden und nahm auch an dessen Freitagsgesellschaft teil. Als er dabei die Probleme der Makrobiotik erläuterte, beeindruckte dieses Thema den Herzog so sehr, daß er sich erstens selbst danach richtete – ebenso wie Goethe – und zweitens veranlaßte, daß Hufeland eine Professur in Jena erhielt.

Goethe wiederum erwähnt nur gelegentlich seine Diät und die des Herzogs, wobei er das Wort in seiner ursprünglichen Bedeutung verwendete, nicht wie heute im Sinne einer speziellen Kost, sondern ganz allgemein für Nahrung und Lebensweise. Hufelands Grundgedanke stammte ebenso wie Goethes ästhetische Ideen aus der Antike und war Goethe wohl schon deshalb angenehm: Die Lebensweise vernünftig zu gestalten, wozu auch die Kost gehört. Hufeland wird Goethe und seinem Herzog, die beide zur Korpulenz neigten, ähnliche Ratschläge gegeben haben.

Goethes angeborene Fähigkeit, gut zu schlafen, seine Neigung zu regelmäßiger Bewegung, seine Liebe zu Luft und Sonne halfen ihm, manche gesundheitliche Krise zu überwinden. Vor allem die Bewegung war ihm ein Bedürfnis. Im Tagebuch notierte er 1780: »Im Gehen viel gedacht. Was ich Gutes finde in Überlegung, Gedanken, ja sogar im Ausdruck, kommt mir meist im Gehen, sitzend bin ich zu nichts aufgelegt; darum, das Diktieren weiterzutreiben.« Man ging ohnehin mehr und selbstverständlicher als heute. Wenn der Geheimrat auch nicht mehr von Frankfurt nach Darmstadt laufen würde und mußte, so ging er doch allein oder in Gesellschaft in seinem Garten spazieren oder unternahm einen Marsch durch die Ilmauen, einen kurzen zwischendurch oder einen langen, der etwa eine Stunde dauerte.

In Jena, notierte Karl August Böttiger 1798 in seinem Tagebuch, als Goethe von niemandem gestört werden wollte und »zwölf Stunden zu seiner Disposition« hatte, ging er nach dem Mittagessen »gewöhnlich eine halbe Stunde im Zimmer der Verdauung widmend auf und ab. Er trinkt dabei viel Bier, aber keinen Kaffee.«

Die Ausdauer seiner Arbeit hing auch mit der Fähigkeit zusammen, sich »nicht abhängig« zu machen, sich immer dann von etwas zu lösen, wenn es begann, ihn zu ermüden oder aus dem Gleichgewicht zu bringen. Alles wechselte so einander ab, wie es ihm gut erträglich war. So wurde nichts zur Last, so konnte er auch als alter Mann ohne Anstrengung den ganzen Vormittag diktieren, Gespräche führen, lesen, Post erledigen und so weiter. Und dazwischen die Mahlzeiten als Entspannung, der Spaziergang vor dem Essen oder der längere Weg am Spätnachmittag oder Abend, ebenso als entspannende Erquickung. Riemer hat das genau erkannt und so formuliert: »Da er nun nie zu lange bei einer Sache aushielt noch über Gebühr sich anstrengte, so ermüdete sein Geist niemals, und jedes Neue fand ihn wiederum frisch und rein.«

Eine besondere Gewohnheit hatte sich in der zweiten Hälfte von Goethes Leben entwickelt, wie Riemer berichtet: »Am Abend genießt Goethe nichts.« Nach den Kriegsjahren hatte sie sich so gefestigt, daß Goethe 1814 an Moritz von Bethmann in Frankfurt schrieb: »Erlauben Sie zu gleich mit gastlicher Freimütigkeit zu eröffnen, daß ich niemals gewohnt war, zur Nacht zu speisen.« Die Notizen der Köchinnen, die Anschreibbücher und Goethes eigene Speisezettel erwähnen freilich durchaus »als Abendimbiß eine halbe Gänseleber und Muscheln«, »den Hasen vom Vortage vorrätig« oder: »Suppe vom Mittag und Kalbsbrust; Suppe von Mittag mit Böfstück und Senf; Kapaun und Preiselbeeren; Wildbraten und Apfelbrey, Schöpsenbraten und Kirschencompot, Kalbsbrust; Eierkuchen; Rehbraten und Compot, Gansbraten und Compot; Fleischklößchen; Kalbsmilch; Nierenbraten; Kalbskoteletten; Klopps ...« und anderes mehr. Am 24. 1. 1831 notierte Goethe dagegen: »Nichts«, und dann an den folgenden Tagen so, als ob ihm die Sache gleichgültig sei: »Wie Mittag«. Nur eine »Chocoladensuppe« wird namentlich erwähnt. Saß er, wenn Gäste zu bewirten waren, mit am Tisch, so wird er zumindest vom Essen gekostet und seinen Wein oder das Wildunger Wasser dazu getrunken haben.

Wie eine Mahlzeit in die andere überging, wenn ein berühmter oder interessanter Besucher die Freunde wie zu einer Familie einte, hielt Johann Heinrich Voß, der Homer-Übersetzer, im Juni 1794 aus Eutin angereist, in einem Brief an seine Frau fest.

Er war bei Wieland zu Gast, am nächsten Morgen kamen Bertuch und Herder dazu, und alle miteinander gingen sie zu Goethe. Sie setzten sich zu Tisch und sprachen von Italien und Griechenland, Goethe »ward allmählich lebhafter«, und so gingen sie nach Tisch in sein Gartenkabinett und tranken Kaffee. Voß mußte Goethe versprechen, noch einen Tag länger zu bleiben, ging mit Herder, »um in seiner Studierstube eine Pfeife mit ihm zu rauchen«, weil Goethe keinen Tabakrauch mochte, wurde dann zum Tee gerufen und traf dort wieder die Mittagsgesellschaft: Goethe, Wielands, dazu Knebels und Böttiger. Voß las aus seiner Übersetzung vor, erntete warmen Beifall. »Wir wurden ausgelassen fröhlich« und blieben beisammen, redeten und lachten, und »dabei wurde rechtschaffen gezecht, Steinwein und Punsch. Goethe saß neben mir; er war so aufgeräumt, als man ihn selten sehen soll.« Am Abend also nur Punsch und Wein.

Goethe lud sich auch oft selbst bei Wielands ein. »Denn der

Herzog, mit dem Goethe alle Mittage aß, speiste abends nur selten, außer, wenn er seine Umgebung mit delikaten Bratwürsten traktierte, die in *unendlicher* Menge gemacht werden mußten. Das Wort *unendlich* war damals das überall wiederkehrende Stichwort. So ließ Goethe sich durch seinen Bedienten auch bei Wieland eine unendliche Schüssel unendlicher Borsdorfer Äpfel (gedämpft) ausbitten …«, berichtete Böttiger 1776.

1805 fuhr Goethe zur Kur, genauso wie die mondäne Welt, die die Folgen üppiger Diners loswerden wollte, und Riemer schrieb an Karl Friedrich Ernst Frommann, den Jenaer Verleger: »Er hält auf Diät und ißt des Abends nichts, außer Tee und vielleicht späterhin eine Suppe. Aber lange wird es wohl nicht dauern, denn der Hausgeist wird ihm so lange zureden, daß der Tee ihn schwäche und er etwas Ordentliches genießen müsse usw., wie wir es schon erlebt haben.«

Goethe hielt eben nichts von Gewohnheiten, aber wenn er vor der Heirat mehr auf Christiane Vulpius hörte, so scheint danach der Arzt das letzte Wort gehabt zu haben. Wieder Riemer, 1807, an Frommann: »Von Goethens Befinden kann ich Ihnen das Beste melden. Er ist wohlauf. Die Diät, strenger als je, bekommt ihm sehr gut. Er ißt bloß zu Mittag, aber gut und hinlänglich. Des Abends genießt er Tee mit Wein, des Morgens, außer seinem Spawasser, abwechselnd Kaffee, Schokolade oder Fleischbrühe. Des Weins täglich nur ein Nößel.«

Und so geht es in den Berichten über Goethe immer abwechselnd weiter. »Da man nach altem Gebrauch bei ihm immer zu Abend essen muß …«, schrieb Wilhelm von Humboldt 1819 an seine Frau, und Charlotte Schiller 1820 an Fritz von Stein: »Goethe verschließt sich ganz; … er arbeitet meist, und abends halb sieben Uhr erscheint Freund Meyer … er soupiert auch nicht mehr.« Nachdem Felix Mendelssohn Bartholdy Goethe 1821 besucht und bei ihm zu Mittag gegessen hatte, von ihm einen Kuß bekommen und ihm am Nachmittag noch einmal vorgespielt hatte, »über zwei Stunden …«, heißt es in seinem Brief an die Eltern in Berlin: »… teils Fugen von Bach, teils phantasierte ich … Den Abend aßen wir alle zusammen, auch sogar Goethe, der sonst niemals zu Abend ißt.« Keine Regel also, die ihm die Freude an einem begabten »heiteren Kinde«, das Vergnügen einer Gesellschaft, den wahrhaft harmonischen Ausklang eines ihn bereichernden Kunstgenusses geschmälert hätte: Souper als gesellige Geste, Essen aus Liebe und nach Bedarf.

Goethes Haus am Frauenplan war vom Herzog, dem Stifter, und von Goethe, dem Besitzer, als ein neues, ein anderes Zentrum der Residenz gedacht, und so wurde Goethes Mittagstafel schon bald das bürgerliche Gegenstück zur Hoftafel, ein Ort der Begegnung und ein Ort von Bedeutung.

Wer zur Hoftafel ging, bei dem wurde vorausgesetzt, daß er die höfischen und höflichen Sitten beherrschte, und wenn ihm etwas neu oder unbekannt war, konnte er den fürstlichen Haushofmeister fragen – oder es sich, wie Goethe, von einer Freundin wie Charlotte von Stein erklären lassen und einüben. Wer jedoch von Goethe zum Mittagessen eingeladen wurde, wußte nicht immer, wie man sich zu benehmen hatte. Die bürgerlichen Konventionen begannen, sich erst zu entwickeln. In den Residenzen und großen Städten konnte man sein Benehmen und seine Tischmanieren an den Vorbildern der Patrizier und des Hofes messen, aber noch waren die Länder des deutschen Reiches nicht verstädtert, noch lebten die meisten in Dörfern, auf dem Lande, fern von allem. War ein Bauernjunge begabt, so lernte er beim Pfarrer Latein, wurde von ihm oder der Herrschaft auf die Hohe Schule geschickt, kam auf dem Wege nach Jena oder Leipzig vielleicht durch Weimar, und wenn er von wer weiß wem eine Empfehlung an den Herrn Geheimrat hatte, so wurde dessen Mittagstafel manchmal zur Lehrstunde für Manieren und gewann auch dadurch Bedeutung.

Was für ein guter Gastgeber der Geheimrat war, erlebte zum Beispiel Martin Friedrich Arendt, der »Runenantiquarius«, wie Goethe ihn nannte, der in einem alten, langen, von oben bis unten zugeknöpften Überrock auftauchte und, wie Riemer bemerkte, »zu den vielen sich selbst empfehlenden Fremden« gehörte. »In einem benachbarten Gasthofe einlogiert, speiste er fast jeden Mittag an Goethes Tische, unterhielt uns mit seinen Reiseabenteuern, antiquarischen Recherchen und so weiter, ohne in das doppelte Spiel seiner Luft- und Speiseröhre eine Pause zu bringen oder der anderen den geringsten Abbruch zu tun. Es schmeckte diesem Ausgehungerten jederzeit so vortrefflich, daß er eines Mals, nachdem er mit Hammelbraten und Gurkensalat zuerst den Teller, dann den Magen reichlich gefüllt hatte, nun auch die köstliche Brühe von Gurkensaft und Öl und Essig nicht wollte umkommen lassen. Den Teller schon mit beiden Händen zu den Lippen erhoben, um ihn auszuschlürfen, fiel es ihm doch noch ein, für die studentikose Manier um Erlaubnis zu bitten. Goethe mit unnachahmlicher Bonhomie, Ruhe und Treuherzigkeit hieß ihn ›sich nur ja nicht zu genieren‹, indem er, während daß jener schlürfte, das Leckere einer solchen Mischung von Bratenbrühe und Gurkensaft rühmend auseinandersetzte und so den Genießer ermutigte, sich ganz zwanglos dem Behagen des erquicklichen Trankes hinzugeben.« Riemer nannte dieses Verhalten »ungeschlachte Rohheit«, und die anderen Tischgäste stimmten ihm zu. Goethe jedoch nahm »diese Sache nur lustig«, was den gelehrten Schmarotzer wohl zu folgendem animierte: »Der antiquarische Irus [lat. für Bettler] hatte nun schon zwei Wochen lang fast täglich, oder einen Tag um den anderen, die Geheimeratsküche kennen und schmecken gelernt, als er zu bemerken glaubte: der Turnus der Speisen kehre zu bald wieder und zeige wenig Abwechslung in Gemüsen und Beiessen. Ohne viel Umstände begab er sich beim Weggehen in die Küche, um die Inhaberin darüber zu konstituieren, daß sie so wenig für Veränderung sorge. Er sei in Schweden und Norwegen, bekanntlich kälteren Ländern als Deutschland, gereist und habe innerhalb vier Wochen wohl an vierzig verschiedene Gemüse zu genießen bekommen. Sie möge daher auf größere Abwechslung und Mannigfaltigkeit bedacht sein. Die amazonenhafte, resolute und mit gutem und schnellem Mundwerk ausgerüstete Köchin erwiderte ihm hierauf mit ihrer gewöhnlichen Heftigkeit: ›Nehmen Sie mir nicht übel, Herr Doktor, oder wie man Sie etwa tituliert, Sie mögen ein gelehrter und weitgereister Mann sein, aber vierzig Gemüse gibt es überhaupt nicht, das muß ich Ihnen nur sagen, hierzulande, am wenigsten in unserm Weimar. Nennen Sie mir doch einige‹, fuhr sie etwas gelassener fort, ›die Sie wünschen und die zu haben sind, so will ich sehen, ob ich Ihnen dienen kann. Außerdem werden Sie sich schon mit dem begnügen müssen, was der Herr Geheimerat und wir alle nicht besser haben können.‹«

Am Abend aber kam die Köchin zu Riemer, der damals im Hause wohnte, und »erkundigte sich angelegentlich, ob es denn wirklich vierzig Gemüse in Schweden gäbe, woran sie durchaus zweifele, wie sie es denn überhaupt auch für Deutschland in Abrede stelle ... Diese Geschichte gewährte Goethe viel Vergnügen und bereicherte sein anthropologisches Kabinett mit einem seltenen Exemplar merkwürdiger Unverschämtheit.«

Diese Geschichte spielte im Januar 1809. Weimar war Kriegsgebiet gewesen, und nicht nur der tiefe Winter wird das Angebot dessen, was der Markt bot und in Küche und Keller vorhanden war, eingeschränkt haben. Im allgemeinen aber standen der Hausfrau und Köchin im Sommer mehr Gemüse- und Salatsorten zur Verfügung als heute, manche sind unterdessen unbekannt oder so selten geworden, daß sie wie Hopfensprossen, Sauerampfer oder Karden und viele andere zur Gourmet- oder grünen Küche gehören. Im Winter aber konnten die Hausfrauen nur auf das zurückgreifen, was sich trocknen, einlegen oder im Keller aufbewahren ließ. Es war eine Wurzel-, Kohl- und Sauerkrautküche, erst um die Wende zum 19. Jahrhundert durch Kartoffelgerichte ergänzt.

Dazu reichten einfache und allgemeine Kochregeln, spezielle Eintragungen in Koch- oder Küchenbüchern für die einzelnen Gemüsesorten erübrigten sich. Das gilt vor allem für die Küchenbücher, die der alte Geheimrat nach Christianes Tod wieder selber überprüfte. Sie zeigen zum einen, daß nicht mehr wie früher jede Handbreit Gartenboden am Frauenplan und am Gartenhaus als Gemüsebeet genutzt wurde. Die Zeiten waren wieder ruhig und friedlich, man mußte keiner Hungersnot entgegenwirtschaften und nicht mehr fürchten, daß Einquartierungen einem den ganzen Vorrat aufaßen. Zum anderen fehlte die fleißige Hand der Hausfrau, die diese Gärten samt dem Krautgarten zwar mit Hilfe, aber stets selbst mitversorgt hatte. Außerdem hatte der Hausherr den oberen Garten allmählich ganz und gar für seine botanischen Untersuchungen und Experimente in Anspruch genommen, so daß nur noch wenig Obst und Gemüse – außer Spargel und Baumobst – aus den eigenen Gärten stammte.

Es mußte eingekauft werden, und so kann man in den Anschreibbüchern lesen, wie nach Goethes Wünschen die Früchte und Gemüse des Sommers so in die Mahlzeiten aufgenommen wurden, wie sie reiften: Jeder Einkauf ab Juni/Juli 1831 begann mit Zwieback, manchmal dezidiert Karlsbader Zwieback, für 2 Groschen, gefolgt vom Wurstgeld für das »Gesinde« und dann: »Kirschen«, »Kirschen und Erdbeeren«, »Erdbeeren und Milch«; neue Butter, die ersten Bohnen und Kartoffeln, junge Hühner oder eine Forelle dazu, Herzkohl zum Hasen.

Zur Abwechslung: Bratwurstgeld für das »Gesinde«, für den »Herrn«: Sternnudeln für die Rindfleischsuppe, die jeden Mittag als erstes auf den Tisch kam.

Der Hochsommer bescherte Zuckerschoten, frische Gurken, Sellerie und Kohlrabi, immer noch und immer wieder täglich Kirschen und Erdbeeren, Mitte Juli die ersten Heidelbeeren, dann, wohl aus dem herzoglichen Deputat: ein Rehbock, 16 Pfund Wildbret, ein Schock Krebse.

Und bald darauf die ersten »Hymbeeren« und »Ananas-Erdbeeren«. Das zeigt, daß es bis in das 19. Jahrhundert hinein nur Walderdbeeren gegeben hatte, die seit dem Mittelalter in Europa bekannt waren und im 16. Jahrhundert so veredelt und kultiviert worden waren, wie man sie auf vielen Stilleben der niederländischen Maler betrachten kann. Sie wurden gern in blauweißen chinesischen Porzellanschalen gemalt, und in einer Beere stak ein Holzspan oder ein Federkiel. So piekte man sie elegant auf und verspeiste sie Beere für Beere.

Ein halbes Jahrhundert vor Goethes Geburt kamen nun die amerikanischen Erdbeeren aus Virginia auf europäische Beete. Die Pflanzen trugen die dickeren Beeren, die eben nicht das Parfum der wilden Waldfrucht ausströmten, sondern, wie man fand, nach Ananas schmeckten. Diese Früchte erreichten 100 Jahre später auch Weimar, tauchen aber nur einmal im Sommer 1831 in Goethes Küchenbuch auf. Sie waren entweder noch sehr teuer oder sehr selten auf dem Markt.

Mit Lachs und neuem Hering ging es im Juli 1831 weiter: Am 29. Juli gab es die letzten »Hymbeeren«, am 9. August die letzten Kirschen, doch (Wald-)Erdbeeren stehen noch bis zum 30. September täglich im Küchenbuch.

Ende Juli wurde es heiß: Jeden Tag verlangte Goethe jetzt einen Topf Sauermilch zum Frühstück, dazu Eisenkuchen, also: Waffeln – auch gekauft und nicht selbst gebacken. Dann die letzten Früchte des Spätsommers: ein Schock Birnen, Sauerkirschen, sechs Schock Nüsse, die ersten Kartoffeln und weißen Rüben, wieder ein Rehbock zu gelben Schwämmen, also: Pfifferlingen.

Im August: Aprikosen, immer wieder Aprikosen, Zwetschgen, Pflaumen, Äpfel, Katharinenpflaumen, begleitet vom Federwild: Feldhühnern, Wachteln, Krammetsvögeln, einer Trappe, Wildenten. Mit Hasen und Fasanen kamen die ersten Winteräpfel in die Küche, vor Weihnachten wurden zum Hasen »roth Kraut« und Borsdorfer Äpfel gekauft, die auch Theodor Fontane so schätzte. Er erwähnte in seinen Romanen die gleichen wohlklingenden Apfelsorten, die im Katalog des Weimarer Gärtners und seinem Angebot für Goethes unteren Garten genannt wurden: vor allem der rote Borsdorfer, der kleine und der große Hasenkopf, der Erdbeer- und Rosenapfel und viele andere, insgesamt etwa 80 Sorten. So wie am Gartenhaus die Spargelbeete, später von Sohn August, immer weiter gepflegt und auch vermehrt wurden, so ließ Goethe 1819 noch einmal die alten Obstbäume fällen und 1820 neue Apfel-, Birnen- und Zwetschgenbäume setzen, auf daß er mit den Enkeln ernten konnte.

Die reichlichen Portionen Wildbret, die Goethes Küche vom Herzog geliefert bekam, konnte die Köchin für Goethes zahlreiche und oft überraschende Mittagsgäste sehr gut gebrauchen. Sie verstand es vor allem, die Reste oder die Bratenabfälle so klug wie lecker zu verarbeiten. Das zeigt die Geschichte mit dem Wildpüree, die laut Riemer auch wieder ein Beispiel dafür ist, wie »äußerst liebenswürdig« Goethe zu Gästen war.

Der Theaterdichter Karl von Holtei erzählte: »Unter den Gerichten aus guter solider Küche, die uns beim Mittagessen am 5. Mai 1827 dargeboten wurden, befand sich eine Schüssel, an der ich mich vorzüglich beteiligte: Püree von Wild mit Spiegeleiern. Ich war schon so heimlich geworden, daß ich, bei unausgesetztem Respekte vor dem Herrn des Hauses, tüchtig zulangte und, seinen gastfreundlichen Ermunterungen entsprechend, meinen Teller ein zweites Mal füllte und leerte. Das geschah bei meiner ersten Speisung im kleinen vertraulichen Kreise. Wie ich dann, ein Jahr später, beim zweiten längeren Aufenthalte, durchschnittlich in jeder Woche zweimal zu Tafel gezogen, einmal an einem größeren Diner teilhatte, fügte sich's, daß besagte sukkulente Speise sich auch einstellte. Ich sprach ihr wieder lebhaft zu, räumte den herzhaft herausgelöffelten Vorrat rasch auf; schon wurden an der entgegengesetzten Seite des Tisches die Teller gewechselt. Da richtete Goethe, von dem ich weit entfernt saß, seine Götteraugen auf meinen Teller, lächelte mir mit einem Blicke des Einverständnisses zu, gab dem zur Aushilfe servierenden Lohndiener (O Zapfe, *cara memoria*) einen wahren Jupiterwink – und Zapfe reichte mir noch einmal die Schüssel, zärtlich flüsternd: Der Herr Geheimrat schickt mich.«

So wie Holtei zog es viele Besucher auch der guten Sachen wegen, die Goethe auftischen ließ, in den Frauenplan. Einer lobte »den prächtigen Indian mit Trüffeln«, Wilhelm Grimm dagegen schrieb 1809 nicht nur über Christiane von Goethe, daß sie »sehr gemein aussieht«, auch die Aufzählung der Speisen scheint mehr vom Neid als von Essenslust diktiert zu sein: »Es war ungemein splendid, Gänseleberpasteten, Hasen und dergleichen Gerichte. Er war noch freundlicher, sprach recht viel und invitierte mich immer zum Trinken, indem er an die Bouteille zeigte und leis brummte, was er überhaupt viel tut. Es war sehr guter roter Wein, und er trank fleißig, besser noch die Frau … Der Tisch dauerte von 1 bis halb 4 Uhr, wo er aufstand und ein Kompliment machte, worauf ich mit Riemer wegging …«

»Ein Kompliment machen«, also die anderen mit einer leichten Verneigung grüßen, oder einen Kratzfuß machen, wenn man – wie beim Hofknicks – ein Bein leicht nach hinten schwang, das waren die Gesten, die Goethe von der höfischen Etikette übernommen hatte. Daß sich Goethe mit einem Kompliment von einem bürgerlichen Gast verabschiedete, dessen Häme er ja sehr wohl gespürt hatte, zeigt, wie er die Form – oder besser: die Förmlichkeit – benutzte, um sich zu distanzieren.

»Mittwochs von zehn bis dreizehn Uhr« Von der Liedertafel zur Mittwochsgesellschaft oder: Neue Formen der Geselligkeit

Zu den Essen, die Goethe gab, gehörte die Musik. Goethe hat die Instrumente, die er in Frankfurt spielen gelernt hatte, in Weimar vernachlässigt. Aber er liebte den Gesang und pflegte das, was er aus Frankfurt kannte: die Liedertafel. So berichtete Ernst Förster 1825: »Für den 9. November war ich von Goethe zu Mittag geladen … Man setzte sich nach angewiesenen Plätzen zu Tisch … Im Laufe der Mahlzeit wurde das Gespräch auf eine – vielleicht nur mich – überraschende Weise unterbrochen. An dem einen Ende der Tafel wurde es unruhig; man räusperte sich, gab ein leichtes Zeichen am Glas, und ein vierstimmiger Gesang ward angestimmt. Es gehörte die schöne Sitte, das Mahl mit Gesängen zu würzen – wie mir Eckermann vertraute – zu Goethes besonderen Tafelfreuden bei festlichen Gelegenheiten, und so folgte auch heute nach jedem Gang ein Gesang.«

Normalerweise ließ man sich nach Tisch mit einem Becher Wein zur Liedertafel nieder und sang, solange man Lust hatte. Goethe ließ manchmal den Chor des Theaters bei sich singen und gab, wie Charlotte von Schiller schon 1803 berichtete, »auch dann und wann Concerts und Soupers, wo wir Damen zu ihm kommen …« Sieben Jahre später, 1810, noch einmal eine Bemerkung von Charlotte von Schiller, die zeigt, wie Goethe auch durch die Musik aus dem fürstlichen Tafelvergnügen, bei dem gegessen und geschwatzt wurde und man die Musikanten möglichst gar nicht sah, sondern nur hinter einem Paravent oder im Nebenzimmer spielen hörte, etwas ganz anderes machte: »Durch unsre musikalischen Gesellschaften bei Goethe habe ich einen eigenen

Sinn für Musik erhalten und einen eigenen Genuß darin finden lernen …«

In vielen Briefen und Erinnerungen liest man, wie überrascht die jeweiligen Verfasser waren, Goethe, den sie in einer Gesellschaft in Weimar trafen oder dem sie ihre Aufwartung machen wollten, kalt und mißmutig zu finden. Kein entgegenkommendes Wort, Schweigen. Aufgetaut sei er gar nicht oder erst, nachdem ein Wort, eine Andeutung seine Aufmerksamkeit erregt hätten.

Seine eigenen Notizen erklären vieles: Goethe war schon früh ein berühmter Mann. Jeder wollte ihn sehen. Und da die geistige und politische Elite unaufhörlich in Deutschland herumreiste und gern an bedeutsamen Orten Station machte, um sich von den Strapazen der Reise in den Postkutschen zu erholen, aber auch, um sich im Glanze berühmter Persönlichkeiten zu sonnen, kam jedermann, um sich das Dichtergenie anzuschauen, und wen der Diener unten am Tor für würdig befand, vorgelassen zu werden, der wurde begrüßt – höflich, aber nicht unbedingt herzlich. Wer weiß, aus welchen Gedanken Goethe gerissen wurde. Wer weiß, wie gleichgültig ihm der Besucher war. »Wären's Bücher gewesen, ich hätte sie nicht gelesen«, lautet einer seiner Merksprüche. Mußte er sich nun in den Trubel stürzen, so wirkte er, wie die Gäste bei ihm und an anderen Orten feststellten, steif und abweisend. Meist empfanden das jene, die sich nicht gebührend wahrgenommen fühlten, und sie machten der beleidigten Seele sofort in Briefen oder Tagebüchern Luft.

»Am liebenswürdigsten und heiter-geselligsten«, schrieb dagegen Friedrich Förster im Sommer 1821, »war Goethe am Mittagstische, wo jedoch die Eingeladenen nie die Zahl der Musen überschritten. Vor ihm stand eine Flasche alten Rheinweins, welche er ganz allein zu leeren pflegte; wir andern hatten uns aus den vor uns aufgestellten Flaschen nach Belieben zu versorgen. Auf den Küchenzettel, den er für gewöhnlich selbst angab, hatte die Anwesenheit von Gästen besonderen Einfluß. Es gab außer der Suppe gewöhnlich drei, höchstens vier Schüsseln: Fleisch mit Gemüse (er aß sehr gern nach italienischer Kochkunst bereitetes *stuffato*), dann gab es Fisch (Forellen liebte er zumeist), Braten (zumeist Geflügel oder Wild) und, wie er erklärte, wegen der Damen eine Mehlspeise (Karlsbader Strudel) … Er selbst zog der süßen Speise ein Stück englischen oder Schweizer Käse vor. Das Zerlegen des Bratens, selbst wenn es ein schwieriger Wildziemer war, besorgte er eigenhändig, legte auch wohl einer begünstigten Tischgenossin ein ausgesuchtes Stück oder die zierlichste der Forellen vor.

Vorherrschend war an dem Mittagstische bei dem alten Herrn … der ausgezeichnet gute Humor und die scherzhaften Neckereien mit seiner Schwiegertochter; doch nahm die Unterhaltung zuweilen auch eine ernste Richtung … Uns allen eine gesegnete Mahlzeit wünschend, zog sich Goethe mit einer verbindlichen Handbewegung und den entschuldigenden Worten: Am siebenten Tage ruhte er, in sein Zimmer zum Mittagsschläfchen zurück.«

Goethe war aber nicht nur der Dichterfürst, der Apoll am eigenen Musentisch. Er war auch der hohe Beamte, der Kanzler der Universität, der Freund des Herzogs. Die folgende Szene mit Gottfried August Bürger nennt einen weiteren Grund für die als Muffigkeit oder Kälte verstandene Distanziertheit. 1798 berichtete Johann Gottlieb Fichte: »Bürger kam einmal zu Goethe und wollte ihn umarmen, Goethe aber war und blieb zurückhaltend. Bürger ärgerte sich darüber entsetzlich und machte über diesen Vorgang ein Epigramm, das gedruckt worden ist. Die Sache aber war diese: Bürger wollte, wie Goethe wußte, in Jena etabliert werden, und zwar durch Goethes Einfluß. Weil dieser aber Bürger in Jena nicht haben wollte, zeigte er sich kalt, damit jener keinen darauf zielenden Antrag stelle …«

Bürgers Begrüßung, die gefühlvolle Umarmung noch aus dem Zeitalter des Freundschaftskults, war eine Geste, die nicht zum höfischen Stil Weimars paßte. Contenance und Distanz waren – zumindest in der Öffentlichkeit – oberste Prinzipien. Goethe wurde ja bereits mit hochgezogenen Augenbrauen gemustert, wenn er »nach Tafel« seiner Tischdame die Hand küßte. Zurückhaltung war also die Attitüde, in die Goethe sich rettete, einer, den auch die in Förmlichkeiten geübte Hofdame Charlotte von Stein nicht zum echten Höfling hatte machen können und den sie immer wieder mit leichter Hand in die Falle der Etikette locken und kränken konnte.

Carl von Stein berichtete von einer Begegnung zwischen seiner Mutter und Goethe im Sommer 1799, als beide zwar wieder miteinander sprachen, aber mehr auch nicht. Schließlich hatte Charlotte von Stein von seinem *Wilhelm Meister* gesagt: »Seine Frauns drin [sind] alle von unschicklichem Betragen.« Er schreibt: »Meine Mutter gab uns zu Ehren einen Tee vor ihrem Hause … Sie ließ den vorbeigehenden Goethe einladen, diesem war dies unheimlich, er setzte sich hin, sprach nichts und machte ein entsetzlich verdrüßlich Gesicht.«

»… vor ihrem Hause«: Die Gastgeberin hatte nicht ihre privaten Räume geöffnet, man war nicht eigentlich bei ihr. Goethe hatte sie ohnehin nicht geladen, er ging nur vorbei, und es war ihr Lakai, der ihn hinzubat, wie die Bettler im biblischen Gleichnis zum Gastmahl des Reichen von der Straße geholt werden. Es hätte aber, das wußte er genau, als Beleidigung aufgefaßt werden können, wenn er, noch dazu in aller Öffentlichkeit, dankend weitergegangen wäre. Also blieb er, trank Tee, schwieg und muffelte. Er, der »Heitergesellige«, rettete sich in Ungeselligkeit, wenn und weil es ihm nicht so zu plaudern gelang, wie die französische Königin Marie Antoinette noch auf der Flucht vor den Revolutionstruppen mit König und Kutscher zu plaudern verstand, ebenso gelassen und scheinbar leicht, wie sie nach der Gefangennahme mit ihren Bewachern plauderte.

Plaudern als ein Mittel, das Gesicht zu wahren, in jeder Situation. Plaudern als reines Geräusch der Konvention. So mit Wörtern umzugehen, war Goethe nicht möglich, und auch seiner Lehrmeisterin gelang es nicht immer. Und stets war die Tafel der Ort des Geschehens.

So erzählte Charlotte von Stein 1805 von einer Gesellschaft bei Goethe, zu der sie nicht geladen worden war: »Die Vulpia war von der Gesellschaft. Am Tisch, sagte Wieland, habe er [der Hausherr] ihr mit zarten Attentionen begegnet, und doch ist's entweder Lüge, oder er müßte eine Analogie mit der Mägdennatur haben.« Mit dieser bitteren Bemerkung meinte sie auch, daß da zwei aus den unteren Ständen »unschickliches Betragen« an den Tag legten, trotz neuem Adel und Geheimem Rat. Das, was sie das »Gemeine« nannte, blitzte eben immer durch.

Die bürgerliche, also die gemeine Gesellschaft meinte wiederum schon dadurch zu Anstand zu kommen, daß sie penibel die äußeren Formen der Hofgesellschaft nachahmte. So wunderte sich der Theologe Johann Jakob Horner aus Zürich über das Benehmen der Weimarer Berühmtheiten und schrieb 1794 nach Hause, wo es offenbar noch gesetzter und im Steinschen Sinne schicklicher zuging, er sei »… zu Herder zum Tee und Nachtessen eingeladen, wozu sich Goethe, Böttiger und noch andere einstellten … Die Gesellschaft war äußerst ungeniert, ohne unhöflich zu sein. Jeder sprach und stand oder setzte sich, zu wem er wollte …«

Goethe selbst bewegte sich in Weimar wie in seiner eigenen Wohnung. In allen Häusern ging er ein und aus, saß eine Weile schweigend und in sich selbst versunken oder stand einfach nur da. Er sah und hörte, was er sehen und hören wollte, trank eine Schale Tee, eine Tasse Schokolade und ging dann wieder an seine Arbeit.

Der Hofdienst aber war eine andere Sache. Weimar war eine Residenz, und wer von Fürsten lebte, mußte auch mit ihnen leben.

Das war an manchen Höfen Deutschlands eine demütigende Qual. In Weimar wurde es zumindest Goethe leichtgemacht, besonders dadurch, daß der Herzog ihn in vielen Fällen bestimmen ließ, wie gelebt und wie der Hof verändert werden sollte.

Goethe war 1775 in eine literarisch interessierte Gesellschaft gekommen, die den Dichter des *Götz* und des *Werther* gleich in ihre Kreise gezogen hatte. Er wurde sofort ein ständiger Gast der Leseabende bei der Herzoginmutter, der Tafelrunde, die jeden Montag im Wittumspalais gehalten wurde. Man trank Tee, las vor, stickte oder zeichnete dabei und saß auf Stühlen, deren Formen denen des antiken Herkulaneum nachempfunden waren und die sich Goethe um 1800 für seine eigenen Gesellschaftsräume bestellte, für das kleine und das große Eßzimmer, für das Deckenzimmer, das Bilderkabinett, in dem er Gästen gern anhand der gesammelten oder gerade neu erworbenen Graphiken und Zeichnungen seine Gedanken zu Kunst und Kunstgeschichte darlegte. »Bequem und stabil« – so hatte Bertuch diesen Stuhltyp in seinem *Journal des Luxus und der Moden* 1796 empfohlen.

Ebenfalls im Wittumspalais, aber oben unter dem Dach, im Mansardenzimmer der Hofdame von Anna Amalia, Louise von Göchhausen, fand im Winter eine ganz andere Geselligkeit statt, eine Kaffeegesellschaft ohne Tafelzeremoniell. Fräulein von Göchhausen lud zwischen 1790 und 1800 am Samstagvormittag zum Frühstück ein, bereitete selbst den »Freundschafts-Mokka«, strich die »Freundschafts-Brötchen« dazu und hatte ihre Freude daran, daß ganz Weimar kam, Gelehrte, Dichter, Dramatiker, Hofbeamte, auch Goethe und Wieland, die beiden Geistesfürsten. Man unterhielt sich, las die neuesten Gedichte vor oder einen interessanten Brief, den man gerade erhalten hatte, musizierte nach Belieben und trennte sich vor dem Mittagessen.

Eine eigene Gesellschaft, die über eine Geselligkeit, eine Unterhaltung hinausging, entwarf Goethe nach der Rückkehr aus

Italien im Zusammenhang mit seinem neuen, den Wissenschaften gewidmeten Lebensplan. 1791 legte er dem Herzog die Grundidee vor, in Zusammenarbeit mit der Universität Jena in Weimar eine Gelehrte Gesellschaft zu gründen, deren jedes Mitglied sich verpflichten mußte, von »seinen Geschäften, Arbeiten, Liebhabereien beliebige Kenntnis zu geben«, auch von wissenschaftlichen Experimenten, von Landschaftsgärten, von juristischen, medizinischen oder religiösen Themen zu berichten. Die erste Sitzung dieser Gesellschaft fand am Freitag, den 9. September 1791, im Wittumspalais statt, später im Haus am Frauenplan. Man hatte fast immer Gäste, die Herzogsfamilie, Professoren aus Jena oder Berlin, auch angesehene Durchreisende. Diese Freitagsgesellschaft existierte bis kurz vor der Jahrhundertwende und fand eine Nachfolge beziehungsweise Fortsetzung in dem wesentlich kleineren Kreis der »Weimarischen Kunstfreunde« und der »Naturforschenden Gesellschaft in Jena«.

So dachte sich Goethe unablässig neue Formen der Geselligkeit aus, aber nicht, um auf fürstliche Weise sein Ansehen zu steigern, sondern um das, was in seinen Gästen schlummerte, bei Speis und Trank, Gespräch und Lied zu wecken, zur gegenseitigen Erhebung, Erkenntnis und Erheiterung. Wenn einer seiner Vorschläge keinen Gefallen mehr fand, ließ er ihn bereitwillig fallen. So löste auch die folgende Intrige, die August von Kotzebue, neidisch auf Goethe und erbittert darüber, daß er als erfolgreicher Unterhaltungsschriftsteller nicht von Goethe empfangen und nicht in sein Mittwochskränzchen gebeten worden war, so kunstvoll gesponnen hatte, keinen Skandal aus.

Die Idee zum Mittwochskränzchen war Goethe 1801 bei einem Samstagsfrühstück bei Fräulein von Göchhausen gekommen. Vor ihnen läge der Winter mit seinen langen, langweiligen Tagen, und dagegen wolle er einen *Cour d'amour*, einen Liebeshof nach Art der Minnesänger, einrichten. Er begann sofort, Paare zusammenzustellen, die sich den Winter über an jedem oder jedem zweiten Mittwoch nach dem Theater bei ihm treffen und soupieren sollten. »Neigung ohne Leidenschaft, Wetteifer ohne Neid, Geschmack ohne Anmaßung, Gefälligkeit ohne Ziererei und Natürlichkeit ohne Roheit« – das war Goethes Motto für diese »edle Gesellschaft«, wobei sich das Edle nicht aus dem Aristokratischen, sondern aus der Verwirklichung dieser edlen Ideale ergab.

Es gab also ein gutes Essen, Gedichte und Lieder wurden von Schiller und dem Hausherrn vorgetragen. Schiller gefielen diese Abende. Er schrieb am 16. November 1801 an Christian Gottfried Körner: »Wir suchen uns hier aufs beste durch den Winter hindurchzuhelfen. Goethe hat eine Anzahl harmonierender Freunde zu einem Klub oder Kränzchen vereinigt, das alle vierzehn Tage zusammenkommt und soupiert. Es geht recht vergnügt dabei zu, obgleich die Gäste zum Teil sehr heterogen sind, denn der Herzog selbst und die fürstlichen Kinder werden auch eingeladen. Wir lassen uns nicht stören; es wird fleißig gesungen und pokuliert. Auch soll dieser Anlaß allerlei lyrische Kleinigkeiten erzeugen, zu denen ich sonst bei meinen größeren Arbeiten niemals kommen würde.«

Den Hofdamen aber war der *Cour* zu steif, man durfte, laut Gräfin Egloffstein, »weder essen oder trinken, noch aufstehen oder uns niedersetzen« ohne Goethes Erlaubnis, »geschweige denn, eine Konversation führen, die ihm nicht behagte«. Die Langeweile, die Goethe hatte vertreiben wollen, trieb die Hofdamen nun Kotzebue in die Arme, der nur auf einen Moment dieser Art gelauert hatte. Er schnappte Goethe die Gräfinnen mit üppigeren Speisen und rasanterer Unterhaltung vor der Nase weg. Charlotte von Stein schrieb an ihren Sohn Fritz: »Du weißt, daß einige mit besondern Vorzügen geschmückte Personen einen Tag in der Woche abends beim Goethe nach der Komödie sich versammelten … Nun wurde ein artiger Brief geschrieben von der Gräfin Egloffstein, welchem die übrigen ihren Namen untersetzten, und sehr zärtlich vom Freund Goethe Abschied genommen, unter dem Vorwand, daß es nunmehr Frühlingsanfang sei, so lange man zur Dauer der Gesellschaft bestimmt gehabt. Und den nächsten Abend wurde nach der Komödie bei Kotzebue soupiert. Die Amalie Imhoff war die einzige, die nebst Schillers bei Goethe blieb … Die Lolo [Charlotte von Schiller] wollte mich bereden, die leere Tafel beim Goethe mitbesetzen zu helfen; aber ich versicherte ihr, daß ich viel zu müde wäre, nach der Komödie noch zu einem Souper zu gehen.« Das war immerhin eine Ausrede, die als schicklich gelten konnte.

Goethe ließ sich nicht anmerken, ob es ihn gekränkt hatte, so bar aller Höflichkeit, ohne eine Erklärung oder eine Absage an dem zum Souper gedeckten Tisch im Stich gelassen zu werden. Er verlor kein Wort darüber, der langweilige Winter ging ohnehin dem Ende zu, und Goethe kündigte in aller Form den Abschluß dieses Kränzchens an. Die Idee allein macht noch keine Geselligkeit, es muß auch ein Bedürfnis vorhanden sein.

Weil das der Fall war, wurde die nächste, die Mittwochsgesellschaft, ein Erfolg, der anderthalb Jahrzehnte anhielt. Es begann damit, daß Herzogin Louise an einem Mittwochvormittag um zehn Uhr in den Frauenplan kam, um Goethe eine Visite abzustatten. Das wiederholte sich, wann immer die Herzogin keine anderen Pflichten hatte, weil es beiden gefiel, allein oder in Gesellschaft der Hofdamen, des Herzogs, anderer Dichter oder Gelehrten über das zu sprechen, was sie beschäftigte. Das waren nicht nur die literarischen oder naturwissenschaftlichen Arbeiten, aus denen Goethe, Wieland oder andere gern vorlasen, es waren Übersetzungen aus dem Griechischen oder Spanischen, auch aus dem Mittelhochdeutschen, dessen Dichtung gerade wiederentdeckt wurde, »dieser manesische berühmte Codex«, wie Goethe sagte, der sicher die Nürnberger Meistersinger-Handschrift in der

Fürstlichen Bibliothek in Weimar kannte und sie vielleicht auch vorgestellt hat. Wer ein interessantes Thema hatte, hielt einen Vortrag, wer über eine These grübelte, stellte sie zur Diskussion, wer von einer Reise kam, berichtete Neues. »Mittwochs von zehn bis dreizehn Uhr«, das wurde die zwanglose Regel. Die Mittwochsgesellschaft, keine Gesellschaft mit Satzungen und Regeln, sondern ein Treffen zwischen Frühstück und Mittagessen, das Gleichinteressierte zusammenführte.

Der Alltag aber war nicht nur gesellig. Weimar war eine Residenz, und der Herzog hatte nach 1789 Sorgen: Krieg und Aufstände, auch die der Studenten an der eigenen Universität Jena. So wie Frau Aja in Frankfurt in ihrer neuen Mietwohnung mitten in der Stadt vom Mansardenfenster aus den Angriff der Preußen beobachten konnte und als ein Theaterfeuerwerk beschrieb, kamen und gingen in Weimar die Einquartierungen der Franzosen, der Preußen und der Österreicher wie die Statisten eines Schauspiels. Das waren freilich gefräßige Gäste. Sie wurden den Häusern zugeteilt, und wer Freund oder Feind nicht verköstigen wollte, mußte eine hohe Ablösungssumme zahlen.

Aber dann marschierten die jeweiligen Truppen wieder ab, das Haus wurde geputzt, und das Leben ging weiter. Christiane Vulpius ließ das letzte Rasenstück umgraben, um mit Kartoffeln, Gurken, Kohl und anderem Gemüse einen Vorrat für alle Fälle und für die nächste Einquartierung zu haben. Goethe speiste bei Hofe und lud Gäste ein wie bisher. Er war Zeuge von den Umwandlungen der sittlichen, ästhetischen und philosophischen Kultur seiner Zeit.

Doch er war nicht nur Zeuge. Er griff in Politik und Bildung ein, er nahm an den Feldzügen teil. Er war in hohem Maße auch an den Veränderungen des Alltags beteiligt. Er führte zusammen, erhob das Alltägliche zum Besonderen, von Anfang an. Er hatte zum Fest der Baumblüte in sein Ilmtal, Charlotte von Stein zum

Fest der Hyazinthenblüte ins Gartenhaus geladen. Er arrangierte das Schlittschuhlaufen auf den Ilmwiesen wie einst auf dem zugefrorenen Main. Er griff alte Sitten auf, spielte mit ihnen wie bei den österlichen Eierfesten, und er entwarf neue Tischsitten, die ihm angenehm und zeitgemäßer als das erschienen, was seit Ewigkeiten in Weimar zelebriert wurde und den Kern des höfischen Tafel-Theaters bildete.

Bei einer Einladung zu Ehren von Sophie von Laroche, die ihren Vetter Wieland besuchte, bot er seinen Gästen, zu denen auch Charlotte von Stein gehörte, etwas sensationell Neues. Der Ehrengast beschrieb es den *Erinnerungen aus meinem Leben*, aber nur Charlotte von Stein hat begriffen, was sie erlebten. Sie schrieb an Charlotte Schiller: »Weimar, 27. Juli 1799. Gestern aß ich mit der Laroche bei Goethe. Es war ein empfindsames Diner. Wir mußten uns jedes nach unseren Namen auf dem Couvert setzen, und Nachbarn oder Visavis, eines oder das andere, waren am schicklichsten zur Unterhaltung ausgesucht. Auf dem Tisch standen anstatt der Gerichte Blumennäpfe mit raren Gewächsen und Bouteillen mit Wein dazwischen. Die Unterhaltung ging gleich auf die Blumen, und nach einer Weile wurden uns vorgelegte Speisen gebracht. Gegen das Dessert erhob sich eine unsichtbare sanfte Musik, und endlich trug man schöne Früchte und wohlgestaltete Kuchen auf den Tisch zwischen die Blumenstöcke …«

Das war, ein Jahrzehnt nach der Französischen Revolution, das Ende der Barockzeit auf Goethes Tisch, das Ende des »Französischen Service«, der bisher überall befolgt worden war. Goethe veränderte seinen Lebensstil bei Tisch ein Jahrzehnt, bevor es Mode wurde, die Tafel *à la Russe* zu decken. Erst 1810 führte Fürst Kurakin, der Botschafter des Zaren in Paris, die neue Mode ein, die nach seiner Nationalität der »Russische Service« genannt wurde. Dabei führten die Diener nicht mehr die verschiedenen Gänge von der Küche zum Speisesaal aus, stellten nicht mehr alle Gerichte eines Gangs auf einmal auf den Tisch, die Gäste mußten sich nicht mehr das angeln oder vom Diener auf den Teller legen lassen, was sie haben wollten. Auf dem Tisch *à la Russe* blieben von Anfang bis Ende des Diners nur die Dekorationen und die Bestandteile des Desserts: Konfekt, Torten, Früchte, alles andere wurde serviert. Der Braten wurde nicht mehr als ganzer Indian oder Hirschrücken hereingetragen, sondern schon in der Küche aufgeschnitten und auf schöne Platten gelegt, die einem Gast nach dem anderen gereicht wurden. Ebenso wurde mit dem Gemüse und den Beilagenplatten verfahren, so daß sich die Gäste nach Belieben bedienen konnten.

Goethe war sogar noch moderner als der russische Diplomat. Er übersprang das Servieren des Essens auf Platten und in Schüsseln und ließ das Gericht gleich auf dem Teller, fertig angerichtet, reichen. Vor allem aber ignorierte er die geheiligte Tischordnung, die gerade in einer aus Aristokraten und Bürgerlichen gemischten Gesellschaft gewöhnlich aufs strengste eingehalten wurde. Er wollte seine Gäste nicht so setzen, wie es der höfischen Rangordnung entsprach, denn erstens saßen dann in einer so kleinen wie der Weimarer Gesellschaft immer dieselben Leute nebeneinander, und jeder hörte immer wieder dieselben Anekdoten, Meinungen und Klatschgeschichten. Und zweitens entsprach diese gesellschaftliche Rangordnung nicht immer der des Geistes. So konnte ein ganzes Mittagessen verloren sein, weil Menschen, die sich etwas zu sagen gehabt hätten, nicht oder erst auf dem Heimweg zusammenkamen. Aber der war in Weimar kurz.

Goethe hatte sich bisher dadurch gerettet, daß er einen interessanten oder lieben Gast oder einen Besucher aus der Fremde auf ein Stündchen vor dem Mittagessen bestellte und mit ihm im Hausgarten lustwandelte und sich berichten ließ oder einen fruchtbaren Dialog führen konnte. Nun aber sollte die ganze Gesellschaft Gespräche dieser Art führen können, die Gäste sollten sich gegenseitig anregen, belehren, unterhalten – wie es den einzelnen angemessen war und wie Goethe meinte, von ihnen erwarten zu dürfen. Also skizzierte er das *Placement*, die Sitzordnung, um Sophie von Laroche nicht nach der gewöhnlichen Ordnung zu setzen, nach der Damen ohnehin keine eigene Position besaßen, sondern immer nur gesellschaftlich das wert waren, was ihre Ehemänner an Rang zu bieten hatten. Goethe kümmerte sich jedoch nicht darum, sondern er richtete sein *Placement* so ein, wie es ihm gefiel. Und Charlotte von Stein schrieb nur deshalb nichts von Tischkarten, weil es dieses Wort damals noch nicht gab. Vielleicht war Goethe der erste, der kleine Namenskärtchen »auf das Couvert«, also auf das Gedeck, auf den Teller, legte und die Gäste veranlaßte, sich danach zu setzen.

Noch eine weitere Goethe-Idee: Charlotte von Stein spricht zwar von einem »empfindsamen Diner«, aber es war auch ein botanisches. Der Naturwissenschaftler Goethe hatte die »Gerichte«, also die *surtouts*, und Platten und Terrinen, die Körbe mit Konfekt und so weiter, die auf der Barocktafel alle zugleich präsent waren, durch »Blumennäpfe mit raren Gewächsen« ersetzt, also durch das, was ihn beschäftigte und was ihn vielleicht von einer seiner botanischen Entdeckungen oder Zeichnungen erzählen ließ. Wie ihn selbst, den Gastgeber, eine solche Gelegenheit zu Gespräch und Gedankenaustausch erfreute, zeigt die Beobachtung eines Gastes, von Oskar Ludwig Bernhard Wolff: »Goethe war mitteilend und das vorzüglich bei Tisch, und er hatte es gern, wenn man ihm viel erzählte. – Am Schluß eines solchen Mahles pflegte er dann gewöhnlich auszurufen: Wir haben heute viel gelebt!«

Johann Wolfgang von Goethe war Hofmann, aber er, den die Folgen der Französischen Revolution mehr bewegten als ihr geschichtlicher Verlauf, erkannte genau, daß die Zeit der Hofgesellschaft, ihrer absoluten Autorität und ihrer Vorbildlichkeit auf sozialem und kulturellem Gebiet, dem Ende zuging. Sein Fürst wußte es auch, und er handelte beispielhaft. Während in Preußen die Reaktion auf das Ende des Krieges und des Wiener Kongresses darin bestand, noch im nämlichen Jahr, 1814, die allgemeine Wehrpflicht einzuführen und das Militär zu stärken, gab in Weimar der unterdessen Großherzog gewordene Carl August als erster ehemaliger Reichsfürst seinem Land Sachsen-Weimar eine Verfassung, führte die Pressefreiheit ein, garantierte der Universität ihre Unabhängigkeit und beschloß vor allem, die Industrie zu fördern. Die Restauration der Monarchien, die späte Verherrlichung des Zeremoniells in den kurzen Jahrzehnten des Deutschen Kaiserreichs wären für beide nur eins der Maskenspiele gewesen, die Johann Wolfgang von Goethe auch nach 1789 zu allen Gelegenheiten für seine Fürstenfamilie schrieb und dirigierte.

Wie Goethe sich sein Leben am Frauenplan eingerichtet hatte, zeigt in allen Facetten seine eigene Lebensform. Sie ist nicht gegen das Bestehende entworfen, denn der regierende Herzog und die Herzoginwitwe waren seine Freunde, und sie waren liberal. Goethes Lebensform entfaltete sich im Zentrum von allem, so wie er seinen Wohnort am Frauenplan selbstbewußt mitten in der Residenz gewählt hatte, zwischen Bürgerhäusern und Schlössern, die ihm auf ihre Art nicht aufhörten zu gefallen.

Aber sein eigenes Haus war sein Territorium, und vielleicht verbot ihm dieses bürgerliche Selbstbewußtsein, die Fassade nach dem ursprünglichen Entwurf so umzubauen, daß sie dem Haus das Gesicht eines klassischen Palastes gegeben hätte. Das, was ihm wichtig war, hatte nichts mit Fassade, mit fürstlicher Repräsentation nach außen hin zu tun.

Er, der Bürger, entwarf sich seine Welt mit Tafel und Salon, mit Statuen und Gemälden auf seine Weise, und er entwarf keine Gartenlaube, sondern ein im wahrsten Sinne offenes Haus. Seine Leser, die er bei Badekuren in Karlsbad und Pyrmont getroffen hatte, seine gelehrten Freunde, die ihm halfen, das Haus am Frauenplan zu einem Ort für wahrhaft universale Gespräche zu machen, wurden nicht »zu Tafel«, sondern »zu Tisch« geladen, und Goethe bewirtete sie großzügig.

Dazu bemerkte Riemer: »Er, der gastfreiste Mann Weimars, ohne der reichste des Ortes zu sein, sah wöchentlich nicht nur, sondern fast täglich Gäste bei sich, einheimische und fremde. Diese Rolle zu spielen wäre ihm als einzelnem Manne unmöglich gewesen, hätte nicht die Wirtschaftlichkeit jener ›kleinen Freundin‹, mit der gelebt zu haben ihm fast zum Verbrechen gemacht mehr wird als ward, ihm zur Seite gestanden und das Mäßige zu Rate gehalten, in sich vermehrt und gesteigert, um allen jenen Anforderungen zu genügen.«

Diese Großzügigkeit konnte sich Goethe, der immer mehr ausgab, als er einnahm, nur dadurch leisten, daß ihm seine Mutter Jahr für Jahr mit Summen aushalf, die fast die Höhe seines Jahresgehaltes erreichten. Bis zur Jahrhundertwende hatte sie ihm insgesamt mindestens 6000 Gulden überweisen lassen.

Großzügig war Goethe auch, als sich seine Frau mit Teegesellschaften in die Weimarer Gesellschaft einführte. In den Jahren um die Jahrhundertwende veränderten sich Lebensart und Geselligkeit, der Tee aber aus China war das jüngste Getränk der europäischen Gesellschaft. Er kam so spät, daß der Kaffee und die Schokolade schon ihre Positionen in den vorhandenen Mahlzeitenformen eingeräumt bekommen hatten. Der Tee jedoch entwickelte eine eigene Geselligkeit mit eigenen Regeln, nämlich denen der Freiheit von den üblichen Formen. Er wurde mit seinem leichten, eleganten Aroma der Mittelpunkt größerer Runden. Die Teegesellschaften spielten auch als bürgerliche Institutionen schon nach kurzer Zeit eine große Rolle.

Tee und Biskuit und angeregte und anregende Gespräche: Dazu brauchte man vor allem größere Tabletts, um die Tassen zu servieren, und weil Porzellan zu schwer gewesen wäre, ahmte man die ostasiatischen leichten Lacktabletts nach. Die Porzellanmanufaktur Fürstenberg reagierte rasch und ließ in Braunschweig große ovale Messingtabletts mit zwei Griffen lackieren und bemalen.

Die Teestunde, die durch keine gesellschaftliche Tradition bedingte Art und Weise, sich beim Tee zu treffen, zum Tee einzuladen, hatte Anna Amalia sofort gefallen, die sich in ihren eigenen vier Wänden ohnehin mehr Freiheiten erlauben und andere Formen der Geselligkeit ausprobieren konnte, als es ihr in den Regentenjahren möglich gewesen wäre. Sowie sie sich im Wittumspalais eingerichtet hatte, veranstaltete sie Lese-Abende, gewöhnlich montags. Die Teilnehmer und Teilnehmerinnen ihrer Tafelrunde, wie diese Geselligkeit in Erinnerung an die ihres Onkels in Potsdam genannt wurde, tranken Tee, zeichneten, stickten, lasen die neuesten Romane und Schauspiele vor, mit verteilten Rollen und oft in der Ursprache, Shakespeare und Lessing, Goethe und Wieland. Goethe kam nicht nur gern zu dieser Tee-Tafelrunde, er genoß die ätherische Kraft des Tees, die ihn gleichzeitig entspannte und beflügelte, und er genoß auch die Möglichkeit, sich dieses Getränks nach den momentanen Bedürfnissen immer wieder zu verwandeln. So schrieb ein Besucher, Karl von Funk: »Goethe ist der einzige, der … viel mit Schiller lebt. Er kommt alle Nachmittage um 4 Uhr und bleibt bis nach dem Abendessen … Auf alle Fälle taut er beim Tee auf, wo er eine Zitrone und ein Glas Arrak bekommt und sich Punsch macht.«

In Goethes Gesellschaftsleben spielte der Tee eine eigene Rolle. Im Jahre 1806, nach seiner Heirat mit Christiane Vulpius, hatte sich gerade Johanna Schopenhauer in Weimar niedergelassen und nach großstädtischer Manier einen Tee-Abend eingerichtet, zu dem sich die ganze Weimarer Gesellschaft um sechs Uhr einfand, Zwieback und Butterbrot angeboten bekam, Neuigkeiten austauschte, Tee trank und sich gegen acht Uhr wieder empfahl.

Goethe kam oft und gern vorbei, Johanna Schopenhauer hatte ihm einen Tisch mit Malutensilien eingerichtet, und während die Damen stickten und nähten, zeichnete er kleine Landschaftsbilder und schwieg oder mischte sich in die allgemeine Konversation. »Goethe fühlt sich wohl bei mir«, schrieb Johanna Schopenhauer an ihren Sohn Arthur, und während die Weimarer Gesellschaft noch nicht wußte, wie sie sich zu seiner Heirat verhalten sollte, machte Johanna Schopenhauer die entscheidende gesellschaftliche Geste und lud Christiane von Goethe zum Tee ein. »… wenn Goethe ihr seinen Namen gibt«, schrieb sie Arthur, »können wir ihr wohl eine Tasse Tee geben.«

Etwas später versetzte Goethe den Weimarern wieder einen Schock: »Letztens«, schrieb Johanna Schopenhauer an ihren Sohn, »trug ich ihm eine Tasse Tee zu, wie das in Hamburg gebräuchlich ist, daß sie nicht kalt würde, und er küßte mir die Hand; … alle, die in der Nähe waren, sahen mit einer Art Erstaunen zu. Es ist wahr, er sieht so königlich aus, daß bei ihm die gemeinste Höflichkeit wie Herablassung erscheint, und er selbst scheint das gar nicht zu wissen, sondern geht so hin in seiner stillen Herrlichkeit wie die Sonne.«

Und mit einem Tee erledigte in der Folge auch Christiane von Goethe ihre gesellschaftlichen Pflichten, »wir hatten einen Tee von dreißig Personen«, notierte sie, und das war eine der bequemsten Gelegenheiten, sich der Gesellschaft zu präsentieren.

Goethe liebte diese zwanglose Form der Geselligkeit. Kanzler von Müller berichtete 1823: »Nachher beredete er mit mir die Einleitung zu einem ›ewigen Tee‹, den er diesen Winter *alle* Tage geben will, wo von 6 Uhr an die Freunde und Freundinnen uneingeladen willkommen sein sollen …«

Zu Goethes Haushaltsführung gehörte auch, daß man nicht nur bei Tisch, sondern insgesamt gastfrei war. So wurden auch beim Übernachten keine großen Umstände gemacht. Die Gasthäuser der deutschen Länder waren nicht erfreulich, deshalb quartierte man sich lieber bei Freunden oder mit einer Empfehlung bei Freunden von Freunden ein. Das Gartenhaus am Stern stand Freunden von Anfang an in friedlicher Gastlichkeit offen. Charlotte von Stein, mit deren Hilfe Goethe dort die ersten Gäste bewirtet hatte, verwahrte in den Anfangsjahren dessen Schlüssel, wenn er verreist war, und gelegentlich speiste sie in seiner Abwesenheit dort mit ihrer Schwester. Als Goethe in Italien war, wohnte Carl Ludwig von Knebel im Gartenhaus und feierte mit Schiller und anderen Goethes Geburtstag: Nach dem Souper wurde der Garten illuminiert, und es gab, laut Schiller, ein »ziemlich erträgliches Feuerwerk«.

1799 nahm der 17jährige Erbprinz Carl Friedrich für 14 Tage im Haus am Frauenplan Quartier, weil das preußische Königspaar seinen Vater besuchte, der immer noch kein neues Schloß besaß und den Preußen die Zimmer des Sohnes im Fürstenhaus überlassen mußte. Goethe, der nicht nur Dienst hatte, sondern dem Prinzen gleichzeitig auch seine Mineralien, Kupferstiche und Handzeichnungen zeigen mußte, zog danach erschöpft für sechs Wochen ins Gartenhaus, um in Ruhe arbeiten zu können.

Die Häuser, wesentlich karger eingerichtet als heutzutage, vertrugen diese öffentliche Nutzung und wurden stets von der eingespielten Dienerschaft unterhalten, gepflegt und unter Umständen verteidigt. Goethe hielt erst nach der Einrichtung seiner Sammlungen bestimmte Arbeits- und Archivräume in seinem Haus am Frauenplan vor Gästen verschlossen und blaffte einmal den König von Bayern an, der ungefragt in diese Zimmer eingedrungen war.

5

Gastlichkeit unterwegs

Georg Döbler
nach Leopold Platzer,
Ein Theil der Alten und
Neuen Wiese in Carlsbad
Kolorierter Stich, um 1820
Goethe-Museum Düsseldorf

»… sandte nun Boten auf die umliegenden Dörfer nach Geflügel«
Das Haus auf dem Lande

Weimar war klein und eng, man konnte sich kaum zurückziehen. So sorgte jeder, der es sich leisten konnte, für einen Ausweg. Das Haus auf dem Lande war für die Fürsten und den Adel so etwas wie die Villa für die Römer. Im Sommer machte der Weimarer Hof Pause, der Landadel, der in der Saison in der Residenz gewohnt hatte, zog samt Kindern und Dienstboten auf seine Güter, und die Fürstlichkeiten reisten in die verschiedenen Schlösser.

Anna Amalia, die Herzoginwitwe, zog nach Tiefurt, mehr ein Herrenhaus als ein Schloß, eine knappe Wegstunde von Weimar entfernt, wo sie ohne Hofmarschall und Repräsentationspflichten lebte, die Äcker und Weiden im Laufe der Jahre in einen Park umwandelte, mit ihren Damen las und sang, musizierte und zeichnete und sich freute, wenn Goethe herübergeritten kam.

Herzog Carl August zog ins Schloß Belvedere, ebenfalls etwa eine Stunde von der Residenz entfernt, ursprünglich ein Jagdhaus, das dann zum Barockschlößchen mit Kavaliershäusern, Uhrenpavillon und Orangerie umgebaut wurde und ebenfalls von einem weitläufigen Landschaftsgarten umgeben war, den der Herzog stetig erweitern ließ und in dem der »Russische Garten« lag. Das war ein botanischer Garten, in dem der Herzog und sein Freund Goethe schließlich 6300 Arten zum Blühen und Gedeihen brachten und den sie zum reichsten des Festlandes machten – aus dem *Hortus Belvedereanus* stammten die Pflanzen, die Goethe als belehrender Tischschmuck dienten.

Die Dornburg gehörte ebenfalls zum Teil dem Herzog. Sie bestand aus drei Schlössern: dem Alten Schloß, das auf den Fundamenten einer sächsischen Pfalz errichtet war, dem mittleren, dem Rokoko-Schloß, und dem Renaissance-Schloß, einem ehemaligen Herrenhaus, in dem Goethe so viele Male gewohnt hat, daß man es als »Goethe-Schloß« bezeichnete. Er kam oft mit dem Herzog, ebensooft verabredete er sich dort mit Freunden, mit Schiller, Zelter und anderen. Wenn er zur Dornburg fuhr, versorgte er sich vorher mit den Lebensmitteln, ohne die er nicht auskam und an denen es in der dortigen Küche mangelte. So ließ er sich im Mai 1783 einpacken: »6 Pfund Spargel, 3 Hühner, 5 Pfund Schinken, 1 Lammbraten, 7 Pfund von einer Kalbskeule, 4 Zitronen, Ratißgen, 1 Pfund Schweizer Käse, 2 Pfund Salvelatwurst.«

Wie Goethe sich als alter Mann, der sich 1828 mit seinem Sekretär John nach dem Tod seines lebenslangen Freundes, des Großherzogs, in die Dornburg zurückgezogen hatte, seine Mahlzeiten nach seinem Gusto einrichtete, erfährt man aus den Erinnerungen von August Christian Sckell, der seit 1823 Schloßvogt in Dornburg war: »Am Morgen nach der Ankunft Goethes erhielt er, wie an den folgenden Tagen, den Kaffee früh 6 Uhr aus meiner Küche; das Frühstück wurde um 10 Uhr, das Mittagessen um 1 Uhr aus dem Ratskeller geholt. Beides behagte ihm nicht. Bald stellte sich daher der Sekretär John wieder bei mir ein, um mir die Not zu klagen. Ich machte den Vorschlag, das Essen bei dem Gastwirt Zum Schieferhof in dem, eine Viertelstunde entfernten, am Fuße Dornburgs gelegenen Dorfe Naschhausen zu bestellen. Man ging auf meinen Vorschlag ein; aber auch hier war Goethe nicht zufrieden. Beim Mittagessen am folgenden Tage äußerte er gegen seinen Bedienten: Bei dieser Kost könne er nicht bestehen; der Kaffee sei zwar sehr gut, aber davon allein könne er nicht existieren. Er trug nun John auf, nochmals Rücksprache mit mir zu nehmen und mir zu sagen, der Hofmarschall von Spiegel habe ihm gesagt, daß er sich wegen der Beköstigung nur an mich wenden möge. Wolle ich dieselbe aber durchaus nicht übernehmen, so sehe er sich genötigt am anderen Tage wieder von Dornburg abzureisen. Der Sekretär John … drang so sehr in mich, außer Goethe doch auch ihn, den Bedienten und Kutscher mit an den Tisch zu nehmen, daß ich mich endlich nach vielem Sträuben dazu bereit erklärte … Ich sandte nun Boten auf die umliegenden Dörfer nach Geflügel, Fischen und Aalen, nach Taurenburg an den Leibjäger Ciliax nach Wildpret aus. Meine Küche war bald bestellt, um die Zubereitung der Speise durch meine Frau durfte ich ohne Sorge sein. Schon nach dem ersten Frühstück äußerte Goethe gegen seinen Bedienten: Das ist ein guter Anfang und bei dem aus fünf Gängen bestehenden Mittagessen: Das lasse ich mir gefallen! Sage Sckell, er solle so fortfahren. Nach Tisch kam Goethe selbst zu mir, klopfte mich auf die Achsel und sagte: Fahren Sie so fort, guter Freund! Auf diese Art werden sie mich aber sobald nicht loswerden … Exzellenz schickte nun seine Equipage [die er seit 1799 besaß] nach Weimar zurück und bediente sich der des Kammergutspächters, während Sohn und Schwiegertochter erstere fleißig benutzten, um nach Dornburg zu fahren. Gewöhnlich brachte Frau von Goethe etwas Gemüse, namentlich Blumenkohl, mit, welchen Goethe sehr gern aß, der aber hier nicht aufzubringen war. Auch feines Backwerk, Torten und dergleichen, brachte Frau von Goethe. Zwar war er davon kein Freund; da er aber täglich Gäste bei sich sah, wurde das Backwerk, nachdem meine Frau und meine Kinder davon erhalten hatten, mit auf die Tafel gegeben. Große Schmausereien liebte Goethe überhaupt nicht. Eines Tages sagte er mir: Wenn zu Mittag kein Besuch käme, so seien so vielerlei Gerichte überflüssig. Während seines ganzen Aufenthalts in Dornburg hat es sich indessen, die beiden ersten Tage ausgenommen, nur einmal getroffen, daß er allein speiste, denn noch am letzten Tage seines Hierseins waren Schwiegertochter und Enkelchen bei ihm zu Mittag, worauf sie mit ihm nach Weimar zurückkehrten.«

Zu den Gästen gehörte im September 1828 der Bibliothekar Dr. Weller, der den 19jährigen Studenten E. Schuchardt mitbrachte. Der junge Mann notierte nach dem Besuch: »Jetzt wurde das Essen aufgetragen, und indem uns der Wein vorgesetzt wurde (Goethe trank Würzburger, wir bekamen roten), fing Goethe an von einem Buche zu sprechen, das ein Engländer über die Geschichte der Weine geschrieben habe, und das ihn sehr interessiere. Er klagte dann, daß man fast vergäße, ihn mit Wein zu versehen und am letzten Sonnabend bloß fünf Flaschen aus Weimar geschickt habe. Während er dann selbst einen Salat zubereitete, versicherte er, einen neuen Salat erfunden zu haben aus eingemachten Gurken. Überhaupt schien er in diesen Fächern ziemlich bewandert zu sein, sprach mehreres vom Essen und aß selbst mit ziemlich Appetite. Als Artischocken aufgetragen wurden, mochte er wohl bemerken, daß ich über die Behandlungsweise derselben verlegen war, und belehrte mich, wie sie zu essen seien. Wie er erzählte, hatten ihm seine Verwandten diese Artischocken aus Frankfurt geschickt und ihm dadurch eine sehr große Freude gemacht. Wir sprachen dann mehreres über die Türkenkriege … Gegen das Ende des Mahles schien er vom Schlafe überwältigt zu werden; denn er legte die Hände zusammen, als bete er, senkte den Kopf und schwieg einige Zeit; doch fuhr er nachher im Gespräche fort. Nach Tisch wurde uns Kaffee gereicht, doch trank Goethe keinen. Wir begleiteten ihn dann in den Garten und verabschiedeten uns von ihm. Dies war gegen fünf Uhr.«

Aus beiden Berichten wird deutlich, wie man in einer Zeit, in der nur das erworben werden konnte, was vor Ort wuchs, zu etwas Besonderem aus Feld und Wald kam: Der Schloßvogt mußte in der ganzen Gegend herumfragen lassen, ob und was es gab. Mit Fischen und Geflügel hatte er kein Problem, auch mit dem Wildbret nicht. Schwieriger scheint es mit dem Gemüse gewesen zu sein. Auf dem Markt gab es die üblichen Sorten aus Garten und

Krautgarten, aber wenn es etwas Besonderes sein sollte, mußten andere, ferne Quellen erschlossen werden. Goethe ließ sich unablässig, nicht nur auf Dornburg, von Freunden das schicken, was er, wie sie wußten, gerne aß. Die Artischocken, die »köstlichen Stachelfrüchte«, wie sie Goethe nannte, ließ er sich aus Frankfurt schicken, denn die, die im Garten in Weimar angepflanzt worden waren, waren hart oder strohig geworden. Freund Zelter versorgte ihn aus Berlin »sehr gewissenhaft mit Märkischen Rübchen«, aus Hamburg bestellte er sich Spickgänse, geräucherte Zunge und geräuchertes Rindfleisch. Frankfurter Freunde schickten ihm Offenbacher Zwieback, eine Verehrerin aus Karlsbader Kurtagen sandte Schokolade aus Wien, und einmal bekam Charlotte von Stein den geräucherten Lachs und das Hamburger Fleisch, weil Goethe unterdessen abgereist war und die Sendung nicht selbst genießen konnte.

1827 bedankte er sich bei Marianne von Willemer für »die kostbaren küchlichen und kellerlichen Gaben«. Und die Freundin bot ihm immer wieder Artischocken und Wein an, und: »Sollten einige Krüge Mostsenf nicht ein Zeugniß geben, daß der Wein, wenigstens zu diesem Gebrauche, auf den Bergen um die Mühle nicht zu verachten ist?« Nein, der Mostsenf, sicher zum gekochten Rindfleisch genossen, wurde nicht verachtet, sondern abermals gewünscht und gesandt, dazu auch eingemachter »Ingber«, den ihm der Arzt verschrieben hatte.

Ein Haus auf dem Lande ganz anderer Art hatte sich Goethe in der Nähe von Wieland, der in Oßmannstedt ein kleines Gut besaß, zugelegt. Das war nun nicht mehr die Kulisse für ein Schäferspiel in unschuldiger Natur, im Gegenteil. Die Zeiten waren unsicher. Die Weimarer erlebten am Beispiel der Flüchtlinge aus Frankreich, die bettelarm durch das Land irrten, wie rasch der Wert des Geldes sinken konnte, und fürchteten die Inflation. Außerdem hatte Goethe an Sohn und Lebensgefährtin zu denken, wollte ihnen einen sicheren Besitz hinterlassen, falls ihm etwas zustieße, denn noch 1795, als er der Kriegssteuer wegen geschätzt wurde, hatte er angegeben, er sei ein Mann ohne Vermögen. So bat er Christiane Vulpius, sich nach etwas Entsprechendem umzuschauen, und kaufte 1798 für 13 000 Taler das Freigut Roßla (»Rossel« ausgesprochen und in manchen Briefen auch so geschrieben) bei Apolda. 175 Acker Land, dazu ein Lerchenstrich, und das Recht, 100 Schafe zu halten, samt Sitz und Stimme im Landtag. Goethe wollte seine Mutter, die nicht viel von diesem Plan hielt, nicht um Geld bitten, lieh es sich daher bei Freunden und feierte von der Sonnenwende an zwei Tage lang ein rauschendes Fest.

Das Herdfeuer wurde gelöscht und neu angezündet, im Gemüsegarten mußte Goethe mit einem symbolischen Spatenstich die Erde und mit dem Abbrechen eines Obstbaumzweiges die Bäume in Besitz nehmen. Nach Kirchgang und Heimzug spielte die Musik zum Tanz auf, und den rund 20 Gästen wurde der Festschmaus serviert, den Christiane Vulpius vorbereitet hatte, an dem sie aber nicht teilnahm: zuerst Sagosuppe, dann Goethes tägliches Leibgericht, das gekochte Rindfleisch, diesmal mit Senf, junge Hühner mit grünen Erbsen, Forellen und Backfische, Wildbret und Gänsebraten, Rührkuchen und Torten. Zu trinken gab es 50 Flaschen französischen Wein und zwölf Nößel Dessertwein. Ein Nößel, auch »Nösel« oder »Mößel« geschrieben, sind 0,5 Liter.

Das waren zwei kostspielige Tage, und so kostspielig blieb die ganze Unternehmung. »Weil die Konklusion«, schrieb Goethe im nachhinein, »ergo bibamus zu allen Prämissen paßt, so ward manches herkömmliche und willkürliche Fest gefeiert. Es fehlte nicht an Besuchen (auch Schiller war darunter) und die Kosten einer wohlbesetzten Tafel vermehrten das Defizit.«

Der Pächter, den Christiane Vulpius ausgewählt hatte, weil er seine Hühner so gut hielt, sollte jährlich 350 Taler bar zahlen und dem Goetheschen Haushalt eine Naturalabgabe leisten, und zwar »pro Jahr 340 Stück Butterweck, 100 Stück Maibutter, 192 Paar Käse, 24 Schock Eier, 3 Schweine, 12 Gänse, 4 Schock Lerchen«, außerdem Enten, Tauben, »Truthühner und Schöpsenkeulen«. Der Pächter blieb jedoch nicht nur mit den Zahlungen im Rückstand, er erwies sich als Dieb und Betrüger, und Goethe mußte selber die Hilfskräfte bezahlen: »Dem Lämmerhirten«, »dem Tagelöhner für sieben Nächte zu wachen«, was wohl mit dem Lerchenfang zusammenhing, »den Grasheuern für Bier und Branntwein« – solche Posten tauchen immer wieder in den Haushaltsbüchern auf.

1803 verkaufte Goethe das Gut wieder mit einem Gewinn von 2000 Talern. Sein »Verhältnis zu den Erdschollen in Roßla« war nie so innig, wenn ihn auch Freunde und Fremde dort besucht hatten. Das Freigut war nie ein Ort des Behagens geworden, Goethe hatte vielmehr immer das Gefühl gehabt, eine Rolle zu spielen: die des guten Hausvaters oder mit Christiane Vulpius die des glücklichen Paares.

»Das liebe närrische Nest« Essen, Trinken und Arbeiten in Jena

Sommersitze und Gartenhäuser waren nicht Goethes einzige Ausweichquartiere. Wenn er nicht nur arbeiten, sondern auch über das sprechen wollte, was ihn in seinen Gedanken beschäftigte, zog es ihn seit der Heimkehr aus Italien immer häufiger nach Jena, in »das liebe närrische Nest«. Als Goethe nach Weimar kam, lebten in Jena rund 4000 Einwohner und 500 Studenten. Jena war im 18. und 19. Jahrhundert die Universität der verschiedenen herzoglich-sächsischen Häuser, von denen sie nach einem komplizierten Schlüssel abwechselnd finanziert wurde. Da schon damals Jena nicht mehr die Residenz der Herzöge von Sachsen-Jena war, konnte das Schloß als eine Art Hotelpension für Gelehrte und Beamte genutzt werden, die in Jena zu tun hatten, und in den späten achtziger Jahren des 18. Jahrhunderts gab es kaum einen berühmten Philosophen oder Wissenschaftler, der nicht in Jena gelesen hat. Wielands Schwiegersohn Carl Leonhard Reinhold, ein Kantschüler, machte den Anfang, Schiller kam hinzu, Fichte und Schelling, Hegel und Hufeland folgten, die Brüder Friedrich und August Wilhelm Schlegel, Wilhelm von Humboldt, manchmal sein Bruder Alexander, Johann Heinrich Voß, dann die Vertreter der jüngeren Generation, Friedrich Hölderlin, die Freunde um Novalis, Ludwig Tieck und Clemens Brentano, kurz: Stadt und Universität erlebten eine Blüte, die durch Napoleon und seine Feldzüge zunichte gemacht wurde. Jena lag 1806 im Kriegsgebiet der französischen und preußisch-sächsischen Truppen, die sächsischen Herzogtümer waren zu klein, um sich selbständig zu halten, schwankten, wem sie sich zuwenden sollten, wurden schließlich von allen geplündert und beraubt und mit hohen Kontributionen belegt. Am Ende des Krieges wurden Weimar und Jena zwar seiner Berühmtheiten wegen verschont, aber es war kaum noch Geld da für die Universität. Die Professoren erhielten nur einen Ehrenlohn und folgten in den kommenden Jahren dem Ruf der großen Königreiche und zogen nach Göttingen, München oder Berlin.

Goethe hatte von seinem Herzog die Aufsicht über diese Institute der Wissenschaft und Kunst übertragen bekommen und mußte schon deshalb von Zeit zu Zeit nach Jena. Er wohnte zuerst im sogenannten Residenzhaus, im Alten Schloß. Dort hatte er zwei große Zimmer im ersten Stock, die ihm, dem herzoglichen Beauftragten und Geheimrat, als Amtswohnung zustanden. In den letzten beiden Jahrzehnten seines Lebens nahm er am liebsten im Inspektorhaus des botanischen Gartens Wohnung. Er genoß in Jena die Freiheit vom Hof und von seinen Pflichten, genoß die Möglichkeit zu Gesprächen und zum Studium, die ihm diese so ganz andere gelehrte Gesellschaft bot, und er genoß es, den ganzen Tag ungestört und in absoluter Stille arbeiten zu können.

Sein Hausrat, den der Diener säuberlich notierte, war bei den ersten Besuchen gering – Kannen gehörten dazu, Tassen und körbchenartige Dessertteller –, was schon zeigt, daß er in Jena kein Gastgeber wie in Weimar war. Er führte wieder eine »Studentenwirtschaft«, unterstützt vom Schloßvogt Trabitius und vor allem von denen, die Goethe gleich zu Mittag luden, so daß ihm der Diener nur das Frühstück aus der Schloßküche holen und für das zweite Frühstück sorgen mußte. Der Diener rechnete wöchentlich mit seinem Herrn ab. Licht, also Kerzen, standen an erster Stelle dieser Rechnungen, dann kamen die bescheidenen Gerichte, die sich Goethe schicken ließ: Kalte Schale, Suppe, Bier, Kuchen und Semmeln und Butterbrot.

Im Hochsommer aß er vor allem Früchte in jeglicher Form: Erdbeeren, Aprikosen und Kirschen, Kirschkuchen, »zweigebakkenes Brot«, Kaffee, Zucker und Milch. Das war zum Beispiel ein

Mittagessen im Juli. Im Kellerbuch wurden Bier und Wein extra abgerechnet, und die übrigen Ausgaben verzeichnete der Diener von jeder angestrickten Socke bis zu den Gemüsen der Jahreszeit, Zitronen und Öl zum Salat so sorgfältig wie immer.

Anfangs war es Goethe zufrieden, wie andere Gäste auf Befehl des Hofes von der Schloßküche versorgt zu werden. 1798 schrieb Goethe an Christiane Vulpius: »Die Trabitius bereitet die Spargel sehr gut, so wie auch gelegentlich einen Eierkuchen; Schillers versorgen mich mit Braten, und Dein Öl macht mir den Salat wieder schmackhaft …« Später klagte er jedoch: »Was das Essen betrifft, leb ich schlecht und theuer«, und schon sandte ihm Christiane Vulpius aus Weimar das, was er sich wünschte. Schon begannen die Botenfrauen, zwischen Weimar und Jena hin- und herzumarschieren, die Kiepen voller Kästen und Schachteln, die Flaschen voll hin und leer zurück. Vergaß Goethe eine leere Flasche, so wurde sie schleunigst von Christiane Vulpius reklamiert. Sie berichtete immer getreulich, was sie angepflanzt hatte, was reifte und gedieh, damit ihrem Geheimen Rat alles zur Verfügung stand, was sie und die Gärten ihm zu bieten hatten, Kirschen und Kohlrabi, auch Nahrhaftes: »Habe recht viele Gänse und Hühner angeschafft und habe meine Freude an diesen Wesen …«

Manchmal gelang es ihr allerdings nicht, einen Wunsch zu erfüllen: »Mit der Gänseleberpastete habe ich mir alle Mühe gegeben, aber umsonst, es sind keine Gänselebern zu kriegen und keine Trüffeln.« Manchmal strich sie eine Sendung, weil das Wetter für eingelegtes Fleisch schon zu warm war, aber Goethe meinte: »… ich dächt, für die Jahreszeit ließe sich immer noch etwas von Zunge und Rindfleisch transportieren, besonders wenn Du noch einige solche Spick-Aale kriegen könntest.« Manchmal mahnte der Hausvater aus der Ferne. Im April 1795 schrieb er, Meyer »wird Dich an den Mangold erinnern. Das Säckchen liegt in meiner Bibliothek, und Du wirst wohlthun, wenn Du ihn bald in die

Erde schaffst.« Ein anderes Mal: »Goetzen habe ich beauftragt, Dir einige Schock Kohlrabipflanzen zu schicken. Versäume ja nicht, sogleich Spinat zu säen.«

Und einmal verglich Christiane Vulpius seine und ihre Arbeit: »Das Wetter scheint besser zu werden, und Du wirst Deinen Pyrmonter besser trinken können, und mit der Arbeit wird es schon gehen. Mit Deiner Arbeit ist es schön: was Du einmal gemacht hast, bleibt ewig; aber mit uns armen Schembhunden ist es ganz anders. Ich hatte den Hausgarten sehr in Ordnung, gepflanzt und alles. In Einer Nacht haben mir die Schnecken beinahe alles aufgefressen, meine schönen Gurken sind alle weg, und ich muß wieder von vorne anfangen. – Doch was hilft es, ich will es wieder machen; man hat ja nichts ohne Mühe. Es soll mir meinen guten Humor nicht verderben.«

So wurde die Versorgungskette aufrechterhalten. Goethe verlangte seine Cervelatwurst, bat um Wein und Schokolade. Dafür sandte er dem Sohn die ersten reifen Pfirsiche, die es in Jena gab, Erdbeeren und Weintrauben. Christiane Vulpius erhielt ihren geliebten Biskuitkuchen und Brezeln zum Rotwein, auch manchmal ein Bund Spargel. Die Botenfrau Caroline transportierte weiterhin Wein für den Herrn Geheimrat, dazu aber immer öfter Papier und Briefe, »paquets« und zwei Pfund Nachtlichter.

Im Laufe der Jahre richtete sich Goethe bequemer in Jena ein. Der Diener kaufte ein, was im Schloß gekocht werden konnte, Sardellen, Schmerlen und Heringe, Krammetsvögel und Gänseleber, Nudeln und Makkaroni, Mohrrüben und Heidegrieß, weiße Rüben und Linsen. Gelegentlich kam die Weimarer Köchin mit nach Jena, als Goethe die ewigen Eierkuchen und die schlechten Salate der Schloßkastellansfrau nicht mehr mochte. So schrieb er zum Beispiel 1812 an Christiane: »Ich bin sehr zufrieden mit Heinrichen und der Köchin; ja, der Ernst, womit wir die Sache treiben, ist eine Lust und Spaß. Um nicht aus dem Gleise zu kommen, habe ich einen Karpen von Winzerle für mein Geld kommen lassen und die polnische Sauce gleich aus der Tasche bezahlt.« Nicht mit allen Köchinnen war Goethe so zufrieden, wobei es nicht nur um das Kochen ging. Als eine von ihnen nach kurzer Zeit wieder gekündigt wurde, war er »… von dieser Last befreit, konnt ich an bedeutende Arbeit gehen«.

Nach dem Tod seiner Frau beanspruchte Goethe offenbar seine Dienstboten mehr denn je, denn Carl Wilhelm Stadelmann beklagte sich 1817 in einem Brief, sie seien »auf acht Tage nach Jena gegangen, aber es sind bereits acht Wochen«, er habe fast nichts mehr anzuziehen, »meine besten Hosen sind zerfleischt«, vom Herrn habe er nur an Livreestücken Rock und Hut bekommen. »Ferner habe ich den Tag 8 Groschen, aber jeden will ich loben, der imstande ist, bei dieser Zeit mit 8 Groschen auszukommen.« Schließlich: »Ich muß von morgens 4½ Uhr auf den Füßen sein und komme des Nachts öfters vor 1 Uhr nicht zu Bette.«

Das Essen für den Herrn konnte ihm allerdings nicht viel Arbeit gemacht haben, denn Goethe ließ sich die Mittagessen den ganzen Sommer lang von einem Traiteur schicken, und Stadelmann zahlte nur die Rechnungen und legte die Speisezettel ab. So weiß man, wie einfach die Mahlzeiten waren, für die er in zwei Monaten einmal 154 Taler zahlen mußte, ein andermal für die gleiche Zeit 156 Taler.

Für das Jahr 1817, als Goethe fast ununterbrochen von März bis August in Jena war, kann man verfolgen, wie der Markt den Speisezettel des Kochs Friedrich Schätz bestimmte. Sein Mittagsmenü begann stets mit einer Suppe, nur einmal als Sagosuppe bezeichnet. Es handelte sich um die Brühe, die beim Kochen des Fleisches entstand und die Goethe so schätzte. Dann folgte bis zum Mai Taube in allen Variationen: Taube mit Salat, Taube mit Klößchen, mit Sauce, Taube mit Spargel, bis der Taubenschlag leer oder die Saison vorbei war.

Auch die Gemüsesorten gab es je nach Saison: Spinat und Eier, »Spinat à Cremant«, Spinat mit Kälberbrieschen, Spinat mit Wurst oder Frikadellen. Zu diesem Frühgemüse gesellten sich dann die Zuckerwurzeln, die ersten süßen Mohrrüben, und Hopfenkeime, dann Spargel alle Tage, von dem sich Goethe manchmal zwei Portionen extra bestellte oder noch eine zu Abend. Wenn aber der Spinat noch nicht nachgewachsen und die Spargelfelder gerade leer gestochen waren, griff der Koch auf seinen eisernen Bestand zurück: Kohl und Sauerkraut. Im Juli wurden Erbsen und Bohnen angeboten, im August sehr oft Blumenkohl. Fisch und Fleisch bezeichnete er ebenfalls nicht im einzelnen, denn wenn er den Speisezettel schrieb, wußte er noch nicht, was ihm der Fischer in der Früh gefangen hatte. Und Fleisch, das war stets Rindfleisch, gekocht, gedämpft, gebraten, auch ein fester Bestandteil des Menüs, bei dem es nur darum ging, ob es mit Meerrettich angeboten wurde oder mit Sauce. Ebenso erschien täglich Salat auf der Tafel. Manchmal begleitete ihn ein »Huun«, eine Zunge, Kalbsbraten, Schinken, im Herbst dann Wild. Und oft gab es als letztes warmes Gericht den Serviettenkloß, also den sogenannten »Pudding« mit Sauce. Kartoffeln tauchen nur ein- oder zweimal als Beilage auf, ansonsten sind es Klößchen oder ähnliches.

Das Dessert war ebenfalls wenig abwechslungsreich: Apfelstückchen, Kuchen, Sandplätzchen, und im November verirrte sich ein Fremdling nach Jena – es gab eine Apfelsine. Gelegentlich wurde auch eine »Apfeldarte« angeboten, und diese muß gut gewesen sein, denn im April bestellte Goethe, wohl weil er Besuch erwartete, eine »Äpfel Darte nebst Sandkuchen und vier Tellern Confekt«. Und abends? Noch einmal Spargel, eine Kalte Schale, im allgemeinen aber nichts, vielleicht nur ein Stück Käse oder eine Semmel zum Wein.

Die Schlichtheit der Mahlzeiten hätte Goethe nicht gestört, denn ähnliche Gerichte sind ihm zu Hause und auf Reisen und bei

Besuchen von Freunden ebenfalls vorgesetzt worden. Von der Schloßküche ließ er sich jedoch immer seltener versorgen. Sie war eine Edel-Mensa, und je älter Goethe wurde, desto weniger behagte ihm dieses Angebot.

Wie er sich immer wieder aus dieser kulinarischen Klemme helfen ließ, schilderte die Köchin des Jenaer Verlegers Carl Friedrich Ernst Frommann. »Ich war«, schrieb Henriette Hunger, »1818 Köchin bei Frommanns und Göhte war ein treuer Freund zu Frommanns. Alle morgen 11 Uhr fuhr Göhte vor und machte seinen Morgenbesuch … Göhte war nachdem in den bottahnischen Garten gezogen, wollte aber nicht lange mehr in Jena bleiben, weil Ihn das Essen aus den Speisehäusern nicht schmeckte. Frommanns wolten Göhte jerne für sich und Jena erhalten. Der Grund war das Eßen. Wie das anfangen? Die Madam Frommann, eine sehr kluge Dame, sann hin und hehr. Endlich kam sie auf ihre Köchin, das war ich. Sie ließ sich mich in ihr Zimmer kommen und sagte, ich habe ein großen Anliegen an Dich, was Göhte betrifft und Du die Hauptperson bist. Willst Du für Göhte den Mittagtisch übernehmen? Meine Speisekammer steht Dir ofen, thue es, ich werde Dirs nimahls vergessen. Nach langem Zureden gab ich mein Wort. Dann an Göhte geschrieben, das ihre Köchin für Ihn den Mittagtisch übernehmen wollte. – Mit Freuden nehme ich dis an, war die Rückantwort. –

So kochte ich ein halbes Jahr für den großen Mann zu danke. Göhte benahm sich gegen mich nicht, als wäre ich Köchin, sondern als wäre ich mehr. Wenn ich mit meinem Zettel kam, lag schon was Schönes da, anzusehn für mich. Kurz ich kam mir vor, als gehörte ich der gelehrten Welt mit an. Gelegenheit hatte ich ja genug, große Männer zu sehen; ich sagte oft, das Frommannsche Haus ist der Sitz der gelehrten Wißenschaft. Nachdem verheurathete ich mich aber und konte den Tisch für Göhte nicht mehr besorgen. Weil die gefüllte SpeiseKammer nicht mitging.«

»... laden alle guten Menschen zum Carlsbade ein« Die Kurgesellschaft

Eine andere Möglichkeit, den Lebenskreis zu erweitern: Man fuhr ins Bad. Das geschah im allgemeinen der Gesundheit wegen, denn Ärzte mußten noch ohne Labor und Apparate, nur nach dem Bild, das der Kranke ihnen bot, ihre Diagnosen stellen. Die Wirkung von Heilmitteln wie die der verschiedenen Quellwässer war empirisch belegt: Man erkannte, daß und bei welchen Leiden sie auf welche Weise nützten, und verschrieb voll Zuversicht die Kur. So wurden Ems und Gastein Kurorte, so zog im Sommer die Gesellschaft der europäischen Höfe dorthin, oder man reiste nach Pyrmont oder in die böhmischen Bäder Karlsbad und Marienbad.

Johann Wolfgang von Goethe wurde 1785 zum erstenmal in die Kur geschickt. Er hatte im Winter eine schwere Halsentzündung gehabt, und der Weg von Weimar durch das Gebirge nach Karlsbad war zwar beschwerlich, aber kürzer als der nach Bad Ems, das er kannte. Karlsbad, der Ort und die Kurgesellschaft, gefielen ihm so sehr, daß er immer wieder dorthin fuhr, zwischen 1806 und 1812 – bis auf 1809 – sogar jährlich, auch wenn es kein billiges Unternehmen war.

1820, als sich die politische und wirtschaftliche Lage wieder normalisiert hatte und Goethe wieder mit einer eigenen Kutsche fuhr, notierte sein Diener die Ausgaben »in Wiener Währung«, denn Karlsbad lag nun im Kaiserreich Österreich. Für die dreitägige Fahrt mußte Goethe 107,53 Gulden zahlen, und diese Summe setzte sich zusammen aus Fuhrlohn und Trinkgeldern, Zehrung für den Kutscher, Abgaben an der bayerischen Grenze, jenseits Weggeld, Wegzoll und Pflastergeld, dann wieder Lohn und Trinkgeld für den Führer bis zur österreichischen Grenze, in

Eger mußte ein Paß ausgeschrieben und bezahlt werden, dazu gleich die Maut, in Karlsbad abermals Maut und Fuhrlohn, und dann kam der letzte Eintrag: »… den Wagen zu waschen und in die Scheuer zu fahren«. Die Kosten für das Logis und die Zehrung für Diener und Herrn waren noch dazuzurechnen.

In Karlsbad erwartete den Kurgast ein friedliches, geregeltes Leben: Morgens versammelten sich alle Kurgäste an der Quelle, ließen sich ihren Becher mit dem heißen schwefligen Wasser füllen und lustwandelten auf und ab, während sie es schlückchenweise tranken und sich umschauten, wer da war und mit wem es sich zu sprechen lohnte. Das waren genug, zumal die Kurgäste noch Freunde und Kollegen nach Karlsbad zogen, ob sie die Kur nun brauchten oder nicht. »Goethe und ich«, schrieb Herder, »laden alle guten Menschen zum Carlsbade ein«, und diese guten Menschen kamen nicht nur aus Weimar, sondern aus dem ganzen Reich, aus allen deutschen Ländern, und Goethe lernte sein wahres Publikum kennen. Er lebte und sprach mit den Männern und Frauen aller Stämme, wie man damals sagte, und Klassen, Kaiserin und Dichter, Fürsten und Schauspieler, Spitzel aus Wien, Gelehrte und Offiziere aus allen europäischen Universitäten und Armeen, reiche Witwen und aufstrebende Politiker, Landwirte und Luftikusse, Matronen und Mädchen, die verheiratet werden sollten. Eine lockere, lose Gesellschaft der Gebildeten, der Bücherleser, der Goethe-Kenner und Goethe-Bewunderer.

Es war eine Gesellschaft, die in ihrer Zusammensetzung ständig wechselte, aber so etwas wie einen festen Kern besaß und sich in der interessierten Offenheit und dem geistigen Anspruch gleichblieb. Eine Gesellschaft, die Muße hatte und sich gern vorlesen ließ und, wenn man nach den Briefen urteilt, nicht mehr Französisch oder ein mit lateinischen Ausdrücken gemischtes, sondern ein gepflegtes und geschmeidiges Deutsch sprach und schrieb, das durch seinen Wortreichtum auffällt und unverändert verständlich geblieben ist. Es war noch keine bürgerliche Gesellschaft, aber vermutlich die offenste, die es damals gab und in der die Standesgrenzen für kurze Zeit verwischt waren.

Es galten Etikette und Zeremoniell, besonders wenn es um Herrschaftsfamilien ging, die aus Moskau oder Wien mit der entsprechenden Hofgesellschaft angereist waren, es galt vor allem der gesellschaftliche Anstand. Aber alle genossen es, diese Formen lässiger handhaben zu dürfen, weil ja alle ein wenig leidend und vor allem keiner im Dienst war. Trotzdem konnte Goethe bei bestimmten Gelegenheiten wie ein echter Geheimrat seinen Rang ausspielen und die Hofuniform und seine Orden mit solcher Würde tragen, daß es seine Freunde wunderte und seine Neider zum Spott herausforderte. Aber im allgemeinen stellten die Bäder ein ex-höfisches Terrain dar, auf dem Goethe und die anderen literarischen, philosophischen und wissenschaftlichen Berühmtheiten die Hauptrolle spielten. Wenn die Geistesfürsten am Nachmittag in der Wandelhalle zu einem Tee oder einer Schokolade einluden, schmeichelte es den regierenden Fürsten, wenn sie gebeten wurden. Und schließlich machten die Kurorte als internationaler Treffpunkt europäische Mode, nicht nur was die Kleidung betraf. Als es in Preußen hieß: »Gold gab ich für Eisen«, um den Krieg gegen Napoleon zu finanzieren, berichtete Goethe, daß man nun auch kein Silbergeschirr mehr benutzte, sondern daß Zinn wieder modern geworden sei.

Dem Essen in den Kurorten wurde keine besondere Beachtung geschenkt, vor allem nicht in den Kriegsjahren, also bis 1814, die Goethe nicht nur veranlaßten, über ständig steigende Kosten für die Mahlzeiten in den Gasthäusern, für Postfahrten und Zollgebühren zu klagen, sondern auch um Lebensmittelpakete zu bitten, nicht immer um besseres Essen, sondern oft um bestimmte Sachen überhaupt zu bekommen.

Wenn Goethe in den ihm angenehmen Kurhäusern samt Diener logierte, ließ er sich von ihm nach dem Schwefelgetränk wie zu Hause das Frühstück bereiten, und die Einkäufe dafür wurden sorgfältig auf Zetteln notiert: »Kaffee und Brezeln«, »Schokolade und Biskuit«, fast täglich »Kaffee und Zucker, Brezeln und Brot«. Im Laufe des Vormittags schickte ein Traiteur oder die Küche eines Gasthofs den Speisezettel in das Haus, in dem Goethe abgestiegen war. Er kreuzte an oder ließ anstreichen, was er sich ausgesucht hatte, und bekam dann das Essen vom Speisemädchen in seine Unterkunft gebracht.

So bekam Goethe am 2. Mai 1820 vom Traiteur Jacob Wurster im Gasthof »7 Churfürsten« folgenden Speisezettel in sein Quartier, die »3 Mohren«, geschickt: »Souppe mit feinen Nudln, Rindfleisch gedämpft, Spienat mit Gebackener Farsch, Gedünstete Enten, Kalbsfleisch mit Morgeln, SchmedenSchöberl, Kalbs-Niernbraten, Tauben Gebraten, Hühnel, PflaumenCompot.«

Jedes Gericht kostete 10 bis 30 Groschen, das Hühnchen dagegen 54. Goethe bestellte die Nudelsuppe, das Rindfleisch, das Kalbfleisch und das »Hühnel«.

Und am 6. Mai: »Suppe mit Kräutln, Rinderfleisch mit SardelnSoos, Gebräunte Kohlrabi mit Cotellets, Spienat mit Gebakkener Farsch, Ragout von Wildpreths, Taube gedämpft, Strudln gebacken, Kalbsbraten, Lamsbraten, Gebratene Hühnel, Pflaumen- und Äpfelcompot.«

Davon wollte Goethe gerne folgendes essen: die Kräutersuppe, das Rindfleisch mit Sardellensauce, die gebräunten Kohlrabi und das Wildbretragout. Auf das Kompott hat er offensichtlich nie Wert gelegt, sicher hat er sich andere Früchte kaufen lassen.

Jacob Wurster brachte ihm jede Woche, »unterthänigst ihr Diener …«, die Rechnung, und der Diener Stadelmann beglich sie. Er erledigte auch die Einkäufe für die übrigen Imbisse, die sein Herr in seinem Quartier einnahm, ein Rebhuhn zwischendurch, Wein jedenfalls und das Brot dazu.

6

Gastlichkeit der späten Jahre

Eduard Lobe,
Goethe mit seinen Enkeln
in seinem Hausgarten
am Frauenplan, um 1825
Stiftung Weimarer Klassik

»... der Confect kommt in der Christwoche« Von der Liebe zum Süßen oder: Die Schokoladenempfänge

Ob Goethe 1801 auf der Reise nach Bad Pyrmont mit Sohn August, meist von ihm »Austchen« genannt, gleich am ersten Tag in Erfurt »Backwerk« und Franzbrote oder in Karlsbad alle Tage Schokolade und Biskuit, Zucker und Brezeln kaufen ließ: Johann Wolfgang Goethe liebte schon als Kind und junger Mann das Süße, ebenso wie seine Mutter und ihre »Bonbon-Gesellschaft«. Das Wort Bonbon bedeutete jedoch nicht das, was unterdessen aus ihm geworden ist, sondern Süßigkeiten aller Art: gutes Gutes! Im süddeutschen »Gutsel« lebt der Begriff weiter, und Ende des 18., Anfang des 19. Jahrhunderts gehörte alles dazu, was die Konditoren und Zuckerbäcker fabrizierten: Marzipan und Pfefferminzpastillen, Lakritzen und Latwerge, Biskuit und Biskuitchen, Quittenpaste und Mandelkonfekt.

So schickte Frau Aja immer wieder köstliche Pakete an ihren »Dokter Wolf«, an die Herzoginwitwe, an Fritz von Stein, an ihre Schwiegertochter und den Enkel, rechnete sich aus, wann der jeweilige Vorrat zu Ende sein würde, und backte und kaufte nach. Sie schickte und fragte – vor allem bei Weihnachtspaketen – mit der nächsten Post nach, ob alles gut angekommen sei, und regte sich auf, als einmal etwas fehlte und, wie sie meinte, »die Schurken den Confect gefressen haben«. Daraus zog sie ihre Lehre: »Das Christkindlein soll zur rechten Zeit erscheinen – das Confect sollen die Spitzbuben dißmal ungefressen lassen. Die Schachtel wird Ambalirt – Was mich am meisten geärgert hat, waren die Pomerantzen-Schaalen, die ich for meine Liebe Tochter selbst ausgesucht hatte – und die der Schwere wegen oben lagen – und also am ersten in ihre Diebsfinger fielen – aber, wie gesagt – dießmahl solls anders werden. Lieber Sohn! wenn also ein stüggen in Wachstuch eingenäth erscheint; so mache es allein auf, – damit vorher die Herrlichkeit nicht eclat wird.«

Im nächsten Jahr, 1805, schien es mit der Sendung geklappt zu haben. Frau Aja schreibt: »… der Confect kommt in der Christwoche – da ich von Augst vernommen habe, daß Du die roth und weißen Quitten liebst; so habe ich sie for Dich ausgesucht – und hoffe, daß sie Dir wohlschmecken und bekommen werden … Auch soll die Schachtel wohl (wie vorm Jahr) eingenäht werden – damit die Leckermäulen nicht davon Naschen.« Die »roth und weißen Quitten« sind vermutlich schon in Frankfurt hergestelltes Quittenbrot oder Quittenpaste.

Die Versorgungslinie von Frankfurt nach Weimar blieb bis zu Mutter Goethes Tod bestehen, für den sie mit derselben hausfraulichen Bestimmtheit und Sachlichkeit Vorsorge getroffen und genau festgelegt hatte, wie groß die Brezeln sein sollten, die es bei ihrem Leichenschmaus geben sollte. Sicher waren ihre Brezeln und Rodonkuchen und »Mandeltarten«, Pfeffernüsse und Makronen von ebenso guter Qualität wie die Zimtwaffeln und das Zuckerwerk, das Frau Aja immer selbst beim Konditor aussuchte, die Wahl also keinem Diener und nicht einmal der Köchin überließ. All dies und was sonst an Gebäck und Süßigkeiten in Vater Goethes *Liber domesticus* genannt wird, wurde von Hand gemacht und ohne Zusatzstoffe aus den gleichen Zutaten hergestellt, wie sie jeder Hausfrau zur Verfügung standen. Gesüßt wurden sie mit den natürlichen »Süßstoffen«, mit Honig, Rosinen und anderen getrockneten Früchten.

Es war sicherlich die Erinnerung an die genossene Süße, die Goethe in seinen Werken beschwört. In *Wilhelm Meister* wird Zuckerwerk gekauft und mit gebrannten Mandeln geworben. In *Hermann und Dorothea* gibt es Zuckerbrote zur Taufe, und wenn zum Frühstück Schokolade getrunken wird in *Wilhelm Meisters*

Lehrjahre, so reicht man wie bei Goethe selbst den Zwieback dazu. In den *Wanderjahren* werden gedeckte Tische in allen Einzelheiten beschrieben, die Girlanden im Saal, die Kerzen und die Blumen auf der Tafel, dazwischen die Fülle der »Zuckerzierlichkeiten«, und wie bei Goethe zu Hause gibt es kein »willkommenes Backwerk« ohne Früchte und kein Biskuit ohne Zwieback.

Die Liebe zum Süßen verging im Alter. Goethe, so bemerkten seine Gäste und Hausgenossen, nahm nichts mehr vom Naschwerk des Desserts, sondern verlangte nur nach einem Stück Käse. Auf den Speisezetteln der Gasthöfe und Traiteure in den Kurbädern wurde ohnehin als Nachtisch nur Kuchen oder Sandplätzchen, manchmal ein Teller Konfekt oder Backwerk, »Äpfeltarten« oder eine Kalte Schale angeboten oder Kompott aus den Früchten der Jahreszeit. Aber Goethe kreuzte nicht einmal mehr die eingemachten Früchte an. Und wenn er in Weimar Kuchen und Torten bei François le Goullon, dem herzoglich sächsisch-weimarischen Mundkoch, bestellte, so berechnete dieser dem *»monsieur le conseillier justice De Göthe un patée pour 12 personnes 3 Thaler. Et un autre pour 10 personnes 2 Thaler.«* Also: keine Torten für den eigenen Tisch, sondern für eine größere Einladung und für seine Gäste.

Daß dieses Gebäck so teuer war, lag nicht nur am Ruhm des Kochs, sondern auch am Preis für Zucker. In der zweiten Hälfte des 18. Jahrhunderts war der Rohrzucker aus den amerikanischen Kolonien gerade in die bürgerliche Küche gelangt, doch nach 1789, nach dem Sklavenaufstand in San Domingo, stiegen die Preise für Zucker, und mit Beginn des 19. Jahrhunderts mußten die Köche ganz darauf verzichten. Durch die von Napoleon verhängte Kontinentalsperre war jeglicher Handel und Verkehr mit England unterbunden: Die Kolonialwaren wurden knapp.

Wie immer in Notlagen sucht der Mensch nach Auswegen. Der Forscherdrang richtete sich auf die Zuckerrübe, die vor der

Entdeckung ihrer geheimen Süße noch schlicht wie im Märchen »Runkelrübe« hieß. Ihren Zuckergehalt hatte schon 1747 der Direktor der Preußischen Akademie der Wissenschaften, Professor Andreas Marggraf, entdeckt und empfohlen, statt des teuren Rohrzuckers den preiswerten süßen Sirup aus heimischen Rübenschnitzeln zu verwenden. Aber sein Bericht an die Akademie war nicht weiter beachtet worden. 1799 fiel er seinem Schüler Franz Carl Achard in die Hände, und Friedrich Wilhelm III. stellte diesem im jüngst preußisch gewordenen Schlesien ein Rittergut zur Verfügung, wo sich Achard mit der Zuckerfabrikation beschäftigen konnte. 1801 verfaulte ihm die erste Rübenernte, aber im folgenden Jahr gewannen er und seine Mitarbeiter den ersten Rübenzucker.

Goethe zeigte schon früh Interesse für diese Forschung und trug 1799 in Jena in sein Tagebuch ein: »7. 5. 99 Gegen 10 Uhr Professor Göttling, wegen des Zuckers aus Runkelrüben.« Im Herbst desselben Jahres: »Göttling's Zuckerbereitung«. Johann Friedrich August Göttling, ursprünglich Apotheker in Weimar, hatte Goethe in seiner Eigenschaft als Kurator der Universität Jena zum außerordentlichen Professor für Chemie nach Jena berufen, aber offenbar stellten Kurator und Professor fest, daß das Land Sachsen-Weimar für den Anbau von Zuckerrüben und die Gründung einer Zuckerfabrik zu klein und, was den Boden betraf, nicht geeignet sei.

Goethe gab den Gedanken an neue wirtschaftliche Möglichkeiten, die sich aus der industriellen Verarbeitung der Feldfrüchte ergaben, jedoch nicht auf. In Petersburg war 1811 entdeckt worden, daß man aus der Stärke von Getreide und Kartoffeln einen Süßstoff herstellen kann. Also folgten Unterhaltungen mit weiteren Professoren in Jena über die »Zuckerfabrikation aus Kartoffelmehl«, praktische Versuche mit irdenen Töpfen und Kupferkesseln selbst in der Kur in Karlsbad, und 1812 ließ Herzog Carl August in Tiefurt die erste deutsche Stärkezuckerfabrik eröffnen.

Sie brachte Fürst und Land freilich nicht den erhofften Aufschwung, denn mit dem Ende der Kontinentalsperre kam wieder Rohrzucker auf den Markt, und die letzten Feldzüge Napoleons und seine Flucht ließen Goethe und seinen Herzog an anderes denken.

Die beliebteste Süßigkeit jedoch war die Schokolade, ein luxuriöses Getränk, das zu Beginn des 18. Jahrhunderts in Mode gekommen war. Solange die Kolonien in der Neuen Welt noch in spanischem und portugiesischem Besitz waren, verwendete man die Kakaobohnen nur auf der Iberischen Halbinsel, und zwar in der gleichen Weise wie in Mexiko: Die getrockneten, gerösteten Bohnen wurden auf einer leicht nach innen gewölbten Steinplatte mit einem steinernen Stab gerollt, bis durch die fortschreitende Zerkleinerung und Erwärmung die Kakaobutter ausschmolz, dann nach Belieben mit Zimt oder Vanille gewürzt und mit Rohrzucker gesüßt und abermals gerollt wurde, so daß eine zähe Paste entstand, die in Formen gepreßt wurde. Diese Scheiben oder Blöcke waren der Vorrat, von dem man sich ein Stück abbrach, zerstampfte und mit kaltem oder heißem Wasser in einer hohen zylindrischen Kanne aufgoß und kräftig und lange mit einem Holzquirl versprudelte, der mitten im Kannendeckel steckte. Da aber trotzdem das grobe oder auch feinere Kakaomehl immer wieder rasch zu Boden sank, versuchten die königlichen Köche und Kammermädchen, die Trübstoffe durch allerlei Tricks am Sinken zu hindern. Sie vermischten die braune Brühe mit Eidottern, mit Eischnee, sie fuhren dann rasch mit dem glühenden Salamander über den braunen Schnee, um das Eiweiß fest und die Schokolade haltbar zu machen.

Eine französische Reisende berichtete, daß sich am spanischen Hof die Damen am späten Nachmittag in großen, luftigen Sälen versammelten und Scharen von Kammermädchen Silberschüsseln hereintrügen, die mit trockenen Konfitüren gefüllt waren.

Dazu wurde Schokolade herumgereicht. »Jede Tasse von Porzellan stand auf einer Untertasse aus Achat, mit Gold eingefaßt, wobei jedesmal eine Zuckerdose von gleicher Arbeit stand. Es war Schokolade mit Eis, warme Schokolade und solche mit Eiern und Milch.«

Die spanischen Infantinnen, die um des fragilen Friedens zwischen Frankreich und Spanien willen im 17./18. Jahrhundert mit französischen Thronfolgern verehelicht wurden, reisten mit Dienerinnen in den Norden, deren einzige Aufgabe darin bestand, Schokolade zu kochen. Dem Sonnenkönig schmeckte dieses fremde Getränk so gut, daß er es hoffähig machte: Ein neues Geschirr wurde erfunden, die *trembleuse*, die Zittertasse. Die zylindrisch hohe Tasse steht in einer zierlich durchbrochenen Halterung, die fest mit der Untertasse verbunden ist und in die die Schokoladentasse gerade hineinpaßt, so daß nichts rutschen und kippeln kann. Ob sich Johann Wolfgang Goethe solche Tassen auslieh oder die üblichen schmalen, hohen, sie gehörten auf jeden Fall 1780 noch nicht zu seinem Bestand, und er mußte Charlotte von Stein am Pfingsttag bitten: »Haben Sie die Güte mir drey Schokolade-Tassen zu schicken und auf drey Personen Schokolade. Ich kriege Besuch.«

Es war nicht ungewöhnlich, daß Goethe auch um Schokolade bat, denn das war das zweite Problem. Noch lief die Schokoladenfabrikation in Europa erst an, und das Produkt, das aus England oder der ersten deutschen Fabrik in Lippe und ihren Nachfolgern kam, war nicht entölt. Es konnte ranzig werden, schimmeln, von Käfern zernagt werden, und in den Zeiten der Kontinentalsperre wurde der Rohstoff, der trotzdem das europäische Festland erreichte, mit allem gestreckt, was greifbar war, vom Kastanienmehl bis zu Grieß. 1799 beklagte Goethe sich über die schlechte Schokolade, die er in Jena vorgesetzt bekam. Er ließ sich morgens »wieder Wassersuppen kochen, denn es scheint doch, daß die Chocolade mir nichts taugt. Wer weiß auch, was sie bei der Fabrikation hineinmischen.«

Das ist auch der Grund, weshalb Goethe sich von jedem Schokolade mitbringen oder schicken ließ, der in einer glücklicheren Gegend mit guter Ware lebte. Schokolade aus Wien galt vor allem in den Napoleonischen Kriegsjahren als die beste, weil die Handelswege über Italien noch relativ unbehelligt waren, und Goethe brachte sich stets einen Vorrat aus Karlsbad und Marienbad mit nach Weimar oder Jena. Bei ihm gab es wie bei den spanischen Damen Schokoladenempfänge, und so wie die heiße Schokolade nicht beim Eis-Picknick auf dem Main fehlte, so gehörte sie auch zu dem privaten oder offiziellen Frühstück, zu dem Goethe in sein Haus am Frauenplan einlud.

Die üppigsten Frühstücke, die er als Leiter des Theaterwesens 1798 an ein paar Tagen hintereinander im April und Mai für den Schauspieler August Wilhelm Iffland aus Berlin veranstaltete, als dieser in Weimar Gastvorstellungen gab, kosteten insgesamt an die 400 Taler. Die Einladungslisten enthalten fast alle bekannten Namen der damaligen Zeitgenossen. Am 25. April 1798 hieß es im Tagebuch: »Frühstück bey mir«, und außer Iffland und Frau, dem regierenden Herzog, den anderen Fürstlichkeiten samt Hochadel, Dichtern und Denkern war ein Dutzend Theaterleute und Weimaraner da. »Mselle Jagemann sang«, und die Goethesche Küche bot mit Unterstützung der Hofküche und der herzoglichen Konditorei ein kaltes Frühstücksbüfett: Aufschnitt von Kalbfleisch, Zunge, Cervelatwurst und Schinken, dazu Brot und Zwieback, außerdem verschiedene Torten und auf schönen Tellern etwa ein Kilogramm Kleingebäck, Nüsse und Orangen, Pflaumenkompott und Johannisbeergelee.

Zu jedem Frühstück gab es heiße Schokolade, wofür jeweils ein Kilogramm verbraucht wurde. Die Gäste bekamen schon im Entrée die Tassen serviert, man begrüßte sich, schaute sich um, und wer dachte, das sei nun alles, war auf das Angenehmste überrascht, als sich die Türen öffneten und den Blick auf das Frühstücksbüfett freigaben. Dazu gab es Wein und Süßwein für die Herren.

Am 26. April hieß es wieder: »Frühstück bey mir«, diesmal war die Herzoginmutter geladen, die regierende Herzogin kam abermals, brachte drei Hofdamen mit, zu denen Frau von Stein gehörte. Sie schreibt: »Eben komme ich von einem großen Déjeuner bei Goethe, der seine mit Eleganz und schönen Künsten möblierten Zimmer einmal mit hohen Herrschaften hat beehren wollen. Es waren alle hiesigen Fürstlichkeiten da nebst Erbprinz von Gotha, auch viele Damen.«

Am 27. April: »dito«. Am 28. April schrieb Goethe an Schiller: »… ich muß mich schon wieder anziehen, weil die Zeit eines musikalischen Frühstücks herannaht. Die schönen Morgen sind diesen Festen günstig, da auch der Garten von der Gesellschaft mitgenossen werden kann.« Am 29. April war Pause, aber am 30. begann abermals um dreiviertel elf ein Déjeuner und endete um 13 Uhr.

Am 1. Mai gab es wieder ein Frühstück mit Musik, dazu hieß es im Tagebuch: »Mittags bei Hofe«, »abends im Theater«.

Am 2. Mai: Goethes Frühstücksidee hatte allerhöchsten Gefallen gefunden, der Herzog machte es ihm nach und lud selbst zu einem Frühstück im Römischen Haus. Goethe schrieb an August Wilhelm Schlegel, der schon das Goethesche Frühstück kannte: »Wollen Sie gegen 11 Uhr bei mir seyn? Der Herzog haben mir befohlen, Sie früh in das sogenannte Römische Haus zu führen, um Sie mit Herrn Mellish bekannt zu machen.« Mellish war ein englischer Hofbeamter und Schriftsteller, der seit einem Jahr in Weimar lebte und Schlegel als Übersetzer von Shakespeare bewunderte.

Am 3. Mai ein letztes Frühstück. Ein Gast, der Theologe Johann Friedrich Abegg, notierte in sein Tagebuch: »Mit keinem

Teilnehmer der Gesellschaft unterhielt sich Goethe besonders lange. Er ging aus einem Zimmer ins andere … Gegen 11 Uhr kam Iffland … Diesen nahm Goethe bei der Hand und führte ihn einige Male auf und ab … Jedem Ankommenden wurde Schokolade angeboten. Gegen 11 ½ Uhr begab sich die ganze Gesellschaft in ein prachtvoll ausgeschmücktes Zimmer … Es standen da allerlei mit Kunst arrangierte Speisen: Krebse, Zunge usw. Dazu wurde der feinste Wein gereicht …«

Es gab keine Reise, auf der Goethe nicht Schokolade und seine Schokoladentasse, manchmal auch die Schokoladenkanne, einpacken ließ. 1797 kam sie auf der Reise in die Schweiz »in den Mantelsack«. War ihm die Schokolade ausgegangen, so beklagte er sich gern über den hohen Preis in der Fremde und schrieb von überall höchst dringlich an Christiane Vulpius: »Schick mir ein paar Pfund Schokolade« oder »Die Schokolade fängt an zu fehlen …«

Die merkwürdigste Schokolade wurde ihm während des mißglückten Feldzuges, der Campagne in Frankreich, serviert. Der Angriff auf die Revolutionstruppen hatte sich in Schlick und Schlamm festgefahren, und Goethe schrieb am 21. September 1792: »Nun waren die Zelte da, Wagen und Pferde; aber Nahrung für kein Lebendiges. Mitten im Regen ermangelten wir sogar des Wassers … Ich wußte nicht, was das heißen sollte, als ich meinen treuen Zögling, Diener und Gefährten Paul Götze von dem Leder des Reisewagens das zusammengeflossene Regenwasser sehr emsig schöpfen sah; er bekannte, daß es zu Chocolade bestimmt sei; davon er glücklicherweise einen Vorrat mitgebracht hatte.«

Schokolade wurde im 18. Jahrhundert fast nur als Getränk verwendet. Erst im nächsten findet sich ein einziges Mal in den von Goethe zusammengestellten Speisefolgen eine »Chocoladencrem«. Noch arbeiteten die Köchinnen nicht mit geschlagener Sahne, gab es keine industriell hergestellte und damit geschmacksneutrale Gelatine, die man für Nachspeisen verwenden konnte und die heute den Cremes zu Leichtigkeit und gleichzeitig Festigkeit verhilft, und noch war man technisch nicht imstande, entöltes Kakaopulver herzustellen.

Die Trinkschokolade wurde in Spanien mit Zimt und Nelken, vor allem aber mit Vanille gewürzt. Vanille taucht in den üblichen nordeuropäischen Rezepten dieser Zeit jedoch gar nicht oder höchst selten auf. Keine Kuchenrezepte, kein Brei, kein Grießknöpflein, die mit Vanille gewürzt wären. Der Grund: Ein Pfund Vanillestangen kostete damals umgerechnet etwa 70 eur, und seit 1519, seit der spanische Eroberer Cortés beschrieben hatte, wie gut ihm das Aztekengetränk »xotolatl«, gewürzt mit Honig und Vanille, schmeckte, gehörte die »schwarze Blume«, wie die Vanillestangen, die langen schwarzen Schoten der mexikanischen Kletterorchidee, genannt wurden, in Spanien zum Kakao, aber zu nichts anderem. So blieb es drei Jahrhunderte lang. Dann ließ sich der französische Statthalter der Insel Bourbon – heute Réunion – aus einem königlichen botanischen Garten in Frankreich, wo die Vanille seit langem als exotische Kuriosität wuchs, ein paar Stecklinge schicken und begründete damit die Blüte und den Ruhm der Bourbonvanille, die nun den gesamten europäischen Markt eroberte. Das geschah um 1820, zu spät für die Goethesche Küche, selbst für Goethes naturwissenschaftliche Studien.

»Hier ist es gut sein!« *Von den Freuden des Weins und des* pique-nique

Goethe und seine Frau tranken zum Mittagessen und abends Bier und Wein, Christiane besonders gern Champagner. Über Bier wurde nicht viel geredet und geschrieben. Es war und blieb noch lange das Hausgetränk. Vor allem war es im Sommer ungefährlicher als Brunnenwasser oder Leitungswasser, das in Weimar durch ein System von ausgehöhlten Baumstämmen vom Fluß durch die Stadt geführt wurde. In vielen Häusern braute man sich sein Bier nach Bedarf. Das »Heute back ich, morgen brau ich« aus *Rumpelstilzchen* zeigt das Alltägliche des Vorgangs. Bier war aber kein Getränk für Gäste und gesellige Runden.

Eine größere Rolle spielte der Wein, was bei Goethe nicht verwundert. Die Mutter versorgte ihn, solange sie noch das Haus im Hirschgraben besaß, aus dem Weinkeller, in dem noch Weine aus den Jahren 1706 bis 1724 ruhten, später mit Goethes hochgeschätztem Elfer, dem Wein aus dem Kometenjahr 1811, der eine besondere Qualität besaß. Damals konnten Winzer gerade erst die Qualität eines Weines überhaupt pflegen. Damit schlechter Wein trotzdem schmeckte, vermischte man ihn mit Kräutern und Gewürzen, bereitete sich also einen Punsch oder »Hippocras«, verquirlte ihn mit Honig und Gewürzen, oder man goß ihn auf einheimische Kräuter. Ließ man diese Spezereien nicht im Wein, sondern klärte man das Getränk, so nannte man es *claret*, ein Name, der den französischen Weinen aus dem Bordeaux – vor allem in England – bis heute geblieben ist.

Was für ein bedeutender Handelsartikel der Wein gewesen ist, zeigt der Reichtum der Familie Goethe. Der Pro-Kopf-Verbrauch an Wein war damals wesentlich höher als heute, was nichts mit

Trunksucht zu tun hat, sondern nur mit der Tatsache, daß im Sommer die Quellen leicht versiegten und das Wasser für den immer größer werdenden Bedarf nicht ausreichte. Die Brunnen füllten sich mit dem sogenannten Oberflächenwasser, das, bis ins vorige Jahrhundert hinein, zur Seuchengefahr werden konnte. Zudem machte die Erfindung und die Massenproduktion der Glasflasche den Transport von Wein leichter, so daß sie sich ebenso wie die Pfropfen aus Korkeiche durchsetzte, mit denen sich die Flaschen besser verschließen ließen als mit Holz- oder Leinenpfropfen und Siegellack. Der Wein hielt sich dadurch besser und konnte nun auch immer weitere Reisen gut überstehen. In den Goetheschen Haushaltsrechnungen findet man immer wieder einen Posten von 100 oder 200 Korken, die Goethe auf Reisen kaufte und mit nach Weimar nahm.

Goethe trank jedoch nicht nur den Familienwein, er ließ sich aus allen nennenswerten Weingegenden der damaligen Zeit Wein nach Weimar schicken, den er für sich und vor allem für seine vielen und mit wachsendem Ruhm immer zahlreicheren Gäste brauchte. Die Sendungen kamen vom Rhein und von der Mosel, aus dem Elsaß, aus der Würzburger Hofkellerei, dazu Weißweine, die er sich von Weinhändlern in Frankfurt, Schweinfurt und Erfurt liefern ließ. Er nahm seine Weine mit auf Reisen nach Jena, Karlsbad oder Marienbad oder ließ sie sich nachsenden und klagte über den Zoll und den Umstand, den ihm die Zollstationen machten. Nach Jena liefen die Botenmädel mit Bouteillen in der Kiepe, und erst als er an das Gewicht dachte, das diese Frauen bei Wind und Wetter auf dem Rücken von Weimar nach Jena zu schleppen hatten, änderte er seine Bestellung von 24 auf 12 Flaschen. In dem Maße, in dem seine Frau den Champagner vorzog, entwickelte er eine Vorliebe für Rotwein aus Frankreich, auch für Dessertweine aus Ungarn, Spanien und Portugal, die ihm Weinhändler aus den Hansestädten, also aus Hamburg, Bremen und

Lübeck, schickten. Er bestellte große Mengen: 1806, um seinen Keller nach den kriegerischen Einquartierungen wieder aufzufüllen, aus Erfurt 60 Liter pro Monat und allein in diesem Jahr 900 Liter Escherndorfer aus Würzburg.

Er, der im Weingeruch des großmütterlichen und elterlichen Hauses aufgewachsen war, erwies sich als ein echter Weinkenner, was eine Szene aus der Zeit nach dem Wiener Kongreß beweist, von der Julius Schwabe berichtete: »Eine glänzende Probe legte er [Goethe] bei einem Diner im kleinen Kreise ab, als, nachdem schon mehrere gute Sorten geprüft worden waren, ein Rotwein ohne Namen herumgereicht, gekostet und recht gut befunden wurde. Mehrere Herren der Tafelrunde erklärten ihn für Burgunder, nur war man über die spezielle Sorte dieses edlen Gewächses nicht einig. Da aber bewährte Weinzungen, darunter die des Großherzogs, die Diagnose auf Burgunder gestellt hatten, so wurde dieselbe einstimmig angenommen. Nur Goethe kostete und kostete wieder, schüttelte das Haupt, setzte das geleerte Glas nachdenklich auf den Tisch. – Exzellenz scheinen anderer Ansicht zu sein, sagte Hofmarschall von Spiegel; darf ich fragen, welchen Namen Sie dem Wein geben? – Der Wein ist mir durchaus unbekannt, erwiderte Goethe, aber für Burgunder halte ich ihn nicht. Eher sollte ich meinen, es sei ein gut gelesener Jenenser, der eine Zeitlang auf einem Madeirafaß gelegen hat. – Und so ist es in der Tat, bestätigte der Hofmarschall.« Eine wahre Lehrstunde in Weinproben und dem Mut zum eigenen Urteil, freilich einem, das auf Erfahrung und sinnlicher Erinnerung beruht.

Der Wein war auch Goethes Abendgetränk, und »des Abends« meint nach Goethes Tageszeitenrechnung immer das gleiche, aber nicht immer dieselbe Stunde: die Abenddämmerung. Im Sommer begann sein Abend also später. Im Tagebuch steht immer wieder: »Abends kamen die Meinigen, mit denen im Garten gegessen« oder »Nachts im Garten gegessen«, wobei nach seinem

Zeitverständnis die Nacht mit dem Einbruch der Dunkelheit begann. Schon aus Frankfurt hatte er Auguste Stolberg geschrieben: »Jetzt ist's bald achte nachts.« Im Mai bedeutete »Abends im Garten«, daß er dort die letzten hellen Stunden genossen hat. Im Winter kam die Dunkelheit schon um vier, und sein Tee konnte ein *Five o'clock* sein oder – im Oktober und mit Wein – als Dämmerschoppen eine Art Punsch, den er nicht nur zu Hause trank. Ein Gymnasiast namens W. G. Gotthardi, der versehentlich in Goethes Weimarer Theaterloge geraten und vom Geheimrat zum Bleiben eingeladen worden war und sich noch oft zu ihm gesellen durfte, erwähnte nicht nur dessen »freundliche Ansprache«, sondern auch, daß Goethe ihn durch »manch Stücklein Kuchen, hin und wieder auch einem Glas Wein aus seinem Flaschenkorb erquickte, denn Goethe liebte es, zuweilen einen kleinen Vorrat kalter Speise und Weins in seiner Loge bereit zu halten, mehr für andere, deren – Einheimische und Fremde von Bedeutung – er nicht selten auch dort empfing«.

Geselligkeit, die sich von selbst ergibt, Geselligkeit, die auch aus einem Mangel ein Vergnügen macht, denn die Zeit der exklusiven fürstlichen Hoftheater und der herumreisenden Schauspielertruppen, die demütig um das Privileg der Städte und Höfe bitten mußten, ihre Bühne in einem Schuppen in der Vorstadt aufzuschlagen, ging gerade erst zu Ende. Es gab nur wenige Städte oder Residenzen, in denen schon ein festes Theater für die bürgerliche Öffentlichkeit gebaut worden war. Wer also ins Theater ging, fand dort nur, wie es jener Gymnasiast, den Goethe zu sich in seine Loge einlud, beschrieb, »einfache bretterne Logenbrüstungen« und knarrende Logentüren, aber gewiß kein Foyer mit Getränke- und Imbißstand. Man mußte sich selbst versorgen.

Das galt auch auf Ausflügen jeglicher Art. Im Sommer 1821 fuhr der Schauspieler Karl la Roche mit Goethe von Marienbad »nach dem Kloster Tepl, wo der Abt, Goethe zu Ehren, himmlische Kirchenmusik aufführen ließ, die der Komponist selbst dirigierte. Beide hatten kalte Küche mitgenommen. La Roche unter anderem eine besondere Gattung Wurst, die er sehr gern aß. Goethes feinen Geruchswerkzeugen blieb die Existenz dieses Leckerbissens nicht lange verborgen, er kostete dieselbe und fand sie so sehr nach seinem Geschmacke, daß er sie allein verzehrte und la Roche sich an dem kalten Huhne des Dichters schadlos halten mußte.«

Das war ein Theater- und Wurstpicknick, bevor dafür das Wort Picknick gebräuchlich war. Johann Christoph Adelung, der 1774 das erste Wörterbuch der hochdeutschen Mundart in Leipzig hatte verlegen lassen, war dieser Begriff noch unbekannt. Am französischen Hof und an den der französischen Mode folgenden anderen europäischen Höfen hätte man zu einer *fête champêtre* geladen. Aber nun gab es keinen französischen König mehr, Adel und Bürger feierten ihre eigenen Feste, wobei die Bürger bald die Vorreiterrolle übernahmen und sich nicht darum kümmerten, ob ihre Vorstellungen dem anderen Stand gefielen.

Das Picknick als »eine Mahlzeit, die im Freien eingenommen wird«, wie das entsprechende französische Wörterbuch, der *Larousse gastronomique*, definiert, hat Goethe gerne und immer wieder praktiziert, wobei das Huhn-und-Wurst-Picknick auch die zweite Hälfte der *Larousse*-Definition erfüllt: »… oder eine Mahlzeit, zu der jeder Teilnehmer ein Gericht beigesteuert hat«.

Das Wort stammt aus dem Französischen, *pique-nique* wurde im Deutschen zu »Picknick«, im Englischen zu *picnic*, und obgleich das *Oxford Dictionary*, Herr und Richter über alle englischen Vokabeln, von »unbekannter Herkunft« schreibt, könnte man schließen, daß die französischen Emigranten im englischen Exil schon froh und dankbar waren, wenn sie unter einer Ulme rasten und Picknick halten konnten: *niquet* ist eine Kleinigkeit, und *piquer* bedeutet, den Gaumen kitzeln.

1827 waren diese Zeiten der Armut vorbei, aber der Begriff hatte sich im wahrsten Sinn des Wortes eingebürgert. Eckermann, der getreue Chronist von Goethes letzten Lebensjahren, schildert zwei der schönsten Picknicks, die vor allem zeigen, wie Goethe selbst einem Imbiß auf Schottersteinen die Würde eines Lebensfestes gab. Am 24. September 1827 fand der erste Ausflug statt: »Wir waren indes das kleine Tal hinabgefahren, wo die Straße über eine hölzerne mit einem Dach überbaute Brücke geht, unter welcher das nach Hetschburg hinabfließende Regenwasser sich ein Bette gebildet hat, das jetzt trocken lag. Chausseearbeiter waren beschäftigt, an den Seiten der Brücke einige aus rötlichem Sandstein gehauene Steine zu errichten, die Goethes Aufmerksamkeit auf sich zogen. Etwa eine Wurfsweite über die Brücke hinaus, wo die Straße sich sachte an den Hügel hinanhebt, der den Reisenden von Berka trennt, ließ Goethe halten. Wir wollen hier ein wenig aussteigen, sagte er, und sehen, ob ein kleines Frühstück in freier Luft uns schmecken wird. Wir stiegen aus und sahen uns um. Der Bediente breitete eine Serviette über einen viereckigen Steinhaufen, wie sie an den Chausseen zu liegen pflegen, und holte aus dem Wagen den aus Binsen geflochtenen Korb, aus welchem er neben frischen Semmeln gebratene Rebhühner und saure Gurken auftischte. Goethe schnitt ein Rebhuhn durch und gab mir die eine Hälfte. Ich aß, indem ich stand und herumging; Goethe hatte sich dabei auf die Ecke eines Steinhaufens gesetzt. Die Kälte der Steine, woran noch der nächtliche Tau hängt, kann ihm unmöglich gut sein, dachte ich und machte meine Besorgnis bemerklich; Goethe aber versicherte, daß es ihm durchaus nicht schade, wodurch ich mich denn beruhigt fühlte und es als ein neues Zeichen ansah, wie kräftig er sich in seinem Innern empfinden müsse. Der Bediente hatte indes auch eine Flasche Wein aus dem Wagen geholt, wovon er uns einschenkte. Unser Freund Schütze, sagte Goethe, hat nicht unrecht, wenn er jede Woche eine Ausflucht aufs Land macht, wir wollen ihn uns zum

Muster nehmen, und wenn das Wetter sich nur einigermaßen hält, so soll dies auch unsere letzte Partie nicht gewesen scin.«

Schon zwei Tage später ließ Goethe, der am zweiten Teil des *Faust* zu arbeiten begonnen hatte, wieder anspannen: »Wir waren jetzt oben auf der Höhe und fuhren rasch weiter. Rechts an unserer Seite hatten wir Eichen und Buchen und anderes Laubholz. Weimar war rückwärts nicht mehr zu sehen. Wir waren auf der westlichsten Höhe angelangt, das breite Tal der Unstrut mit vielen Dörfern und kleinen Städten lag in der heitersten Morgensonne vor uns. Hier ist es gut sein! sagte Goethe, indem er halten ließ. Ich dächte, wir versuchten, wie in dieser guten Luft uns etwa ein kleines Frühstück behagen möchte.

Wir stiegen aus und gingen auf trockenem Boden am Fuß halbwüchsiger, von vielen Stürmen verkrüppelter Eichen einige Minuten auf und ab, während Friedrich das mitgenommene Frühstück auspackte und auf einer Rasenerhöhung ausbreitete ... Wir setzten uns mit dem Rücken nach den Eichen zu, so daß wir während des Frühstücks die weite Aussicht auf das halbe Thüringen immer vor uns hatten. Wir verzehrten indes ein Paar gebratene Rebhühner mit frischem Weißbrot und tranken dazu eine Flasche sehr guten Wein, und zwar aus einer biegsamen feinen goldenen Schale, die Goethe in einem gelben Lederfutteral bei solchen Ausflügen gewöhnlich bei sich führt.

Ich war sehr oft an dieser Stelle, sagte er, und dachte in späteren Jahren sehr oft, es würde das letzte Mal sein, daß ich von hier aus die Reiche der Welt und ihre Herrlichkeiten überblickte. Allein es hält immer noch einmal zusammen, und ich hoffe, daß es auch heute nicht das letzte Mal ist, daß wir beide uns hier einen guten Tag machen. Wir wollen künftig öfter hierher kommen. Man verschrumpft in dem eigenen Hauswesen. Hier fühlt man sich groß und frei wie die große Natur, die man vor Augen hat, und wie man eigentlich immer sein sollte.«

»... weil ein Gestern war und ein Morgen seyn wird« Von Geburtstagen, Jubiläen und anderen Festtagen

Bis ins hohe Alter schätzte Goethe große Gesellschaften nicht sehr, und deshalb förderte er wohl auch nicht die beiden Feste, die man fast als Symbole für die wachsende Privatheit des bürgerlichen 19. Jahrhunderts verstehen kann: Weihnachten und den Geburtstag. Weihnachten war seit Luther ein Gabenfest für Kinder. So bereitete Goethe Weihnachten mit dem Sohn und eine Generation später mit den Enkeln Vergnügen, und wie Frau Aja Paket auf Paket mit Bonbons und »Prenten« nach Weimar geschickt hatte, erbat sich der Großvater nun ähnliche Süßigkeiten von Frankfurter Freunden und wird das Fest für die Enkel so wie Lotte im *Werther* vorbereitet haben: »Sie beschäftigte sich, einige Spielwerke in Ordnung zu bringen, die sie ihren kleinen Geschwistern zum Christgeschenke zurecht gemacht hatte. Er redete von dem Vergnügen, das die Kleinen haben würden, und von den Zeiten, da einen die unerwartete Öffnung der Tür und die Erscheinung eines aufgeputzten Baumes mit Wachslichtern, Zuckerwerk und Äpfeln in paradiesische Entzückung setzte.« Unterdessen hatte sich der Christbaum eingebürgert, aber das Essen nahm weder am Heiligen Abend noch am Weihnachtstag andere Formen an als sonst.

Statt dessen hat Goethe dem Neujahrstag mit den Segenswünschen höhere Bedeutung beigemessen. Ein gereimter Gruß wurde 1828 vervielfältigt und an Freunde in Weimar und in der Fremde gesandt: »Hiebey ein bildliches und reimliches Grüßlein zum Neuen Jahr. Wenn Phöbus Rosse sich zu schnell / in Dunst und Nebel stürzen, / Geselligkeit wird, blendend hell, / die längste Nacht verkürzen ...«

Geburtstage und andere Jubiläen waren im Barock ein willkommener Anlaß, den Serenissimus mit Ehrenabordnungen, Festpoemen und Feuerwerk zu feiern, vielleicht ein Freibier zu geben und einen Ochsen am Spieß auf der Festwiese braten zu lassen. Der Geburtstag als individuelles Fest, mit Geschenken und Geburtstagskaffee oder Abendessen – diese Idee war noch nicht ausgereift, und Goethe sah offenbar keinen Reiz in einem Fest, das sich auf die Familie, auf das eigene Ich beschränkte. Er nahm diesen Tag lieber als Anlaß zum Gedenken an das, was ihn mit Freunden und geliebten Menschen verband.

Freilich ließ er sich gern feiern – in Abwesenheit, so wie es Schiller im Gartenhaus getan hatte oder wie noch Jahre später, als Goethe aus Böhmen den zur Feier seines Geburtstages in Weimar versammelten Freunden ein Gedicht sandte. Er ließ sich gern eine Kartoffeltorte von Bewunderern präsentieren und sich in der Fremde, ohne viel Gefühlsaufwand und weitere Umstände, in den Mittelpunkt ziehen. So machte Goethe auf der Heimreise von Pyrmont am 28. August 1802 in Gotha Station, wo Prinz August eine Überraschung vorbereitet hatte. Nach dem festlichen Mittagessen wurde von sämtlichen fürstlichen Lakaien ein mächtiger Geburtstagskuchen hereingetragen, mit 53 brennenden Kerzen. Die Kerzen strömten zwar eine solche Hitze aus, daß sie schmolzen, und über die Art des Kuchens ist nichts überliefert, aber der Eindruck war erwähnenswert.

1819, zum 70. Geburtstag, gab es in Frankfurt ein Fest, an dem 180 Gäste teilnahmen, und die Büste des Freundes, »der unsichtbar bei uns war«, wurde mit einem goldenen Lorbeerkranz geschmückt. Dieser Kranz aus 49 achtzehnkarätigen Goldblättern, mit acht Smaragden geschmückt, wurde Goethe nach Weimar geschickt. Er bedankte sich bei den Festgästen für »ein öffentliches liebevolles Zeugnis, daß man nicht umsonst gelebt, daß eine gütige Vorsehung uns von Schritt zu Schritt vergönnte, etwas zu leisten, welches wir so lange scheu als das Unsrige betrachten, bis uns andere versichern, daß es auch für sie bleibenden Wert habe …«

1821 besuchte Goethe auf dem Wege in die böhmischen Bäder den Grafen Josef Auersperg auf seinem Schloß Hartenberg bei Eger, wo ihn ebenfalls eine Überraschung mit Galatafel und Feuerwerk zum Geburtstag erwartete, und als Gedenkgabe erhielt er eine Schokoladentasse aus der Fürstenberg-Manufaktur mit dem Bild des Grafen, was beides war: die übliche Selbstdarstellung des Aristokraten, aber auch eine persönliche Geste, die Goethes Vorliebe für gute Schokolade zum Anlaß hatte.

Ganz allein der Person Goethes gewidmet war freilich das berühmteste Geburtstagsgeschenk, von dem Ulrike von Levetzow 1823, nach der Marienbader Affäre, dies berichtete: »In Karlsbad war er auch an seinem Geburtstag mit uns, und da meine Mutter merkte, daß er nicht wissen lassen wollte, daß es sein Geburtstag, so verbot sie auch uns, es zu erwähnen. Goethe sagte den Tag vorher, er wünschte sehr, daß wir mit ihm recht früh nach Elbogen fahren möchten und daß wir diesen Tag seine Gäste seien, wie er die ganze Zeit unser Gast gewesen. Mutter nahm es an, setzte für diesen Tag die Küche aus, und als Goethe um 7 Uhr früh zum Frühstück herunterkam, stand eine hübsche Tasse, auf welcher ein Efeukranz, an seinem Platze; nachdem er sie eine Weile betrachtet, wandte er sich zu meiner Mutter: Warum die schöne Tasse? – Damit Sie an unsere Freundschaft erinnert werden! Efeu ist ja deren Sinnbild. Goethe reichte der Mutter die Hand: Wie hübsch. Es soll mir ein liebes Andenken sein.« Dann fuhr die Gesellschaft nach Elbogen, »so kam die Essensstunde, er hatte seinen Kammerdiener schon früher nach Elbogen geschickt, damit er alle Vorbereitungen treffe. Mutter aber hatte einen schönen Kuchen, einen echten Geburtstagskuchen, und zwei Flaschen alten Rheinwein, welchen Goethe besonders liebte, mitgenommen, welche an dem Tisch standen und Goethe gleich bemerkte: Welch schöner geschenkter Kuchen. Nun erwiderte die Mutter: Ich muß doch auch etwas zu dem Diner beitragen, und da wählte ich Biskuit und einen Wein, welches Sie ja lieben. – Meine aufmerksame kleine Freundin! Aber welch schönes Glas seh ich wieder hier mit Ihrem und der lieben Kinder Namen! Wieder sagte Mutter: Wir wollen über allem nicht vergessen sein, und Sie sollen sich unser und auch des heutigen schönen Beisammenseins erinnern und immer daran denken. Goethe lächelte, dankte und blieb fort heiter. Zu Ende der Mahlzeit brachte sein Kammerdiener ihm einen ganzen Pack Briefe und Schriften, welche er zum Teil las, dabei öfters sagte: Die lieben Menschen sind sehr freundlich und lieb; wohl erwartend, daß wir fragen würden, was aber nicht geschah. So fuhren wir in heiterer Laune nach Karlsbad zurück; schon von weitem sahen wir vor dem Haus auf der Wiese Menschen und daß Musik uns erwartete.

Gleich als wir ausstiegen, wurde Goethe umringt. Mutter winkte uns, sagte Goethe gute Nacht und ging mit uns hinauf. Da es schon spät, sahen wir Goethe erst am anderen Morgen wieder, wo seine erste Frage war: Nicht wahr, Sie wußten, daß gestern mein Geburtstag? Mutter sagte: Wie sollte ich nicht? Da hätten Sie es nicht drucken lassen müssen! Lachend schlug er sich vor den Kopf und meinte: So wollen wir es den Tag des öffentlichen Geheimnisses nennen; und so erwähnte er es auch später in seinen Briefen.« Das Glas aus böhmischem Kristall trug in drei Medaillons die Namen der drei Levetzow-Schwestern eingraviert: Ulrike, Améli und Bertha.

1829, zum 80. Geburtstag, schenkte ihm auch Marianne von Willemer einen farbigen Kristallbecher mit eingeschliffenen Veduten von Heidelberg und Baden. Und 1830 schrieb Goethe an Karl Friedrich Zelter: »Die Frankfurter Gönner und Freunde haben mir zum Geburtstag einen bedeutenden silbernen Becher und viele Flaschen guten Weins gesendet …« Längst hatten die Geburtstagsfeiern eingesetzt, die ohne Goethe zu seinen Ehren in ganz Deutschland stattfanden, überall gab es Reden, Lesungen, Aufführungen, zum Schluß ein Bankett, und der Geheime Rat ließ sich davon berichten und berichtete anderen.

Im Sommer 1831 blühten Rosen und Malven am und um das Gartenhaus, von dem Goethe vier Jahre vorher, 1827, an Karl von Holtei schrieb: »Wir haben hier in diesem Gartenhäuschen tüchtige Jahre verlebt; und weil es denn mit uns auch dem Abschluß nähert, so mag sich die Schlange in den Schwanz beißen, damit es ende, wo es begann.« Johann Wolfgang von Goethe erhielt Besuch von der Großherzogin und anderen Freunden, die den Blütenflor bewundern wollten, und gab am 9. August eine »große Teegesellschaft«. Das war sein letztes Fest im unteren Garten.

Zum letzten Geburtstag, 1831, schickten ihm 18 Frankfurter Freunde, darunter Willemer, Wein und einen kostbaren Silberpokal, und Goethe schrieb an Willemer und seine Frau: »Die Feyer meines Geburtsfestes war diesmal zu meiner Beschämung brillant. Ich, der ich es voraussah, entzog mich in ein heiteres Bergstädtchen am Thüringer Walde, wo ich vor vierzig-fünfzig Jahren manches Erfreuliche und Leidige, so viel Glückliches als Widerwärtiges erlebt habe, welches nur durch eine grenzenlose Thätigkeit allenfalls ins Gleiche zu bringen war und wodurch gar Vieles geschah, dessen Wirkungen noch sachte umherschleichen …« Er hatte seine Enkel mit auf den Ausflug genommen, »diese lieben Wesen und Neulinge drangen, ohne poetisches Vehikel, in die ersten unmittelbarsten Zustände der Natur. Sie sahen die Kohlenbrenner an Ort und Stelle, Leute, die das ganze Jahr weder Brod noch Butter, noch Bier zu sehen kriegen und nur von Erdäpfeln und Ziegenmilch leben. Andere, wie Holzhauer, Glasbläser sind in ähnlichem Falle, aber alle heiterer als Unsereiner, der gewöhnlich das Heute verliert, weil ein Gestern war und ein Morgen seyn wird …«

»... so genügt mir bei Tisch das Wenigste, Einfachste ...«
Der sparsame Speisenzettel der letzten Lebensjahre

Für die »lieben Wesen«, seine beiden Enkel, hatte Goethe nach dem Tod seines Sohnes August im Oktober 1830 in Rom die »abermals zugemutete Rolle eines deutschen Hausvaters« und – da seine Schwiegertochter nicht mit Geld und Haushalt zurechtkam – die Leitung und Schlüsselgewalt übernommen. Er entwarf im Herbst 1831 Speisenzettel für jeden Tag, bis zum 15. März 1832, und begann mit »Anordnungen«, die wieder Sparsamkeit und Ordnung in die Küche bringen sollten: »Beim Spicken der Braten und der Beilagen zwei Drittel weniger Speck. Keine Fasanen werden mehr angeschafft, und die Hasen sämtlich in der Niederlage ins Buch zu schreiben. Ingleichen keine Kapaunen anzuschaffen, sondern zu überlegen, wie man mit nachhaltigen Fleischerbraten auskommen könne. Ferner ist auf gutes Rindfleisch zu sehen, welches zu dem Zugemüse an den Herrschaftl. Tisch mit irgendeiner Sauce als zweites Essen zu liefern ist. Alle Mittag 12 gute Kartoffeln.«

Die Mahlzeiten, die Goethe zusammenstellte, waren laut einem Brief an Marianne von Willemer aus dieser Zeit einfach und dadurch sparsam, daß zum Beispiel Reste von der Mittagsmahlzeit beim Abendbrot wieder auf den Tisch kamen oder ein großer Braten für zwei Mahlzeiten reichte. Jedes Mittagessen begann wie üblich mit einer Suppe, meist einer Rinderbrühe, wobei die liebsten Einlagen Grießklößchen, dann Nudeln, Reis, Graupen, Fleischklößchen oder Wurst waren. Die Grießsuppe führte auch die Reihe der gebundenen Suppen an, gefolgt von Kartoffelsuppe. Die Suppenvariationen: Sago und Buchweizen, Rübchen und Kräuter, Krammetsvögel, Erbsen oder Eierkuchen.

Am Weihnachtstag 1831 gab es: »1. Graupensuppe, 2. märkische Rübchen mit Coteletten. 3. 2 Hasen, 1. zu Mittag, den andern in Vorrath.«

Am Altjahrsabend 1831 gab es »Sagosuppe, Gänseleber mit Sauce, Rübchen mit Coteletten, Rehrücken und Apfelcombot. Abends: Suppe wie mittags, Wildbret«. Und am Neujahrstag 1832: »Graupensuppe, Weißkraut gefüllt. Rehbraten, Apfelbrey. Abends: Suppe wie mittags, Fleischklößchen, Apfelbrey.« Am folgenden Tag: »Nudelsuppe, Möhren mit Amoletten, Hasen und Brünellen. Abends: Suppe von Mittag, Hasen und Wildbret.« »Amoletten« sind Omeletts, und die »Brünellen«, heute »Prünellen« geschrieben und eher als Reineclauden bekannt, zeigen genauso wie »Apfelbrey«, was im Winter das frische Gemüse ersetzte. So gab es am Dreikönigstag zu Krammetsvögeln »Apfelbrey«, am 7. Januar zur gefüllten Kalbsbrust Kirschkompott. Ähnlich am 10. Januar: »Suppe mit Klößchen, Rübchen und Zunge, Gänseleberpastete, Kalbskeule und Kompott. Abends: Suppe mit Klößchen, Kalbsbraten und Kompott.« Und am 14. Januar: »Gans mit Kartoffeln und Äpfeln«, am nächsten Abend: »Rehbraten und Kompott.« Am 16. Januar ein besonders leckeres Essen: »Suppe mit Kohl und Würstchen, Salzhecht mit Kartoffeln, Wildbret mit Pastetenkruste, Plumboutin. Abends: Suppe von Mittag, Eierkuchen, Preißelsbeeren.« Der »Plumboutin« wird noch nicht so üppig wie der englische Plumpudding gewesen sein, der sich erst in der viktorianischen Zeit zu seiner ganzen Pracht und Herrlichkeit aufplusterte. Dieses warme Hauptgericht war ein klassischer Serviettenkloß, ein Semmelteig, gefüllt mit Weinbeeren, Rosinen und Mandeln, gezuckerten Pomeranzenschalen und eben hauptsächlich getrockneten Pflaumen, den »plums«.

Zwei weitere Januar-Menüs: »Suppe mit Eierkuchen, Herzkohl und Saucisen, Krammetsvogel mit Leberpastete, ChocoladenCräme. Abends: Suppe von Mittags, Klopps.« Und am Samstag, den 21.: »Suppe mit Makkaroni, italischer Salat, Kartoffeln à la Mecklenburg, Rehkeule und Kompott, Waffeln. Abends: Suppe von Mittag, Rehbraten und Kompott.« Für den Februar werden die Angaben schon knapper: »Suppe Reis. Karpfen. Spinat Eier Rehkeule. Kompott. Abends: Suppe von Mittag, Rehkeule.« Oder: »Suppe Grieß. Linsen Wurst. Truthahnskeule. Kompott. Lachs zum Voressen. Abends: Suppe Eierkuchen.« Für den März sind es nur noch Stichworte: »Suppe Reis. Kartoffel Rindfleisch Heringe Tauben, fricassirt. Abends wie Mittag.« Oder: »Grüne Suppe Heringe. Gef. Kraut Capaun Compot. Abends Kalbsbraten Suppe.«

Diese »Neue Einrichtung der Küche und des Mittagessens« – für Schwiegertochter, Enkelkinder, deren Hauslehrer und die üblichen Besucher – diktierte Goethe seinem letzten Diener Friedrich Krause, der auch die Ausgaben notierte. Für »Fleisch, Wildbret, Semmeln und dgl.« gab er im Januar 1832 83 Taler aus, im Februar 89 und im März 112. Für Milch und Rahm, Kaffee und Zucker (6 bis 9 Taler pro Monat) und für Tee (1 Taler pro Monat) wurde gesondert abgerechnet.

Noch einmal die feste Ordnung, bis zum letzten Mittagessen dieser Menüliste am 15. März: Kartoffelsuppe, die geliebten weißen Rüben, Schöpsenfleisch und Rindsbraten. Kein Dessert, nichts mehr für abends.

Auch in diesen letzten Wochen und Monaten versicherte sich Goethe noch der Hilfe, die ihm andere bei seiner Haushaltsführung leisten konnten. Am 13. Januar 1832 schrieb er nach Frankfurt an Marianne von Willemer: »... wenn Sie, meine Beste, wie im Sommer, so auch im Winter, für meine Tafel und Haushaltung sorgen wollten, deren persönliche genaue Behandlung Sie komisch finden würden, wenn Sie mich dieses Geschäft nothwendig konsequent durchführen sähen: so vermelde ich nächstens einige Wünsche, durch deren Erfüllung ich meinen Gästen wohl ein besonderes Lächeln abgewinnen möchte. Wollen Sie mir indeß freundliche Gesichter von meinen Enkeln erwecken, so erbitte ich mir, etwa im Februar, etwas Offenbacher Pfeffernüsse; bis dahin werden die magenverderblichen Weihnachtsgaben wohl schon aufgespeist sein. Die Menschheit, merke ich, mag noch so sehr zu ihrem höchsten Ziele vorschreiten, die Zuckerbecker rücken immer nach; indem sich Geist und Herz immerfort reinigt, wird, wie ich fürchte, der Magen immer weiter seiner Verderbniß entgegengeführt …«

Marianne von Willemer antwortete am 29. Januar: »In einigen Tagen erhalten Sie ein Kistchen mit ganz frischen Pfeffernüssen und Brenten, für die ich um freundliche Aufnahme bitte, obschon sie eigentlich zu den Magenverderblichen Weihnachtsgaben gehören, und ich fast schließen möchte, daß Sie oder die Enkel ein wenig dagegen eingenommen sind; ich kann Sie aber versichern, daß sie in dieser einfachen schlichten Gestalt weniger schädlich sind als in der Zeit wenn sie etwas vorstellen sollen, da gewöhnlich die äußere Form mehr Werth hat als die Masse; auch etwas Quittenbast habe ich beigepackt, er hält sich lange und ist ganz unschädlich. Möge dies alles Ihnen und Ihren Enkeln zu einiger Freude gereichen!«

Goethe nach Frankfurt am 9. Februar: »Die anmuthigen Süßigkeiten sind glücklich angekommen und, was wirklich merkwürdig ist, haben Sie durch die obere Schicht eine frühere Geschmackslust Ihres bejahrten Freundes wieder aufgereget, wenn die anderen beyden Schichten, im Gegensatz der trübsten Wintertage, mir sonnenfreundliche Gesichter zu entwickeln nicht verfehlen werden. Was übrigens mich betrifft, so genügt mir bey Tisch das Wenigste, Einfachste, dächt ich nicht manchmal an die übrigen mitgenießenden Hausgenossen und Gäste. Deswegen möcht ich Sie jetzt nur um eine mäßige Sendung von Kastanien bitten, von welchen diesen Winter kaum einige Musterbilder zu uns gekommen sind.

Sodann fällt mir aber doch ein: Sie um ein paar Schwartenmagen zu bitten, welche, bei mäßiger Kälte, wohl möchten zu transportieren seyn. Während meiner Mutter Lebzeiten kamen dergleichen zu gehöriger Zeit regelmäßig an, und nur zwey der ältesten Freunde erinnern sich derselben als fabelhafter mythologischer Productionen. Gewiß werden Sie billig finden, daß ich mein kulinarisches Regiment mit Seltenheiten zu illustriren geneigt bin, und werden mir, als liebe sorgliche Freundin, hierzu gern einigen Beitrag tun …«

Und dann der letzte Brief von Marianne von Willemer an Goethe: »… die fabelhaften mythologischen Produktionen werden nun wohl angekommen sein und ihrer Zeit Ehre bringen, wie ich hoffe; wenn die Kastanien Beifall finden, so sende ich nächstens, oder wünschen Sie vielleicht italienische Maronen?«

Auf diese Frage bekam sie keine Antwort mehr.

Am 22. März 1832, an seinem Todestage, verlangte Goethe gegen 9 Uhr Wasser und Wein zum Trinken, richtete sich mit Hilfe seines Schreibers John im Sessel auf und trank das Glas in drei Schlucken leer. Clemens Wenzelslaus Coudray, in Goethes letzten Lebenstagen an seiner Seite, berichtete weiter, er habe zur »10. Stunde« eine Gabel und Frühstück verlangt. »Man brachte beides. Von dem kalten, kleingeschnittenen Geflügel führte er mit der Gabel einige Stückchen zum Munde und legte dann dieselbe mit dem Verlangen nach einem Trunke nieder. Friedrich [der Diener] reichte ein Glas Wasser mit Wein, wovon aber der Kranke nur wenig trank …«

Johann Wolfgang von Goethe starb an diesem Vormittag um 11 ½ Uhr.

7

Rezepte

Georg Flegel,
Dessertstilleben mit
Blumenstrauß
Ölgemälde, 1632
Privatbesitz

Vorbemerkung

Goethes Küche ist die alte Küche: keine Maschinen, kein Edelstahl, keine Elektrizität. Also habe ich die Gerichte aus den Rezeptsammlungen seiner Frankfurter Familie und seiner Weimarer Köchinnen und Köche so herzustellen versucht, wie es in den für unser Verständnis oft »krausborstigen« Zubereitungen befohlen wird. Ich habe die vielseitig verwendeten altbackenen Semmeln mit der Hand gerieben, habe das Fleisch für die Knöpflein mit dem Wiegemesser faschiert, habe Gewürze im Mörser gestoßen, Grieß mit Dottern verhackt und war entzückt, als aus dem Zuckerbrot genau der Zwieback entstand, den der Frankfurter Maler Georg Flegel immer wieder auf den Stilleben gemalt hat und den Goethe sein Leben lang aß.
So sind die folgenden Rezepte echt und nicht modernisiert. Ich habe zwar kein Feuer auf einem Herd entfacht, sondern meinen Elektroherd benutzt, einmal sogar gebrauchsfertigen Blätterteig, bin aber ansonsten im 18. und frühen 19. Jahrhundert geblieben. Deswegen sind die Mengenangaben der Flüssigkeiten und Gewürze nicht immer bestimmt, wie auch die Mengenangaben für die Anzahl der Personen fehlen.
Milch, Brühe und Wein wurden je nach der Natur der noch nicht standardisierten Lebensmittel dazugegeben, bis diese die gewünschte Beschaffenheit zeigten. Altmodische Zutaten wie Pottasche oder Hirschhornsalz lassen sich ohne Umstände ersetzen. Die Mehlmenge ist der Schlüssel: Für 500 g Mehl braucht man einen Beutel Backpulver.
Seit dem Mittelalter stand auf jedem Hühnerhof ein Taubenschlag. Wer keine Zuchttauben auf dem Markt bekommt, kann sie durch anderes kleines Geflügel ersetzen.
Das Essen in Goethes großelterlichem und elterlichem Haus habe ich auf Zinn- und Fayencetellern nach den Regeln der Barockküche angerichtet, das aus der Weimarer Zeit auf den schlichten weißen KPM-Tellern mit Weingläsern, wie sie im Haus am Frauenplan als Reste des ursprünglichen Bestandes noch heute im Glasschrank stehen.
Ein paar Teller überlebten auch den letzten, den Zweiten Weltkrieg in Weimar wie bei mir. So berühren sich die Zeiten, und so zeigt das, was ich gekocht und angerichtet habe und was die Fotografen Wolfgang Franz und Jens Rheinländer aufgenommen haben, wie überraschend modern die Goethe-Küche – vor allem bei Obst und Gemüse – war und wie vergnüglich es sein kann, diese Rezepte nicht nur zu lesen, sondern auch nachzukochen. Die Originalschreibweise, die ich bei manchen Rezepten beibehalten habe, zeigt Farbe und Ton der Vergangenheit.

Ein Frühlingsessen

Alle Gerichte wurden im Barock auf einmal auf den Tisch gesetzt, und so wurden sie auch fotografiert. Suppe, in der Terrine, die Gute Pastete, vorn, die Laubfrösch, rechts. Daneben, links, Fleischknöpflein und, hinten rechts, die Apfelküchlein.

Rezepte S. 234 und 235

Ein Fischessen

Die Gesottene Forelle, in der Mitte,
wird von Fischknöpflein umgeben
und ergänzt, hinten links.
Dazu gibt es auf Zinntellern
Frikatellen, hinten rechts,
und Gebacken Brot, vorn.
Früchte runden die Mahlzeit ab.
Rezepte S. 236 und 237

Ein Herbstessen
Die Hammelschulter in der Mitte,
auf Zinn die Schwedenknöpfe,
hinten links Spätzle und
hinten rechts die Mandelschnitten:
Man wählte aus,
was einem am besten schmeckte.
Rezepte S. 240 und 241

Ein Festessen in der Weihnachtszeit

Wie es aus der Küche kam,
wurde es auf den Tisch gestellt:
Wildpret auf Silber,
Apfel Compot, rechts hinten,
Maronen, links, davor eingelegte Zwiebeln.
Hinten links das Reisgericht,
zum Hirsch oder als Nachtisch.
Rezepte S. 242 und 243

Ein Frühlingsessen

Fleischknöpflein
500 g Rind- oder Kalbfleisch
2 hartgekochte Eier
1 Strauß Petersilie
2–3 Zweige Majoran
3 EL Butterschmalz
3 EL Semmelbrösel
50 g Speck
Pfeffer, Muskatnuß und Salz
2–3 Eier
Fleischbrühe
1 EL Weißwein

Das gekochte oder gebratene Fleisch fein wiegen oder durch den Wolf treiben, die beiden hartgekochten Dotter mit den fein gewiegten Kräutern vermengen und dazugeben. Butterschmalz in der Pfanne zerschleichen lassen, die Semmelbrösel dazugeben und anrösten, im letzten Augenblick die Speckwürfel hinzufügen und gerade glasig werden lassen. Diese Mischung zum Fleisch geben, mit Pfeffer und Muskatnuß würzen, salzen und mit zwei Eiern gut verrühren. Das dritte nur dazugeben, falls der Teig zu fest ist.
In einer Pfanne Butterschmalz zerlassen, mit dem Löffel Knöpflein ausstechen, dicht an dicht in die Pfanne setzen und von beiden Seiten anbraten. Dann etwas Fleischbrühe dazugießen, eventuell auch einen Löffel Wein, und so langsam gar ziehen lassen, daß sie nicht zerfallen.

Gute Pastete
Zutaten für den Teig:
200 g Mehl
etwas Sahne
100 g Butter
Salz
Zutaten für die Fülle:
etwa 400 g gekochtes Kalbfleisch und Hühnerfleisch
1 Zitrone
1–2 EL Butter
Salz und Pfeffer
1 Ei

Aus den angegebenen Zutaten einen Teig kneten und im Kühlen mindestens eine halbe Stunde rasten lassen.
Kalbfleisch und Hühnerfleisch klein schneiden, die Zitrone auf einem Porzellanteller in dünne Scheiben schneiden, diese entkernen und samt Schale in kleine Stücke schneiden.
Den Pastetenteig halbieren, die eine Hälfte rund ausrollen, in eine mit Butter ausgeriebene Tortenform legen. Das Kalbfleisch und Hühnerfleisch hineinlegen, das Zitronenhack darauf verteilen, salzen und pfeffern und mit dem Teigdeckel aus der anderen Teighälfte zudecken. Die Naht gut verschließen, in der Mitte des Deckels einen Kamin ausstechen, damit der Dampf entweichen kann und den Deckel nicht platzen läßt. Das Ei verrühren, den Deckel damit bepinseln, in den auf 180° vorgeheizten Ofen schieben und 30 Minuten backen.

Laubfrösch

12–14 hübsche Mangoldblätter
2 altbackene Brötchen
1/8–1/4 l Milch
Salz
1 Prise Muskatblüte
1 Prise Majoran
2 Eier
2–3 EL Semmelbrösel
Pfeffer
Butter
1 Tasse Fleischbrühe

Die Mangoldblätter waschen, blanchieren, auf ein Brett legen und jedem die Mittelrippe herausschneiden. Die braune Rinde der Brötchen abreiben, das Weiße in warmer Milch weichen lassen, dann gut ausdrücken, mit Salz, Muskatblüte und Majoran nach Belieben und zwei Eiern verrühren. Falls die Fülle zu weich ist, zwei bis drei Eßlöffel Semmelbrösel dazugeben. Alles gut verrühren und etwas stehen lassen, damit die Fülle quellen kann.
Dann auf jedes Blatt einen Löffel Fülle geben, das Blatt rechts und links über die Fülle schlagen, vom Blattende zur Blattspitze aufrollen. Die grünen Frösche dicht nebeneinander in eine feuerfeste Form setzen, alle pfeffern und mit Butterflocken besetzen, etwas Fleischbrühe dazugießen, so daß sie knapp bedeckt sind, und alle Laubfrösche 20 Minuten im mittelheißen Ofen backen.

Apfelküchlein

2 Äpfel
Mehl
3–4 Eier
Butter oder Butterschmalz
Rosinen
Mandelstifte
Zucker
Zimt

Die Äpfel schälen und in kleine Würfel schneiden, diese in Mehl wälzen. Einfacher geht es, wenn man zwei bis drei Eßlöffel Mehl in eine Tüte schüttet, die Apfelwürfelchen dazugibt, die Tüte verschließt und kräftig schüttelt. Diese bemehlten Apfelstückchen nun in eine Schüssel geben, drei Eier verquirlen, auf die Äpfel gießen und verrühren. Das vierte Ei nur verwenden, falls es notwendig ist. Butter oder Butterschmalz in einer Pfanne heiß werden lassen, den Apfelteig entweder in eßlöffelgroßen Portionen hineingeben und auf beiden Seiten ausbacken, oder alles auf einmal in die Pfanne schütten und wie einen Schmarren backen: Den Teig zuerst bräunen lassen, dann mit zwei Gabeln zerreißen und unter ständigem Um- und Umdrehen backen. Dabei so viel Butter nachgeben, wie nötig, außerdem gewaschene Rosinen, Mandelstifte, Zucker und Zimt nach Geschmack. Sofort und heiß auftragen.

Gesottene Forellen

1 kochfertige Forelle
Salz und Pfeffer
frisch gerissener Ingwer
1 Tasse Weinessig oder Weißwein
3 Dotter
100 g Butter

Etwa ein Liter Wasser im Fischkochtopf mit Salz, Pfeffer, Ingwer und einer Tasse Weinessig oder Wein sieden lassen.
Die Forelle im Ganzen lassen oder in Stücke schneiden, mit dem Schaumlöffel in den Fischsud legen und je nach Größe 10–20 Minuten ziehen lassen. Den Fisch herausheben, in eine Schüssel legen und warm stellen.
Einen Schöpflöffel Fischsud in einer Kasserolle erhitzen, drei Dotter verquirlen, mit dem Schneebesen unterrühren, stückweise die Butter dazu. Diese Sauce abschmecken und auf die Forelle gießen.
Heute würde man diese Eiersauce, die sehr leicht gerinnt, nach dem Prinzip der Sauce hollandaise zubereiten: Dazu wird die Butter in einem kleinen Töpfchen geschmolzen und wieder etwas abgekühlt. Unterdessen verquirlt man die Dotter mit Salz, Pfeffer und ein bis zwei Teelöffeln Zitronensaft, stellt das Töpfchen ins Wasserbad und schlägt die Dotter so lange mit dem Schneebesen, bis sie cremig und dick werden. Dann kommt die geschmolzene lauwarme Butter tropfenweise dazu, während man kräftig weiterschlägt.

Fischknöpflein

Fischreste oder ein Rotbarschfilet
1 Weißbrötchen
Fleischbrühe
1 Strauß Petersilie
Dill
Majoran
1 kleine Scheibe Räucherschinken oder Speck
Salz und Pfeffer
2 Eier
2–3 EL Butter

Das Weißbrötchen in eine Schüssel legen, mit heißer Fleischbrühe begießen und weichen lassen.
Das Fischfleisch in Scheibchen schneiden und dann so fein wie möglich wiegen.
Die grünen Kräuter ebenfalls fein wiegen und Schinken oder Speck, die ihres Räucheraromas wegen dazugehören, fein hacken.
Das Weißbrötchen ausdrücken, mit Fischfleisch, Kräutern, Speck oder Schinken, Salz und Pfeffer und zwei Eiern verrühren, dann mit zwei Löffeln Nocken formen, in der Pfanne in Butter von beiden Seiten andünsten und dann mit einer Tasse kräftiger Fleischbrühe begießen. Die Pfanne zudecken und 20 Minuten von beiden Seiten auf schwacher Flamme garen.
»Wenn du Hecht oder Forellen hast, so lege zwischen die Stücklein Fisch die Knöpflein herum.«

Frikatellen

500 g Kalbfleischhack
oder Beefsteakhack
50 g Speck
2 Eier
2–3 EL Semmelbrösel
2 Zitronen
½ TL gemahlene Nelken
½ TL Muskatblüte
1 Messerspitze gemahlener Ingwer
½ TL Salz
½ TL getrockneter Thymian
Butterschmalz

Den Speck fein wiegen, mit Hack, Eiern und Semmelbröseln vermengen, die Schale einer Zitrone abreiben und samt dem Saft dazugeben. Mit Gewürzen und Kräutern abschmecken und am besten mit den Händen vermengen. Kleine Laibchen formen, von beiden Seiten in Butterschmalz braten, dann noch eine Zitrone darüber ausdrücken und zu Tisch bringen.
Oder: Wenn die Frikatellen »fast gelb gebraten sind, ein wenig Wein zur Sauce daran getan«. Das oder eine Tasse Fleischbrühe macht die Frikatellen besonders saftig.

Gebacken Brot

2 längliche Brötchen
Butterschmalz
Für die Fülle:
100 g gemahlene Mandeln
3 EL Semmelbrösel
3 EL Zucker
etwas Weißwein oder Rosenwasser
1 Ei
2 Dotter

Die Brötchen in Scheiben schneiden, aber nicht ganz durchschneiden, so daß die Unterseite ganz bleibt. Die Scheibchen etwas auseinanderbiegen. Aus Mandeln, Semmelbröseln, Zucker, Weißwein, Ei und Dottern eine Paste rühren und in die Spalten streichen. In heißem Butterschmalz langsam von beiden Seiten in der Pfanne backen, oder in einer feuerfesten Schüssel Butter zerlassen, die Semmeln hineinsetzen und bei schwacher Hitze etwa 20 Minuten backen.
Man kann das Gebacken Brot mit einer Rosinensauce begießen oder die Rosinen gleich zur Fülle geben.

Junge Hühner mit Lattich

1–2 junge Hühner, koch- oder bratfertig
pro Person 1 Kopfsalat
Hühnerbrühe
Butter

Das Huhn oder die Hühner kochen, braten oder grillen. Aus dem Lattich, wie der Kopfsalat damals genannt wurde, die Herzen herausschneiden, mit einem Zwirnsfaden zusammenbinden, nacheinander in die kochende Hühnerbrühe geben und sieden lassen, bis sie zusammenfallen, dann mit dem Schaumlöffel herausnehmen und abtropfen lassen.
Zum Servieren um das Huhn herumlegen, mit ein wenig heißer Hühnerbrühe begießen und mit Butterflöckchen besetzen.

Hühner weiß zu fricassiren

2 Hühnerbrüste
Fleischbrühe
Weißwein
Salz
1 TL gemahlener Ingwer
1 TL Muskatblüte
2 hartgekochte Eier
1 Bund Schnittlauch
2 Zweige frischer Majoran
3–4 Zweige Petersilie
Butterflocken

Die Hühnerbrüste in halb Fleischbrühe, halb Weißwein aufkochen lassen, salzen und würzen. Die Hitze verringern, und das Fleisch 30–40 Minuten simmern lassen.
Unterdessen die hartgekochten Eier fein wiegen, ebenfalls Schnittlauch, Majoran und Petersilie. Wenn das Hühnerfleisch weich ist, aus der Brühe nehmen, in Stücke schneiden, in eine Schüssel legen, die Eierkräuter mit etwas Hühnerbrühe verrühren und auf das Hühnerfleisch verteilen. Mit Butterflocken besetzen und auftragen.

Schwarze Mandeltart

7 Dotter
160 g Zucker
250 g gemahlene Mandeln
5 Eiweiß
1 Zitrone
½ EL gemahlener Zimt
½ TL gemahlene Nelken
50 g Semmelbrösel
Butter

Dotter und Zucker weiß-cremig rühren und die gemahlenen Mandeln dazurühren. Die Eiweiß mit etwas Zitronensaft zu Schnee schlagen, samt Zimt, Nelken, abgeriebener Zitronenschale und Semmelbröseln darunterheben, aber nicht mehr rühren. Zwei Backformen, etwa 15 x 20 x 5 cm, mit Butter auspinseln und mit Semmelbröseln bestreuen. Den Teig einfüllen, in den auf 180° vorgeheizten Ofen schieben, mittlere Schiene, und 20–30 Minuten backen. Die Mandeltart bräunt rasch, also Aluminiumfolie zum Zudecken bereithalten. Auf jeden Fall die Garprobe machen. Siehe in Abb. hinten li.

Weiße Mandeltart

160 g Zucker
3 Eier und 4 Dotter
250 g gemahlene Mandeln
die abgeriebene Schale 1 Zitrone
Zimt
1 Prise Salz

Zucker und Dotter hell-schaumig rühren, ein Ei nach dem andern zugeben, dann Mandeln und Gewürze. Wie oben backen. Siehe in Abb. hinten re.

Hammelschulter mit Cucumerbrüh

1 Lammschulter, etwa 800 g
Öl
Pfeffer
Fleischbrühe oder Weißwein
1–2 Gemüsegurken
Salz
30 g Butter
1 Zwiebel

Das Fleisch mit Öl und Pfeffer einreiben, im vorgeheizten Ofen bei 160–180° etwa 1½ Stunden braten, eventuell etwas Fleischbrühe oder Weißwein in den Bräter gießen. Unterdessen die Gemüsegurke in dünne Scheiben schneiden, salzen, etwas ziehen lassen, dann mit kaltem Wasser abspülen und gut ausdrücken.
In einer großen Pfanne etwas Butter heiß werden lassen, eine Zwiebel hacken und dazugeben, pfeffern und auf mittlerer Hitze golden werden lassen. Dann die Cucumerstücke, die Gurkenstücke, dazugeben, unter ständigem Umrühren braten, und zum Schluß die Lammschulter auf eine Platte legen, die Gurkenstücke daraufschütten und mit Bratfett begießen.

Grüne Spätzle

4 Eier
Salz und Pfeffer
1 TL Muskatblüte
je 1 EL fein gewiegte Petersilie und Majoran
etwas Sahne
etwa 300 g Mehl

Eier, Kräuter und Gewürze, Sahne und so viel Mehl mit einem Holzlöffel verrühren, bis es wie ein Brei ist. Den Teig kräftig schlagen, daß er Blasen wirft. Wenn man will, kann man ihn eine Stunde zugedeckt ruhen lassen. Vier Liter Salzwasser aufkochen lassen, den Teig portionsweise auf ein nasses Holzbrett legen und mit einem Messer Teigstreifen ins siedende Wasser schaben, ziehen lassen, bis die Spätzle an die Wasseroberfläche steigen, mit dem Sieblöffel herausnehmen, abtropfen lassen, warm stellen und so fortfahren, bis der ganze Teig verbraucht ist.
Heute gibt man zum Schluß einen bis zwei Löffel Grieß an den Spätzleteig, das macht ihn fester und knackig.
Damals schüttete man die Spätzle »in eine breite Kachel«, also in ein irdenes Geschirr, gab Butter, Pfeffer und Fleischbrühe dazu und ließ alles ein wenig aufkochen. Nach Belieben mit ein paar frischen, fein gewiegten Kräutern bestreuen.

Schwedenknöpfe
2 altbackene Brötchen
½ l Milch
1 Zwiebel
Salz
2–3 EL Mehl
1 Strauß Petersilie
Butterschmalz

Die braune Schale der Semmeln abreiben, das Weiße in Brocken schneiden. Die Milch aufkochen lassen, die Semmelwürfel hineingeben, den Topf vom Herd nehmen und die Semmeln etwas quellen lassen. Unterdessen eine Zwiebel reiben oder sehr fein wiegen, mit einem halben Teelöffel Salz zur Semmelmilch geben und kochen wie einen Brei. Dann so viel Mehl dazurühren, daß der Brei dick wird, und die gehackte Petersilie unterrühren. Zudecken und etwas abkühlen lassen. Dann in einer großen Pfanne Schmalz heiß machen, den Teig mit einem Eßlöffel herausstechen und von beiden Seiten nicht zu braun backen.

Mandelschnitten
100 g geschälte und gemahlene Mandeln
3 EL Semmelbrösel
3 EL Zucker
2 Eier
etwas Rosenwasser oder Weißwein
2 EL Weinbeeren
altbackene Weißbrot- oder Baguettescheiben
Butterschmalz
Mandelstifte

Die gemahlenen Mandeln mit Semmelbröseln, Zucker und Eiern verrühren, etwas Rosenwasser oder Weißwein dazugeben, »bis es recht ist, du mußt es nicht zu dünn machen«. Zum Schluß die gewaschenen Weinbeeren dazugeben. Große Weißbrotscheiben eventuell halbieren oder vierteln, Baguettescheiben so verwenden, wie sie sind. Dieses Brot in der Pfanne von einer Seite in Butter anbraten, auf dieser Seite mit der Mandelmischung bestreichen. In heißem Butterschmalz von beiden Seiten ausbacken, dann mit Mandelstiften bestecken und servieren.

Wildpret zu kochen
1 kg Hirschkeule oder -schulter
Knochen- oder Fleischbrühe
Weinessig oder Weiß- oder Rotwein
Nelken
Ingwer
Salz
1 Zwiebel
50 g Speck
6–8 Wacholderbeeren
50 g Butterschmalz
75 g geriebenes Schwarzbrot
etwas Mehl

Das Fleisch in Knochen- oder Fleischbrühe kochen, der eine Tasse Weinessig oder ½ l Weiß- oder Rotwein zugesetzt wird.
Mit drei bis vier Gewürznelken, einem Stück Ingwerknolle und eventuell Salz würzen und auf schwacher Hitze 1½–2 Stunden leise sieden lassen.
Wenn das Fleisch gar ist, Zwiebel, Speck und Wacholderbeeren fein wiegen. Das Butterschmalz in einer großen Pfanne heiß werden lassen, das Schwarzbrot darin anrösten, etwas Mehl dazugeben, wenn es gelb ist, einen Schöpflöffel Wildbrühe dazugießen, die gehackten Zutaten hineinschütten, abschmecken und 10 Minuten leise kochen lassen. Unterdessen das abgetropfte Fleisch in Scheiben schneiden, in eine Schüssel legen und mit dieser Sauce begießen.

Apfel Compot mit Zimt
2 Äpfel
Butter
Zimt

Die Äpfel schälen und in Achtel schneiden, in Topf oder Pfanne reichlich Butter zerlassen und die Apfelscheiben von beiden Seiten langsam darin weich dünsten. Mit Zimt bepudern und zum Fleisch reichen.

Maronen in Madeira
500 g geschälte Maronen
Fleischbrühe
Suppengemüse
30 g Butter
1 Gläschen Madeira
1 Prise Zucker

Die geschälten Maronen mit kleingeschnittenem Wurzelwerk, dem Suppengemüse, in Fleischbrühe gar kochen, die Brühe etwas einkochen lassen, mit Butter und dem durchpassierten Wurzelgemüse zur Sauce kochen, mit einem Schuß Madeira und einer Prise Zucker würzen und servieren.

Ein Reisgericht

1 1/8 l Milch
125 g Reis
1 Prise Salz
60 g Butter
3 Eier
Pfeffer
Muskat
Butter und Semmelbrösel
für die Form

Die Milch aufkochen, den Reis hineinrieseln lassen und mit einer Prise Salz würzen. Die Milch wieder aufkochen lassen, dann auf schwächster Hitze 20 Minuten garen und quellen lassen. Die Butter in Stücke schneiden, auf dem heißen Reis zerschleichen lassen und mit den ganzen Eiern darunterrühren. Auf schwacher Hitze ständig rühren, bis die Eier gestockt sind. Dann mit Pfeffer und Muskat würzen und abkühlen lassen. Den Ofen auf 200° vorheizen, eine Auflaufform mit Butter ausstreichen und mit Semmelbröseln ausstreuen. Den Reis hineinfüllen und das Gericht 20–30 Minuten backen. Dann wird es auf eine Platte gestürzt.
Das Reisgericht wurde im nächsten, im 19. Jahrhundert »Meridon« genannt und wurde und wird auch heute noch gern gefüllt. Also: Halbe Reismenge in die Auflaufform einfüllen, mit geriebenem Käse und Schinkenwürfelchen bestreuen, zweite Hälfte daraufgeben und backen wie oben. Oder mit Spinat füllen: Blattspinat blanchieren und fein wiegen, in eine Käsesauce geben oder einfach in Butter und geriebenem Parmesan, Pfeffer und Salz andünsten. Man kann auch Zwiebelwürfel und Champignons dazugeben, wie oben verwenden, aber: Vorsicht beim Stürzen! Mit Fülle verrutscht die Geschichte gerne! Dann ist es besser, man löffelt das Meridon aus der Auflaufform.

Pfeffernüßlein

3 Eier
250 g Zucker
250 g Mehl
1 TL gemahlener Zimt
½ TL gemahlene Nelken
1 Messerspitze gemahlener Ingwer
1½ Zitronen

Die Eier verrühren, einen Löffel Zucker und Mehl nach dem anderen dazurühren, ebenfalls die Gewürze und die abgeriebene Schale von anderthalb Zitronen. Der Teig soll nicht gewirkt werden, sondern muß immer feucht bleiben. »Dann kannst du die Haut ein wenig mehlig machen, den Teig in Stücklein herausnehmen und runde Küglein daraus machen.« Also: Mit einem immer wieder in Wasser getauchten Eßlöffel Stücklein abstechen, den Teig in bemehlten Händen rund drehen und aufs gefettete Blech oder auf Backpapier setzen, aber nicht zu dicht nebeneinander, denn die Pfeffernüßlein zerlaufen etwas beim Backen. Deshalb läßt man sie gern über Nacht trocknen und schiebt sie erst am nächsten Tag in den auf 160° vorgeheizten Ofen, »alsdann back sie gemächlich, sie müssen nicht braun, sondern weiß gebacken werden«. Dazu brauchen sie etwa 20 Minuten.

Lebkuchen

250 g Honig
1 Glas Weiß- oder Rotwein
190 g Zucker
1 TL gemahlener Zimt
1 TL gemahlene Muskatnuß
1 Prise gemahlener weißer Pfeffer
100 g Mandeln oder Walnüsse
4 Ingwernüsse
1 Zitrone
1 EL Ingwersirup
500 g Mehl
10 g Hirschhornsalz oder Pottasche
Zum Dekorieren:
1 Ei, Hagelzucker
Mandeln, Rosinen

Honig und Wein sieden lassen, den Zucker dazugießen und rühren, bis er sich aufgelöst hat. Dann den Topf vom Herd nehmen, die Gewürze dazugeben, Mandeln oder Walnüsse und Ingwernüsse fein wiegen, die Schale der Zitrone abreiben und den Saft auspressen und zusammen mit dem Ingwersirup dazugeben. In diese Mischung wird das Mehl gearbeitet, wobei man den letzten Rest mit dem Hirschhornsalz oder der Pottasche vermengt. Den Teig in zwei Partien ausrollen, zu rechteckigen Lebkuchen ausradeln oder Herzen, Figuren oder Halbmonde ausstechen, mit verquirltem Ei bepinseln und nach Belieben dekorieren.
Nebeneinander auf Backpapier aufs Backblech legen, in den auf 180–200° vorgeheizten Ofen schieben und 7–10 Minuten backen.
Die Lebkuchen in Schachteln aufheben und erst nach 14 Tagen anbieten.

Muscatzielen
2 Eiweiß
etwas Zitronensaft
100 g Zucker
250 g Mandeln
je ½ TL gemahlener Zimt, Nelken und Muskatnuß
ungefähr 20 Walnußhälften

Die Eiweiße mit ein paar Tropfen Zitronensaft steif schlagen, den Zucker hineinrieseln lassen, die Mandeln, die nicht allzu fein gemahlen sein sollten, und die Gewürze unterheben, und den Teig mit zwei Teelöffeln auf Backpapier aufs Backblech setzen. Etwas Abstand lassen, weil sie leicht auseinanderlaufen, und »backs hernach wie die Makronen ...« Das dauert im auf 150–160° vorgeheizten Backofen eine ¾ Stunde. Man kann jede Muscatziele mit einer halben Walnuß dekorieren, und man kann sie über Nacht trocknen und erst am nächsten Tag backen.

Wein gebackenes
250 g Butter
250 g Mehl
3 Dotter
3 EL vom besten Weißwein
2 EL Zucker
1 Ei und Zimtzucker zum Bestreichen

Aus allen Zutaten einen Knetteig arbeiten, »stark messerrückendick auswellen«, in beliebige Formen ausstechen oder ausradeln, nebeneinander auf das mit Backpapier ausgelegte Blech legen, mit einem verquirlten Ei bestreichen und mit Zimtzucker bestreuen. Ungefähr 10 Minuten bei 180° im vorgeheizten Ofen backen.
Dieses Rezept funktioniert auch, wenn man etwas weniger Butter verwendet, also zwischen 175 und 200 g.

Krebs und Kraut im Hirschgraben

*Auch bei Goethes wurde
noch alles auf einmal aufgetragen:
Der Krebsstrudel, in der Mitte,
Kraut mit Mandeln, hinten links,
das Eier-Koch, hinten rechts,
und das gute Eier-Essen, vorn.
Rezepte S. 252 und 253*

Reis und Spinat oder:
Die Kunst, Gemüse zu kochen

*Erbsensuppe, links vorn,
gab es immer wieder in Variationen.
Grün Kraut als Spinat, hinten rechts,
und Spinat auf andere Art, in der Mitte.
Vorn rechts auf Zinn Reis und Milch.
Getrocknete Früchte gab es danach.
Rezepte S. 254 und 255*

Sommergemüse

Die Erbsenbrühe, vorn links,
mit Ei und Semmel.
Zur Zunge, Mitte, gibt es
Pilze, hinten links, oder
die Gemüsemischung aus Schoterbsen,
Mohrrüben und Schinken, vorn rechts.
Statt Kartoffeln: eine Semmel.
Rezepte S. 256 und 257

Geburtstagsessen für Johann Wolfgang

Geburtstagspretzeln, vorn,
durften nie fehlen.
Lieblingsessen waren Salate:
Kohl-, vorn links, Hühner-, Mitte links,
und Kartoffelsalat, hinten.
Das Prachtstück nach barocker Mode:
die Butterschlange, Mitte rechts.
Rezepte S. 258–260

Aus der Goetheschen Küche am Hirschgraben in Frankfurt

Das Geburtstagsessen für Johann Caspar Goethe

Zum ersten Geburtstag des Hausherrn Johann Caspar Goethe am 19. Juli 1755 im umgebauten Haus am Großen Hirschgraben durfte die Hausfrau sechs Gulden für dieses Fest seines 45. Geburtstags ausgeben und lud Gäste zu Rodonkuchen und Kaffee und Tee samt frischen Früchten ein.

Rodon- oder Ratonkuchen
250 g Butter
125 g Zucker
6 Eier
500 g Mehl
1 Zitrone
125 g gemahlene Mandeln
125 g Rosinen und Sultaninen
1/8 l Sahne
1 TL Muskatblüte
Butter und Semmelbrösel
für die Form

Aus Butter, Zucker, Eidottern und Mehl einen Rührteig arbeiten, die abgeriebene Schale und den Saft der Zitrone samt Mandeln und gewaschenen und in Mehl gewälzten Rosinen und Gewürz und zum Schluß die Sahne dazugeben. Die Eiweiß zu Schnee schlagen und vorsichtig unterheben. Den Teig in eine große, gut ausgebutterte und ausgebröselte Springform oder zwei Napfkuchenformen füllen, wobei die Napfkuchenformen nur zu zwei Dritteln gefüllt werden sollten, da der Teig aufgeht. Bei etwa 180° 60–70 Minuten backen, die Hölzchenprobe machen und in der Form erkalten lassen. Dann erst stürzen.
Der Rodonkuchen ist im Hessischen ein besonders reicher Napf- oder Rührkuchen, in Frankreich ein Schneckenkuchen, also ein Hefeteig, der wie ein Band ausgerollt und dann als Schnecke aufgewickelt und gebacken wird.

Hölzchenprobe:
Man sticht nach der angegebenen Backzeit mit einer Stricknadel oder einem Hölzchen in den Kuchen. Haftet noch Teig am Hölzchen, so muß der Kuchen etwa 10 Minuten weiter backen.

Der Frühstückszwieback, wie ihn Johann Wolfgang von Goethe auch in Weimar liebte

Zwieback 1: Zuckerschnitten

125 g Zucker
3 Eier
125 g Mehl
je 1 Messerspitze gemahlener Anis und Fenchel
Saft einer ½ Zitrone
Butter und Semmelbrösel für die Form

Zucker und Eier mit dem Schneebesen des Handquirls weiß-schaumig rühren, die Gewürze, den Zitronensaft und das Mehl hinzugeben. Eine viereckige Backform, 20 x 15 x 5 cm, mit Butter bestreichen und mit Semmelbröseln ausstreuen. Den Teig hineinfüllen und bei 180° etwa 20 Minuten backen, bis er »schön braun gebacken ist«. Dann stürzt man die Zuckerschnitten aus der Form, läßt sie etwas abkühlen, schneidet sie in dünne »Scheitlein«, legt sie auf ein Blatt Backpapier und schiebt sie »noch mal wieder in den Ofen, bis sie schön gelblich werden, alsdann hebe es in einer Lade auf«. Siehe in Abb. vorn.

Zwieback 2: Zuckerbrot

3 Eier
190 g Zucker
125 g Mehl
125 g gemahlene Mandeln
je ½ TL gemahlener Zimt, Nelken und Muskatblüte
1 Zitrone
Butter und Semmelbrösel für die Form

Eier und Zucker schaumig rühren, Mehl und gemahlene Mandeln, Gewürze und die abgeriebene Schale der Zitrone vermengen und dazugeben, so daß der Teig »fein dick werde«. Eine rechteckige Backform, 20 x 15 x 5 cm, buttern und bröseln, den Teig hineinfüllen und 30 Minuten bei 180–200° backen. Dann wird das Zuckerbrot gestürzt, kühlt etwas ab und wird in Scheiben geschnitten »wie dünn geschnitten Brot« und im Ofen nachgetrocknet. Siehe in Abb. hinten.

Krebsstrudel

Zutaten für den Strudelteig:
250 g Mehl
1 Prise Salz
etwa 1/8 l lauwarmes Wasser
1 Dotter
2 EL Öl zum Bepinseln
Zutaten für die Fülle:
1–2 Schalotten
1 Strauß Petersilie
50 g Butter
2–3 altbackene Brötchen
200 g saurer Rahm
2 Eier
1 Tasse Krebsfleisch
Krebsbutter
Semmelbrösel

Die Zutaten für den Strudelteig in etwa 10 Minuten mit dem Knethaken der Küchenmaschine oder des Handrührgeräts zu einem Teig verarbeiten. Diesen zur Kugel rollen, mit Öl bepinseln, kreuzweise einschneiden, in Folie wickeln und zwei Stunden im Kühlen rasten lassen.
Unterdessen die Fülle arbeiten: Schalotten und Petersilie fein wiegen, in Butter anrösten. Brötchen in Würfel schneiden, mit Rahm und verquirlten Eiern verrühren.
Dann den Strudelteig in zwei Portionen ausrollen, ein quadratisches Küchentuch auf die Arbeitsfläche legen, mit Mehl bepudern, den Strudelteig darauf legen und nun mit schneller, aber gefühlvoller Hand nach allen Seiten so dünn ausziehen, daß man die Struktur des Handtuchs durch ihn hindurch erkennen kann. Das geht viel leichter, als es klingt. Der Trick: Man lehnt sich fest an den über den Tisch hängenden Saum des Küchentuchs, klemmt auch ein Stück vom Teigrand ein, so daß einem die ganze Geschichte nicht immer wegrutscht.
Der ausgezogene Strudelteig hat ringsherum einen Wulst, den man mit einem scharfen Küchenmesser einfach abschneidet. Auf diesen Teig schüttet man nun die angerösteten Zwiebeln und die Petersilie samt der Butter und die Semmelwürfel. Alles schön gleichmäßig verteilen, als letztes das Krebsfleisch darauf streuen, das Küchentuch an einer Seite anheben, so daß sich der Strudel von alleine zu einer Wurst rollt. Diese Wurst wird in einen gut gebutterten Bräter gelegt, in den auf 180–200° vorgeheizten Ofen geschoben. Nach 10 Minuten mit Krebsbutter begießen oder bepinseln und weitere 20–30 Minuten backen. Vorm Servieren wird der Krebsstrudel mit Semmelbröseln bestreut, die in Krebsbutter geröstet worden sind.

Gehacktes Kraut
750 g Weißkraut
2 EL Öl
50 g Räucherspeck
1 Zwiebel
¼ l Fleischbrühe
50 g Mandeln
Salz und Pfeffer
1 TL Zucker

Das Kraut putzen und hacken, Öl und gewürfelten Speck erhitzen, die gewürfelte Zwiebel darin anrösten, mit Kraut und Fleischbrühe 30–40 Minuten schmoren lassen. Dann die abgezogenen Mandeln stifteln, dazugeben, würzen und abschmecken und noch einmal aufkochen lassen.

Ein gutes Eier-Essen
4 altbackene Semmeln
50 g Rosinen
2 Eier
¼ l Milch oder Rahm
Butter für die Form und Zucker und Zimt zum Bestreuen

Die Semmeln reiben, mit Rosinen, Eiern und Milch oder Rahm verrühren. Eine kleine runde Tortenform mit Butter auspinseln, den Semmelteig hineinstreichen und bei 180–200° eine halbe Stunde backen. Stürzen und als Beilage servieren.
Soll das Eier-Essen ein Nachtisch sein, so bestreut man es mit Zucker und Zimt.

Ein Eier-Koch
100 g Grieß
5 Dotter
2 EL Butter
½–¾ l Milch

Den Grieß mit den Eidottern auf einem Brett verhacken, die Butter in einer Kasserolle heiß werden lassen, den Eiergrieß dazugeben und unter ständigem Umwenden rösten. Die Milch in kleinen Portionen dazugießen, bis sie siedet, dann das Grieß-Koch auf dem Herd bei kleinster Hitze zugedeckt ausquellen lassen oder in eine ausgebutterte Auflaufform füllen, glatt streichen und bei 180° backen, daß es braun wird. Auf eine Platte stürzen.
Wird das Eier-Koch als Beilage zu Gemüse oder Fleisch gereicht, so sticht man mit dem Löffel Nocken ab.
Soll es als süßes Gericht serviert werden, so kocht man es mit gesüßter Milch, rührt Walderdbeeren eins zu eins mit feinem Zucker zu einer rosa Creme und bestreicht damit das Eier-Koch.

Reiskoch mit Spinat samt Grün Kraut als Spinat

Gewöhnliche Erbsensuppe
375 g Suppenerbsen
Suppengemüse
1 Speckschwarte oder
200 g Rauchfleisch
Fleischbrühe
200 g Mohrrüben
200 g Sellerieknolle
200 g weiße Rübchen
50 g Butter
Salz und Pfeffer
Muskatnuß

Die Suppenerbsen mit Suppengemüse, Speckschwarte oder Rauchfleisch in Fleischbrühe weich kochen, die verschiedenen Wurzelgemüse unterdessen in gleichmäßige Würfel oder Scheiben schneiden, in einer Kasserolle etwas Butter heiß werden lassen und die Wurzeln darin dünsten. Wenn die Erbsen weich sind, streicht man sie durch ein Sieb auf die Wurzeln und läßt alles so lange kochen, bis die Wurzeln weich sind. Dann mit Salz und Pfeffer abschmecken und servieren.
Hat man Rauchfleisch mitgekocht, so kann man es fein wiegen und zur Suppe geben.
Oder man legt leicht geröstete Semmelschnitten in jeden Teller, reibt ein wenig Muskatnuß darüber und füllt die Suppe darauf.

Grün Kraut als Spinat zu kochen
500–750 g Grünkohl
50 g Butter und Gänse- oder Schweineschmalz
Salz und Pfeffer
200 g gekochtes Krebsfleisch
50 g Krebsbutter
150–200 ml Sahne
1 TL Kardamom
½ TL Muskatblüte
20 g Butter

Das Grüne von den Stielen lösen, gründlich waschen, in kochendes Wasser schütten und 3–5 Minuten blanchieren. In ein Sieb schütten, gut abtropfen lassen und fein wiegen. Butter und Gänse- oder Schweineschmalz im Tiegel heiß werden lassen, das Kraut salzen und pfeffern und gar schmoren lassen. Unterdessen das gekochte Krebsfleisch aus den Schalen lösen und fein wiegen.
Die Schalen im Mörser zerstoßen, mit Butter und Sahne aufkochen lassen, und wenn die Sahne etwas eingekocht und rot geworden ist, durchs Sieb zum Kraut geben.
Mit Kardamom und Muskatblüte würzen, abschmecken, noch ein Stückchen Butter dazutun und anrichten.
Heute verwendet man tiefgekühltes oder konserviertes Krebsfleisch und gebrauchsfertige Krebsbutter: Diese Butter schmelzen, mit etwas Sahne aufkochen lassen, samt dem Krebsfleisch zum Kohl geben und wie oben fertig machen.

Spinat auf andere Art

500 g Blattspinat
100 g Sauerampfer und andere grüne Kräuter
50 g Butter
Salz und Pfeffer
½ TL Muskatblüte
1 Tasse kleine Rosinen
1 Tasse Fleischbrühe
3 Zwiebeln
2 EL Semmelbrösel
3 hartgekochte Eier

Den Spinat kochen, abtropfen lassen und fein wiegen. Die grünen Kräuter ebenfalls fein wiegen und dazugeben. Die Butter zerlassen, würzen, mit den gewaschenen Rosinen und etwa einer Tasse Fleischbrühe zusammen mit dem Gemüse ein paar Minuten kochen und dabei immer wieder umrühren. Schließlich die Zwiebeln fein würfeln, in Butter anbraten, Semmelbrösel dazugeben und beides unter ständigem Umrühren blond werden lassen. Die hartgekochten Eier fein wiegen und darunter mengen.
Den Spinat in eine Schüssel füllen, mit den Eierbröseln bekrönen und anrichten.

Ein Essen von Reis und Milch

150 g Reis
2 EL Zucker
1 l Milch
1 Zitrone
50 g Rosinen
50 g gemahlene Mandeln
20 g Zitronat
20 g Pinienkerne
¼ l mit Sahne gekochte Vanillesauce

Den gewaschenen Reis blanchieren und abgießen, mit dem Zucker in die kochende Milch schütten und noch einmal aufkochen lassen. Mit der abgeriebenen Schale einer Zitrone, Rosinen, gemahlenen Mandeln, Zitronat und Pinienkernen verrühren und bei schwacher Hitze etwa 25 Minuten gar ziehen lassen. Dann in eine kalt ausgespülte Schüssel oder eine Puddingform füllen und erkalten lassen. Vorm Servieren stürzen und mit der Vanillesauce, die mit Sahne gekocht wurde, begießen. Man kann den Reis auch noch durch Pistazien, geriebenes Zuckerbrot und andere Geschmackszutaten ergänzen.

Eine Rinderzunge mit Wein zu kochen

1 kleine Rinderzunge
1 l Weißwein
Salz
1–2 Lorbeerblätter
½ TL gestoßene Nelken
½ TL gemahlener Kardamom
¼ TL Muskatblüten
dünn abgeschnittene Schale einer unbehandelten Zitrone
1 Zwiebel
Dekoration:
frische Lorbeerblätter, Zitronenschnitze

Die vom Schlachter kochfertig vorbereitete Zunge gut waschen, über Nacht in Weißwein legen, dann in halb Weißwein und halb Salzwasser mit den Gewürzen und der Zwiebel aufkochen lassen und 3–3½ Stunden bei schwächster Hitze langsam gar kochen. Garprobe: Mit der Spicknadel in die Zungenspitze stechen, wenn diese weich ist, ist das Fleisch gar.
Die Zunge aus der Brühe nehmen, einen halben Liter einkochen lassen, abschmecken, auf das Fleisch gießen. Mit Lorbeerblättern oder Lorbeerzweigen und Zitronen dekorieren.

Erbsenbrühe mit Ei

2 Tassen Suppenerbsen
½ Ingwerknolle
3–4 Lorbeerblätter
½ TL Muskatblüten, 1 g Safranfäden
Knochenbrühe oder Salzwasser
Semmeln
Butter
pro Person 1 Ei
2 EL Essig

Die Erbsen in einen Suppentopf schütten, den in Stücke geschnittenen Ingwer, die Lorbeerblätter samt Gewürz und Knochenbrühe oder Salzwasser dazu. Alles eine Stunde lang kochen lassen, durch ein Sieb gießen und die Erbsenbrühe abschmecken.
Pro Person eine Scheibe Semmel von beiden Seiten in Butter golden backen, in den Suppenteller legen und mit einem verlorenen Ei bekrönen.
Dazu läßt man in einer breiten Kasserolle oder in einem Topf Salzwasser mit 2 EL Essig pro 1 l Wasser aufkochen. Dann ein Ei in eine Suppen- oder Saucenkelle schlagen und aus ihr schnell in das kochende Wasser gleiten lassen. Wenn das Eiweiß wegzufließen droht, wird es vorsichtig mit der Gabel über das Dotter gezogen. Das Dotter darf dabei aber nicht auslaufen! Die benötigten Eier nacheinander wie das erste ins Wasser geben, das nun nicht mehr sprudelnd kochen, sondern nur noch leise ziehen darf. Nach vier Minuten werden die Eier mit einem Schaumlöffel einzeln herausgehoben und auf das Brot gelegt. Jeden Teller mit Erbsenbrühe auffüllen und sofort servieren.

Sauer gemachte Pilze

250 g Pfifferlinge
1 Tasse Weißwein
1 Tasse Fleischbrühe
1 Prise Zucker
frisch gemahlener Pfeffer
20 g Butter
1 EL fein gewiegte Petersilie

Die Pfifferlinge trocken putzen, in Weißwein und Fleischbrühe aufkochen lassen, zuckern und pfeffern, nach zwei Minuten vom Herd nehmen, im Sud erkalten lassen, dann abgießen, in flüssiger Butter und Petersilie schwenken.

Ein gut Gericht von Schoterbsen und Schinken

500 g Erbsenschoten
1 l Fleischbrühe
30 g Butter
1 EL Semmelbrösel
200 g Kochschinken
500 g Mohrrüben
Salz und Pfeffer
1 Strauß Petersilie

Die Schoten putzen, in der Fleischbrühe je nach Frische 10–15 Minuten kochen und abgießen. In einer Pfanne die Butter zerschleichen lassen, die Semmelbrösel dazuschütten und unter ständigem Rühren bei mittlerer Hitze golden rösten. Den Schinken in Stückchen schneiden, samt den Schoten in die Pfanne geben, und alles miteinander durchschwenken. Das Gemüse wird abwechselnd mit den gleichzeitig gekochten und in Scheiben geschnittenen Mohrrüben angerichtet und mit den Petersilienzweigen »zur Zierat« belegt. Heute blanchiert man die Schoten und schreckt sie in eiskaltem Wasser ab, um ihre grüne Farbe zu erhalten, aber das kurze Kochen in Brühe gibt ihnen einen besseren Geschmack.

Das Barock-Dessert

Nach dem Essen knabberte man wie im Mittelalter Gedörrtes und Latwergen, kaute Süßholz oder den zu festem Gelee gekochten Süßholzsaft, der unserer Lakritze entspricht, und ließ »Pfeffermüntz« aus der Apotheke auf der Zunge zergehen. Dazu, je nach Saison und Vorrat, Quittenbrot oder Quittenpaste bzw. -bast, getrocknete Äpfel, Marillen, Feigen, Datteln, große Weinbeeren, Nüsse, Mandeln, Mandelmakronen.

Das Geburtstagsessen für den kleinen Johann Wolfgang am 28. August 1754

Geburtstagspretzel
125 g Zucker
3 Eier
50 g Butter
Salz
350 g Mehl
Zum Bestreichen:
1 Ei
etwas Milch und Zucker

Zucker, Eier und Butter mit einer Prise Salz cremig rühren, dann die Hälfte des Mehls dazugeben, gut verrühren und mit dem restlichen Mehl verkneten. Den Teig eingeschlagen im Kühlen eine halbe Stunde rasten lassen, dann den Teig in vier Teile teilen und jedes Viertel zu einer langen Schlange ausrollen, zur Brezel formen, auf das mit Backpapier ausgelegte Backblech transportieren. Das Ei mit etwas Milch und einem Löffel Zucker verquirlen und die Brezeln damit bepinseln. In den auf 200° vorgeheizten Ofen schieben und etwa 30 Minuten backen.

Hühnersalat
1–2 gekochte Hühnerbrüste
2–3 hartgekochte Eier
1 Salatherz
3–4 ganze Sardellen
ein paar von beiden Seiten in Butter gebratene Weißbrotscheiben

Das Hühnerfleisch in Scheibchen schneiden, die harten Eier achteln, und die Sardellen in Stücke schneiden. Aus den Salatherzen ein Bett für diese Zutaten bereiten, die dann mit einer beliebigen Marinade begossen und mit etwas Petersilie bestreut werden. Dieser Salat wird von den Weißbrotscheiben umkränzt.

Kartoffelsalat
500 g Pellkartoffeln
1 Zwiebel
1 Gewürzgurke
1 Tasse fette Fleischbrühe
1 Dotter
1 gehäufter TL Senf
Pfeffer und Salz
3–4 EL Olivenöl
Essig nach Geschmack
1 paar Speckwürfel
Sommerkräuter

Die noch heißen gepellten Kartoffeln in Scheiben schneiden, die Zwiebel fein würfeln und mit der ebenfalls gewürfelten Gewürzgurke vermengen. Alles mit der kochenden Fleischbrühe begießen und zugedeckt ziehen lassen. Dann abschmecken, das Dotter mit Senf, Pfeffer und Salz verrühren, das Öl dazugeben, und diese Sauce auf den Salat gießen. So sauer wie gewünscht abschmecken und vorm Servieren entweder mit ein paar frisch ausgelassenen Speckwürfeln oder mit fein gewiegten grünen Sommerkräutern bestreuen.

Kohlsalat
1 kleiner Weißkrautkopf
2 EL Essig
3–4 EL Öl
1 Prise Zucker
Salz und Pfeffer
1 Tasse Fleischbrühe oder Bratensaft

Den Krautkopf fein hobeln, in siedendem Salzwasser 10–15 Minuten sprudelnd kochen, abtropfen lassen, aus Essig, Öl, Zucker, Salz und Pfeffer eine Marinade rühren, und den Kohl damit begießen. Zugedeckt ziehen lassen, abschmecken und zum Schluß mit heißer Fleischbrühe oder Bratensaft begießen und abermals ziehen lassen.

Das war ein Gericht, das Johann Wolfgang Goethe noch als alter Mann liebte. Ein Besucher berichtete im Jahr 1830: »Bei der Mittagstafel gab es unter anderem Kohlsalat mit warmer Brühe. Das ist ein echt Frankfurter Essen, äußerte Goethe, wie's meine Mutter mir so häufig gemacht hat.«

Butterschlange

Zutaten für den Knetteig:
200 g Mehl
100 g Butter
etwas Wasser
1 Prise Salz

Zutaten für die Fülle:
1 Tasse Rosinen
3–4 Äpfel
2 Eiweiß
2–3 EL Zucker
½ TL Zimt

Für die Dekoration:
Rosinen, Pinienkerne und Mandeln
Dotter und Milch

Aus den angegebenen Zutaten einen Knetteig arbeiten, eine halbe Stunde im Kühlen rasten lassen.
In der Zeit die Fülle zubereiten: Die Rosinen waschen und abtrocknen, die Äpfel schälen und in feine Würfel schneiden. Den Teig ausrollen, mit Eiweiß bestreichen, die Fülle darauf schütten, mit Zucker und Zimt bestreuen, gut zusammendrücken, und den Teig von beiden Seiten darüber schlagen. Das Ganze vorsichtig so rollen und schlängeln und formen, mit Augen und Nüstern aus Rosinen, Zähnen aus Pinienkernen und einem drachenartigen Kamm aus Mandeln versehen, daß es sich sehen lassen kann. Vorsichtig aufs Backpapier setzen, dieses aufs Blech legen, dann den Drachen noch mit Dottermilch bepinseln und im auf 180° vorgeheizten Ofen etwa 40 Minuten backen lassen.

Picknick auf dem Eis im Januar 1774

Sophie von Laroche berichtete, wie sie im Januar 1774 mit Maximiliane Brentano auf dem Main Schlittschuh gelaufen ist und auf dem Eise auf jene Gesellschaft stieß, zu der Goethes gehörten. Die Mütter saßen auf Plankenrosten und hatten das Essen auf kleinen Holztischen angerichtet, immer drei Fuß breit auseinander, mit Servietten gedeckt, worauf dann heiße Pastetgen, Schokolade, Bratenfleisch und Wurst, Kaffee, fremde Weine und »Confect« gesetzt und angeboten wurden.

Kleine Pastetgen

Zutaten für den Knetteig:
250 g Mehl
125 g Butter
1 Prise Salz
1 Dotter
½ Tasse Fleischbrühe
Zutaten für die Füllung:
Fleisch- und Bratenreste
1 Scheibe Zitrone
2 hartgekochte Eidotter
1 EL Butter
Salz und Pfeffer
1 Ei und Milch zum Bestreichen

Aus den angegebenen Zutaten einen Knetteig arbeiten, eine halbe Stunde eingewickelt im Kühlen rasten lassen, dann halbieren. Die eine Hälfte des Teigs ausrollen, mit einem immer wieder in Mehl getauchten Glas kleine runde Scheiben ausstechen und mit Eiweiß bepinseln. Fleischreste und die Zitronenscheibe fein wiegen, mit dem zerdrückten Eidotter in etwas Butter andünsten und nach Bedarf und Belieben würzen. Je ein halbes Teelöffelchen auf jede Teigscheibe legen, zuklappen, mit einer Gabel versiegeln, auf das gefettete Backblech legen und mit Eidotter bepinseln, das mit etwas Milch verquirlt wurde. Im vorgeheizten Ofen etwa 10 Minuten bei mittlerer Hitze backen. Siehe in Abb. hinten re.

Heiße Pastetgen

Die andere Hälfte des Knetteigs
Ein beliebiges Ragout aus einem Rest Taubenfleisch, Zwiebeln und Champignons, Dotter und Gewürzen

Den Teig ausrollen, zu Quadraten schneiden, diese über Pastetenförmchen ziehen, in den auf 200° vorgeheizten Ofen aufs Backblech oder auf den Rost stellen und etwa 10 Minuten backen, bis sie schön goldbraun sind. Aus dem Herd nehmen, von den Förmchen klopfen, mit dem heißen Ragout füllen und sofort servieren. Siehe in Abb. vorn.

Pfannkuchen-Backen

Kaum hatte sich Goethe in dem Haus am Stein etabliert, brachte er Fritz, dem Sohn der Charlotte von Stein, das Pfannkuchen-Backen nach Frankfurter Art bei.

Pfannkuchen
2 EL Zucker
20 g Hefe
etwa ½ l Milch
250 g Mehl
30 g Butter
1 Dotter
1 Prise Salz
nach Belieben ein paar Rosinen
Fett zum Ausbacken
Zucker und Zimt

Das Mehl in eine Backschüssel füllen, den Zucker in eine kleine Schüssel geben. Die Hefe hineinbröseln, mit einer Gabel mit dem Zucker verrühren, bis der Zucker schmilzt. Etwas warme Milch dazurühren. In das Mehl eine Kuhle machen und die Hefezuckermilch hineingießen. Mit etwas Mehl und dem Dotter verrühren und mit der lauwarmen Milch, in der die Butter geschmolzen ist, gut verquirlen. Zudecken und etwa ½ Stunde gehen lassen. Nach Belieben Rosinen unterheben. In einer großen Pfanne Fett heiß werden lassen, den Teig löffelweise hineingeben und von beiden Seiten langsam backen. Diese Menge ergibt 20–25 Pfannküchlein, und man ißt sie mit Zucker und Zimt bestreut oder mit eingemachten Kronsbeeren (Preiselbeeren).

Ein Morgenbrot mit Bratapfel

Kein Frühstück ohne Früchte, nicht in Frankfurt, nicht in Weimar. Den Bratapfel aß Goethe laut Küchenbuch April 1783 »im Garten«, schon draußen also, aber einen Apfel aus vorjähriger Ernte, der offenbar zu verschrumpelt war, um so auf den Tisch zu kommen. Dazu: Frankfurter Fleischwurst und zur Semmel »Butter in der Büchse«.

Bratapfel
2–3 gleich große mürbe Äpfel
Zutaten für die Fülle:
je 1 EL gestiftelte Mandeln
Rosinen
in Butter angeröstete Semmelbrösel
und Zucker
1 Tasse Apfelsaft
rote Marmelade
Butter oder Butterschmalz
für die Form

Die Äpfel waschen und ausstechen, Mandeln, Rosinen, Semmelbrösel und Zucker vermengen, eine feuerfeste Form ausfetten, die Äpfel hineinsetzen und locker füllen. Man kann zum Schluß auf jeden Apfel einen Teelöffel rote Marmelade setzen. Dann die Äpfel mit ausgelassenem Butterschmalz bepinseln, die Form in den auf 200° vorgeheizten Ofen schieben und etwa 1/2 Stunde backen. In dieser Zeit immer wieder etwas Apfelsaft in die Form gießen.

Ein Spargelessen am Frauenplan

»Spargels« war Goethes Lieblingsessen.
Hier gibt es ein Kalbskotelett
mit Kartoffeln dazu,
die Goethe sehr schätzte.
Kein Essen ohne Salat, Mitte,
und für Gäste etwas Süßes:
Zitronencreme, hinten rechts.
Rezept S. 266

Die Mandeltart
wurde nach Urgroßmutters Rezept
gebacken,
und in Goethes Lebenszeit
wurde die Kuchenplatte
aus Porzellan oder Glas gebräuchlich.
Goethe bot Gästen gern
Torten und Kuchen als Nachtisch.
Rezept S. 269

Aus der Küche am Frauenplan in Weimar Erster Teil

Ein Spargelessen

Spargel
Mit diesem Gemüse ist Goethe aufgewachsen. Spargel gab es in den Gärten in und um Frankfurt herum. Spargelpflanzen müssen noch in den verwilderten Beeten des Weimarer Gartenhauses gewesen sein, denn Goethe konnte sofort seine »Spargels« stechen lassen. Sie wurden gekocht wie heute, er ließ sich meist eine Eiersauce dazu kochen, Vorgängerin der Sauce hollandaise, und aß Huhn dazu oder Tauben, Kalbskotelett und Kartoffeln. Ebenso regelmäßig gab es Salat, der damals noch das Gemischte bezeichnete.

Zitronencreme
5 Eier
50 g Zucker
1/8 l Weißwein
2 Zitronen

Dotter und Zucker in einer Kasserolle schaumig rühren, bei schwacher Hitze mit Wein und dem Saft der beiden und der abgeriebenen Schale einer Zitrone ständig mit dem Schneebesen rühren, bis die Mischung cremig ist. Dann den festen Schnee von drei Eiern unterheben und alles noch einmal aufkochen lassen. In eine Schüssel füllen und erkalten lassen.
Vorsichtige Köche rühren diese Creme im Wasserbad, damit nichts gerinnt, und das ist auch der Grund, warum Desserts dieser Art erst im 19. Jahrhundert ihren Siegeszug begannen. Wer auf lebendiger Glut kocht, der muß mit der Hitze Glück haben, und wer noch keine industriell hergestellte saubere weiße Gelatine verwenden kann, muß auf das Glück vertrauen, daß ihm die Creme nicht auf dem Herd gerinnt und daß sie sich nicht beim Abkühlen trennt.

Rippchen mit Sauerkraut
Ein klassisches
Frankfurter Gericht
in Weimar

Geräuchertes Schweinefleisch mit Sauerkraut

1 kg Sauerkraut
2 EL Butter- oder Gänseschmalz
1–2 Zwiebeln
1 Apfel
1 Tasse Weißwein
ein paar Wacholderbeeren
Pfeffer und Salz
pro Person 1 Kaßlerkotelett

Das Sauerkraut auseinanderzupfen, in einem Schmortopf das Butter- oder Gänseschmalz zerlassen, die gewürfelten Zwiebeln darin andünsten und blond werden lassen. Dann das Sauerkraut mit dem geschälten und gewürfelten Apfel dazugeben, bei starker Hitze anschmoren, mit dem Weißwein begießen, die Wacholderbeeren zerdrücken und dazutun, nach Belieben pfeffern und salzen. Die Hitze vermindern und die Kaßlerkoteletts unter das Kraut schieben. Den Topf zudecken, und das ganze Gericht langsam mindestens ½ Stunde schmoren lassen.

Mittagessen für »Herr« und »Gesinde«

Gebratene Tauben mit Rapünzgen

4 Tauben
Salz und weißer Pfeffer
4 Scheiben fetter Speck
60 g Butter oder Butterschmalz

Die bratfertigen Tauben gründlich abspülen und trocken tupfen. Salz und Pfeffer mischen und die Tauben damit innen und außen einreiben. Mit Speckscheiben umwickeln. Butter oder Butterschmalz in einem Bräter erhitzen, die Tauben hineinlegen, in den auf 200–220° vorgeheizten Ofen schieben, mittlere Schiene, und 35 Minuten braten. Falls sie zu stark bräunen, mit Folie zudecken.

Linsengemüse mit Bratwurst

375–500 g Linsen
1 Stück Räucherspeck, gewürfelt
1 Zwiebel
Suppengemüse
4–5 Pfefferkörner
1 Lorbeerblatt
1 gestr. TL Majoran
Fleischbrühe
Butter
Petersilie

Die Linsen nach Packungsvorschrift vorbereiten, waschen und verlesen. Die Speckwürfel auslassen, die fein gewürfelte Zwiebel und das Suppengemüse darin andünsten, Gewürze und Linsen dazugeben und mit der Fleischbrühe auffüllen. Einmal aufkochen lassen, die Hitze dann vermindern, und die Linsen leise kochen lassen, bis sie gar sind. Ungeschälte Linsen brauchen etwas über eine Stunde, geschälte Linsen 60 Minuten, Schnellkoch-Linsen weniger als die Hälfte, weil sie industriell vorbereitet sind. Das fertige Gemüse abgießen, in eine vorgewärmte Schüssel füllen und, mit Butterflöckchen und nach Belieben fein gewiegter Petersilie besetzt, servieren.

Kartoffelklöße
1 kg gekochte Kartoffeln
2 kg geschälte rohe Kartoffeln
1 Brötchen
etwas Fett
2 TL Salz
gut ¼ l Milch

Die in der Schale gekochten Kartoffeln pellen und heiß durch die Kartoffelpresse drücken. Das Brötchen würfeln und in heißem Fett golden rösten. Die rohen Kartoffeln möglichst rasch in eine Schüssel mit etwas kaltem Wasser reiben, dann portionsweise in ein Mulltuch füllen und gut auspressen, bis sie trocken sind. Salzwasser in einem großen Topf zum Kochen bringen und die Milch erhitzen. Die ausgepreßten trockenen Kartoffeln mit den geriebenen gekochten Kartoffeln in eine Schüssel geben, salzen, mit der kochend heißen Milch begießen, so daß ein fester Teig entsteht, aus dem sich mit nassen Händen Klöße formen lassen. Sind die Kartoffeln nicht so stark ausgepreßt, so kann man den Kartoffelteig auch ohne Milch zu Klößen verarbeiten.
Statt der gekochten Kartoffeln kann man aus 125 g Grieß und dem ¼ l heißer Milch einen Brei kochen, den man dann mit den ausgepreßten rohen Kartoffeln vermischt.
Auf jeden Fall die Hände in kaltes Wasser tauchen und aus dem Teig Klöße formen, wobei die Brötchenwürfel in die Mitte gedrückt werden. Die Klöße sofort mit einem Schaumlöffel in das kochende Salzwasser senken und sie je nach Größe 20–30 Minuten leise kochen lassen.

Mandeltart
Nach dem Rezept der Urgroßmutter, der Lindheimerin
2 Eier
5 Dotter
100 g Zucker
250 g gemahlene Mandeln
50 g Semmelbrösel
1 EL Honig
Butter
ganze Mandeln

Die beiden Eiweiß zu steifem Schnee schlagen. Die 5 Dotter mit dem Zucker zu einer weißen Creme rühren und mit Mandeln, Semmelbröseln und dem Honig verrühren. Den Eischnee unter die Masse heben, in eine ausgefettete und ausgebröselte Form füllen, mit ganzen abgezogenen Mandeln dekorieren oder ganz und gar bedecken und in den auf 180–200° vorgeheizten Ofen schieben, mittlere Schiene. Nach einer Stunde ist die Mandeltart gar, aber man sollte auf jeden Fall die Hölzchenprobe (siehe S. 250) machen.

Kirschsuppe
500 g eingemachte Sauerkirschen oder Weichseln
1 Stück Zimtrinde
Zucker
je ½ l Wasser und Rotwein
½ Tasse Himbeer- oder Erdbeersirup
2 EL Speisestärke

Die Kirschen putzen und entsteinen, mit Zimtrinde und Zucker in einen Topf geben, Wasser und Rotwein, etwa 1:1, dazugießen, und alles langsam zum Kochen bringen. Dann abschmecken, eventuell zuckern, und die Kirschen langsam garen lassen. Schließlich die Speisestärke mit dem Fruchtsirup und etwas Rotwein verquirlen und zu den Kirschen gießen. Gut umrühren, einmal aufkochen lassen und heiß oder als Kaltschale servieren. Zur Kirschsuppe schmekken kleine Grießklößchen gut, auch Eischneeklößchen oder Makrönchen.

Hühnerbeinchen
Pro Person 1–2 Hähnchenkeulen
grobes Salz
ein paar Pfefferkörner
getrocknetes Basilikum, Thymian und Majoran
Öl
1–2 Zitronen

Pfeffer, Salz und getrocknete Kräuter im Mörser zerkleinern, die Hähnchenkeulen ölen und mit dem Kräutersalz einreiben. Nebeneinander in die Fettpfanne legen und mit Öl und dem Saft von 1–2 Zitronen beträufeln. In den auf 200° vorgeheizten Ofen schieben und 35–40 Minuten braten.

Wintergemüse
Wurzeln und Knollen wurden im Gemüsekeller, der keinen gemauerten, sondern einen Erdboden hatte, in Sand eingeschlagen. So hielten sich Mohrrüben und Sellerieknollen, Petersilienwurzeln und Schwarzwurzeln bis zum nächsten Frühjahr.
Blumenkohl wurde im Garten direkt über der Wurzel abgeschnitten, dann so fest wie möglich in seine Kohlblätter eingeschlagen und dicht an dicht, mit den Wurzelstrünken nach oben, an der Haus- oder Gartenmauer in eine Grube gelegt und wieder mit Erde zugeschüttet. Aus dieser »Haus-Miete« holte man sich dann, was Witterung und Mäuse übriggelassen hatten.

Winterobst
Äpfel wurden in Ringe oder Scheiben geschnitten, auf einen Bindfaden gefädelt, an der Hauswand in die Sonne gehängt, getrocknet und in Leinenbeuteln aufgehoben. Bei Bedarf wusch man eine Handvoll Apfelschnitze, weichte sie in Wasser ein und verwendete sie wie frische. Kirschen wurden ebenfalls am Stein getrocknet. Oder sie wurden gekocht, in Flaschen gefüllt, die mit Siegellack verschlossen wurden. Für die Kirschsuppe verwendete man eine Flasche Kirschen.

Die Geburtstagstorte

Zum 64. Geburtstag wurde Goethe in Ilmenau von drei hübschen Mädchen, ihren Müttern und Großmüttern »mit Enkeln und kleinsten Kindern« eine »bekränzte Cartoffel-Torte« gebracht, »welche, so heiß, wie sie war, dem Prinzen Bernhard fürtrefflich schmeckte«.

Kartoffeltorte
300 g Pellkartoffeln vom Vortag
50–100 g Rosinen
1 Glas Rum oder Orangenlikör
4 Eier
200 g Zucker
1 Prise Salz
1 Zitrone
100 g gemahlene Mandeln
75 g Grieß
1 gestr. TL Backpulver
Butter und Semmelbrösel
für die Form

Die Kartoffeln reiben, die Rosinen waschen und in Rum oder Orangenlikör einweichen. Die Eidotter mit Zucker und einer Prise Salz weißschaumig rühren, nach und nach die abgeriebene Schale einer Zitrone, die Mandeln und den Grieß dazugeben. Dann die Kartoffeln und die gequollenen Rosinen untermischen. Die vier Eiweiß mit etwas Zitronensaft sehr steif schlagen und vorsichtig unter den Teig heben. Eine Gugelhupfform, Durchmesser 24 cm, gut ausfetten und mit Semmelbröseln ausstreuen. Den Teig einfüllen, die Form in den auf 180° vorgeheizten Ofen schieben, mittlere Schiene, und 60 Minuten backen. Auf jeden Fall die Hölzchenprobe (siehe S. 250) machen. Den Kuchen etwas erkalten lassen, dann aus der Form stürzen.

Pastete in Jena

»Buttling«, Auflauf oder Pastete:
schmackhafte Gerichte,
die nun, im 19. Jahrhundert,
nach der Suppe, vorn, aufgetragen wurden.
Alltägliche Mittagessen bestehen
jetzt aus zwei bis drei Gerichten.
Zum Nachtisch immer noch Früchte.
Rezepte S. 274

Entenbrust in Carlsbad

Die Speisefolge wird gebräuchlich.
Erst eine Suppe,
dann die Vorspeise, in diesem Fall
Nierenschnittchen, vorn,
Ente, Mitte, mit Pofesen, Mitte links.
Zum Abschluß:
Apfel und Pflaumen Compot in Kristall.
Rezepte S. 276 und 277

Was sich Goethe auf Reisen kochen ließ

Makkaroni-Pastete

450 g tiefgekühlter Blätterteig
150 g Makkaroni
ein Rest Suppenfleisch
250 g magerer Schinken
100 g Parmesan
ein paar Trüffeln
100 g Champignons oder Morcheln
Salz und Pfeffer
6 kleine Bratwürste
Butter
1 Ei

Die Blätterteigscheiben aus der Packung nehmen und nach Vorschrift nebeneinanderlegen und auftauen lassen. Unterdessen die Makkaroni kochen und abgießen, Suppenfleisch und Schinken in Würfel schneiden, den Parmesan reiben, die Pilze putzen und rasch in einer Pfanne andünsten, die Bratwürstchen von allen Seiten anbraten.
Dann den Blätterteig auf der bemehlten Arbeitsfläche ausrollen, in eine gefettete Springform legen und mit der Hälfte der Nudeln füllen. Die anderen Zutaten außer den Bratwürstchen vermengen, auf die Nudeln füllen, die Bratwürstchen als Kranz oder strahlenförmig auf die Fülle legen und mit dem Makkaroni-Rest bedecken. Etwas hin- und herruckeln, daß sich alles gut verteilt. Dann den Teig von allen Seiten darüber schlagen und mit Wasser oder verquirltem Ei bepinseln. In den auf 180° vorgeheizten Ofen schieben, unterste Schiene, und langsam etwa eine Stunde backen.

Maronensuppe

500 g gekochte und
gepellte Maronen
2 EL frische Butter
1 Mohrrübe
1 Stück Sellerie
1 Zwiebel
½ Lorbeerblatt
1 l Fleischbrühe
1 Tasse Fleisch- oder Schinkenreste
pro Person 1–2 Brötchenscheiben
Butter zum Ausbacken

Die Butter in einer Kasserolle heiß werden lassen, Mohrrübe, Sellerie und Zwiebel würfeln und darin andünsten, Maronen und Lorbeerblatt dazugeben, mit der Fleischbrühe begießen, einmal aufkochen lassen und dann leise kochen, bis die Maronen gar sind. Durchpassieren, abschmecken, mit gewürfeltem Restefleisch bestreuen und mit dem in Butter gebackenen Brot servieren.

Jena, 1803

Das war ein Mittagessen im August, in der ärgsten Hitze. Auch auf Reisen und bei fremden Köchen verlangte Goethe im Sommer Früchte in jeglicher Form und zu allen Mahlzeiten.

Kirschkuchen
Zutaten für den Teig:
200 g Mehl
100 g Butter
1 Prise Salz
Zutaten für die Creme:
¼ l Milch
¼ l Sahne
75 g Speisestärke
1–2 EL Zucker
75 g gemahlene Mandeln
75 g Butter
3 Dotter
1 Prise gemahlener Zimt
etwa 500 g entsteinte Weichselkirschen
Butter und Semmelbrösel

Aus den angegebenen Zutaten einen Teig kneten, in Folie wickeln und ins Kühle legen. Unterdessen Milch und Sahne aufkochen lassen, Speisestärke und Zucker mit etwas Milch verrühren und hineingießen, unter ständigem Rühren kochen lassen, bis die Mischung dick wird. Den Topf vom Herd nehmen und die Creme mit Mandeln, in Stücken geschnittener Butter, Dottern und Zimt verrühren. Diese Mischung abkühlen lassen, dann den Teig ausrollen, in eine gut ausgefettete und ausgebröselte Springform oder Tortenform füllen, den Mandelbrei hineingießen und glattstreichen, die Kirschen auf den Brei streuen und die Torte in den auf 180° vorgeheizten Ofen schieben, mittlere Schiene. Ungefähr 30 Minuten backen und zudecken, falls die Creme zu stark bräunt.

Gleichschwerkuchen mit Kirschen
3 Eier
je 150 g Mehl, Zucker und Butter
1 Prise Salz
nach Belieben
etwas Pomeranzenzucker
Butter und Semmelbrösel
etwa 500 g Sauerkirschen, wie oben

Aus den angegebenen Zutaten einen Rührteig arbeiten, in eine gut gefettete und ausgebröselte Springform füllen, glattstreichen und mit den Kirschen bestreuen. In den auf 180° vorgeheizten Ofen schieben, mittlere Schiene, und 45–50 Minuten backen. Auf jeden Fall die Hölzchenprobe (siehe S. 250) machen.

C a r l s b a d , M a i 1 8 2 0

Vom Speisezettel des Jacob Wurster, Traiteur im Gasthof »7 Churfürsten«

Geschmorte Entenbrust

Pro Person ½ Entenbrust
1 paar Pfefferkörner
Rosmarin und 1 Wacholderbeere
Salz und Pfeffer
¼ l Fleischbrühe
nach Bedarf 20 g Mehl
oder Speisestärke
⅛ l Sahne

Pfefferkörner, Rosmarin und Wacholderbeere im Mörser zerstoßen, die Entenbrust oder die Entenbrüste auf dem Knochen lassen, mit Salz und den Gewürzen einreiben und im auf 200° vorgeheizten Backofen in einer Pfanne 45 Minuten braten lassen, wobei die Haut oben sein sollte. Die fertigen Entenbrüste warm stellen, den Bratensatz mit Fleischbrühe auffüllen, aufkochen und reduzieren oder mit angerührter Speisestärke und Sahne binden.

Pofesen

6–8 kleine altbackene
Weißbrotscheiben
Weißwein oder Rotwein
2 Eier
Salz, Pfeffer und Ausbackfett

Wein in einen Suppenteller gießen und die trockenen Weißbrotscheiben von beiden Seiten eintunken, aber nicht weichen lassen. Die Eier leicht verquirlen, salzen und pfeffern. Die Weißbrotscheiben durch das Ei ziehen, abtropfen lassen und in heißer Butter backen.

Nierenschnittchen

750 g Kalbsnieren
3 EL Öl
3 EL Speckwürfel
3 Zwiebeln
Pfeffer und Salz
⅛ l Sahne

Die Kalbsnieren waschen und säubern, indem man sie aufschneidet und alle Sehnen, Häutchen und Adern herausschneidet. Die Nieren in Scheiben schneiden, das Öl in einer Pfanne heiß werden lassen, die Speckwürfel hineingeben, kurz anbraten, dann die gewürfelten Zwiebeln dazugeben und etwas andünsten. Mit Pfeffer und Salz würzen, die Hitze erhöhen, die Nierenscheiben auf einmal in die Pfanne geben und unter ständigem Umrühren 3–5 Minuten braten, bis sie an keiner Stelle mehr rosig sind. Mit Sahne begießen und weiterrühren, bis sie fast verkocht ist. Abschmecken und sofort servieren.

Apfel Compot mit Weißwein
2–3 Äpfel
Zucker
Wasser und Weißwein
1 Zitrone
Quittengelee

Die Äpfel schälen, putzen und in Scheibchen schneiden. In einen Topf mit einem möglichst großen Durchmesser legen, damit sie eher neben- als aufeinander liegen. Mit Zucker bestreuen, so viel Wasser und Wein oder nur Weißwein dazugießen, daß die Apfelscheiben knapp bedeckt sind. Die Zitronenschale dünn abschälen und dazutun. Die Flüssigkeit einmal aufkochen lassen, dann die Hitze vermindern, und die Apfelscheiben langsam garen lassen, dabei immer wieder umschwenken. Das Quittengelee dazugeben, im Saft zerschmelzen lassen, abschmecken und in eine Schüssel füllen.

Pflaumen Compot
wird ebenso zubereitet. Man dünstet die halbierten und entkernten Pflaumen – oder noch besser Zwetschgen – mit Rotwein und würzt nach Geschmack mit Vanille oder Zimt oder Nelken.

Marienbader Schokoladen-Opfer

In ihren Lebenserinnerungen schrieb Ulrike von Levetzow, in die sich der 74jährige Johann Wolfgang von Goethe verliebt hatte, als sie 19 Jahre alt war: »Ein anderes Mal rief Goethe uns zu sich, wo er auf einer langen Tafel alle Steingattungen, welche sich in der Gegend von Marienbad finden, geordnet hatte. Er führte mich zu einer Stelle, wo er zwischen den Steinen ein Pfund Wiener Schokolade gelegt hatte, worauf geschrieben stand: Genieße dies nach deiner eignen Weise, / Wohl nicht als Trank, doch als geliebte Speise.«

Das empfindsame Diner
mit Tischkarten, auf Tellern angerichteten Speisen und außergewöhnlichem Pflanzenschmuck. Auf den Tellern: Pflückhecht mit Rapunzel. Das Dessert, Früchte und »wohlgestaltete Kuchen«: Chocoladen-Torte, hinten links, Carlsbader Oblatentorte, hinten rechts.
Rezepte S. 282 und 283

Das Gemüse-Diner

Goethe schätzte
Artischockengemüse,
jung auch als Salat, hinten links.
Er erfand einen Gurkensalat, Mitte,
Radießgen, hinten rechts,
und ein Stück Gänseleberpastete, vorn,
behagten ihm als Auftakt zum Diner.
Rezepte S. 289

Ein Alltagsessen

Dazu gehörte fast täglich
eine gute Scheibe gekochtes Rindfleisch.
Goethe aß es gern mit Piccalilli, vorn,
Schnittlauch-Sauce, Mitte,
oder Meerrettich-Sauce, hinten.
Dazu trank er Rotwein aus Frankreich.
Rezepte S. 286

Ein Krautessen
Gefülltes Kraut, Mitte,
ein Muster
köstlichster Resteverwertung.
Zum Abschluß des Essens zog Goethe
Schweizer und englischen Käse vor,
gern von Weintrauben begleitet.
Rezept S. 290

Das empfindsame Diner

Pflückhecht
500–750 g Hechtfleisch, gegart (Reste)
2–3 Schalotten
50 g Butter
1 Bund Petersilie
Pfeffer und Salz
1/8 l Sahne

Schalotten würfeln, in Butter andünsten, feingewiegte Petersilie und zerpflücktes Fischfleisch dazugeben und würzen. Etwas Sahne hinzugießen und alles unter ständigem Rütteln und Schütteln heiß werden lassen. Dazu: Rapunzel-Salat

Carlsbader Oblatentorte
6 Karlsbader Oblaten (eine Packung)
80 g Butter
3 Dotter
80 g geröstete, geriebene Haselnüsse oder Mandeln
80 g geriebene Schokolade
125 g Puderzucker
1 EL Vanillezucker
Für die Glasur:
100 g Schokolade
1 EL Kokosfett
1 EL Ahornsirup oder Honig
1–2 EL Milch

Die Butter schaumig rühren, mit einem Dotter nach dem anderen und löffelweise mit gemahlenen Mandeln oder Haselnüssen, geriebener Schokolade und Puderzucker samt Vanillezucker verrühren. Mit dieser Creme die Oblaten bestreichen, aufeinander stapeln, den Turm mit einer unbestrichenen Oblate abschließen, mit einem Teller und einem Gewicht beschweren, so daß die Fülle fest wird.
Nach Belieben mit einer gekochten Schokoladenglasur begießen. Dazu läßt man 100 g Schokolade, einen Eßlöffel Kokosfett, einen Eßlöffel Ahornsirup oder Honig mit ein bis zwei Eßlöffeln Milch zerschleichen und simmern, bis die Glasur glatt und glänzend ist. Leicht abkühlen lassen, dann gleich verarbeiten.

Chocoladen-Torte
Nach Le Goullon

200 g gemahlene Mandeln
100 g gemahlene Schokolade
je 1 EL Mehl und Speisestärke
1 TL Backpulver
7 Eier
125 g Zucker
5 g gemahlener Zimt
Fett und Semmelbrösel für die Form
Puderzucker für den Zuckerguß

Mandeln, Schokolade, Mehl, Speisestärke und Backpulver miteinander vermischen. Die Eier trennen, das Eiweiß zu Schnee schlagen, den Zucker dazurieseln lassen und weiter schlagen und ein Dotter nach dem anderen unterziehen. Diese Creme mit der Mandel-Schokoladenmischung und dem Zimt vermengen, in eine vorbereitete Gugelhupfform oder Springform füllen oder in einzelne Tassenförmchen, diese in den auf 180° vorgeheizten Backofen schieben, mittlere Schiene, und 40–45 Minuten backen. Falls der Kuchen zu braun werden sollte, die Form oder die Formen mit Alufolie bedecken. Auf jeden Fall die Hölzchenprobe (siehe S. 250) machen. Abkühlen lassen und dann nach Belieben mit Zuckerguß überziehen und mit winzigen Bonbons, Pralinchen besetzen.

Biskuit-Torte
Nach Le Goullon

250 g feiner Zucker
9 Eier
1 Zitrone
250 g Mehl
1 Prise Salz
Butter und Semmelbrösel für die Form

»Der gestoßene Zucker wird mit den neun Eidottern so lange gerührt, bis es weiß und schaumig ist. Man tut hierauf das Abgeriebene einer Citrone dazu und rührt nach und nach ein halbes Pfund feines, wohlgetrocknetes und gesiebtes Mehl darunter. Das Weiße der Eier wird zu starkem Schnee geschlagen und ebenfalls darunter gerührt.«
Der Teig wird in eine nur am Boden ausgefettete und ausgebröselte Springform oder Gugelhupfform gefüllt, in den auf 180° vorgeheizten Ofen auf die unterste Schiene gestellt und eine knappe Stunde gebacken. Mit Aluminiumfolie zudecken, falls der Teig zu stark bräunt, und auf jeden Fall die Hölzchenprobe (siehe S. 250) machen.

Das Frühstücksbüfett für den Schauspieler Iffland, April/Mai 1798

Goethe empfing seine Gäste im Vorzimmer mit einer Tasse Schokolade. Wenig später begab man sich in den Gelben Saal zum Frühstücksbüfett, bestehend aus Krebsen, Cervelatwurst, Zunge und anderem. Dazu Wein.

Krebse

3 Dutzend Flußkrebse zwischen 80 und 100 g
50 g Salz
je 1 Bund Dill und Petersilie
1 in Ringe geschnittene Zwiebel
1 paar Körner Anis
1 Zitrone

5 l Wasser mit Kräutern und Gewürzen, Salz und nach Belieben einer halben Zitrone in einem großen Topf kräftig kochen lassen, und die gereinigten Krebse nacheinander ins sprudelnde Wasser werfen. Hört es auf, stark zu kochen, nachdem ein Krebs hineingeworfen worden ist, so muß man warten, bis das Wasser wieder kräftig kocht, dann erst wird der nächste Krebs hineingeworfen. Wenn alle Krebse im Topf sind, das Wasser noch einmal aufkochen lassen, dann die Hitze vermindern, den Topf zudecken und die Krebse 10 Minuten gar simmern lassen.
Wenn man aus dem Krebssud eine Suppe kochen will, verwendet man nur 2–3 Liter Wasser und ergänzt die Menge durch Weißwein.

Sauce zum Krebsfleisch

2 Dotter, eins hartgekocht, das andere roh
1 EL scharfer Senf
Salz
etwa ¼ l Olivenöl
2 EL Kräuteressig
1 EL fein gewiegter Kerbel

Das harte Eigelb durchs Sieb passieren und mit dem rohen Dotter, Senf, Pfeffer, Salz, fein gewiegtem Kerbel und Kräuteressig verrühren. Dann nach und nach das Olivenöl dazurühren, bis die Sauce so fest wie eine Mayonnaise wird. Abschmecken und kühl stellen.

Was Goethes Gäste gerne aßen…

Hagebuttensuppe

2 Borsdorfer Äpfel
3/4 l Wasser und Rotwein
1/4 l Hagebuttenpüree
1 EL Zimtzucker
3–4 EL Zucker
2 Dotter
Brötchenscheiben, Butter
Rosinen, Mandelstifte

Die Äpfel schälen, vierteln und in Wein und Wasser weich kochen, das Hagebuttenpüree und etwas Zimtzucker dazurühren, und alles durch ein Sieb streichen. Diese Suppe wieder leise kochen lassen und abschmecken. Zucker und Dotter weiß-schaumig rühren und im letzten Augenblick unter die Suppe heben. Die Semmelscheiben von beiden Seiten in Butter rösten und mit Rosinen und Mandeln in die Teller legen. Die Suppe heiß darauf füllen und sofort servieren.

Wildpüree und Spiegelei

750 g gekochtes Wildfleisch (Reste)
1 Zwiebel
1 Scheibe Räucherspeck
50 g Butter oder Butterschmalz
50 g Mehl
1/4 l kräftige Fleischbrühe
1/4 l Sahne
Muskatnuß, Pfeffer und Salz
2–3 Dotter
Gewürzgurken

Das Fleisch mit dem Speck und der Zwiebel durch den Wolf treiben. Dann in einem großen Topf das Fett zerlassen, das Mehl darin anrösten, mit der Fleischbrühe aufgießen und 5 Minuten kochen lassen. Nach und nach die Sahne dazugeben, die Gewürze und ein Dotter nach dem anderen hineinrühren. Das durchgedrehte Fleisch mit der Sauce vermengen, abschmecken und in eine vorgewärmte Schüssel oder Platte füllen. Mit Spiegeleiern belegen, mit ein paar halbierten Gewürzgurken dekorieren.

Rindfleisch
Rindfleisch gehörte zum typischen Winteressen, und zwar am liebsten gesotten. So schrieb Riemer an den Jenaer Verleger Karl Friedrich Ernst Frommann im November 1805:
»Goethe ist wieder vollkommen besser und sonst immer wohl und heiter. Der Würzburger als gewöhnlicher Tischwein und zu fetten Braten das englische Gewürz Piccalillo bekommen seinem Magen … vertrefflich. Er hat eine Flasche von Zeltern geschickt bekommen.«
Piccalillo – heutzutage: Piccalilli – ist ein *pickle*, also etwas sauer Eingemachtes, ursprünglich ostindisch. Es besteht aus zerkleinertem Gemüse in Essig, Senf und Gewürzen. Dieses Produkt kann man gebrauchsfertig im Laden kaufen – heute wie damals, als es Zelter wohl aus Berlin geschickt hatte.
Rezept siehe S. 287
Zum Rindfleisch gab es verschiedene Saucen. Siehe auch S. 288

Schnittlauch-Sauce
1 EL Mehl
1 EL Butter oder Butterschmalz
1 Schöpflöffel Fleischbrühe
1 Bund Schnittlauch
Pfeffer
Salz

Ein Eßlöffel Mehl in einem Eßlöffel Butter gelbbraun rösten, mit einem Schöpflöffel Bouillon verrühren und einige Male aufkochen lassen. Nachwürzen und mit reichlich fein geschnittenem Schnittlauch vermengen. Schmeckt vorzüglich zu frischem Rinderbraten.

Meerrettich-Sauce
Das in Butter angeröstete Mehl wird nicht mit Bouillon, sondern mit Rahm aufgegossen, mit Pfeffer und Salz gewürzt und bei schwacher Hitze 10 Minuten gekocht. Direkt vorm Servieren so viel frisch gerissenen Meerrettich in die Sauce rühren, wie man mag oder der Schärfe wegen verträgt. Nachwürzen und mit Zitronensaft abschmecken. Zu gekochtem Rindfleisch.

Rindssuppe mit Grießklößchen

Zutaten für die Grießklößchen:
100 g Grieß
20 g Butter
weißer Pfeffer
1 Dotter
1 dl Fleischbrühe

Grieß mit Butter, Pfeffer und dem Dotter mit einer Gabel verrühren und verkneten und mit der heißen Fleischbrühe begießen. Abermals alles gut verrühren und 30 Minuten stehen lassen. Dann mit einem nassen Teelöffel Nocken abstechen und 15 Minuten in leise siedendem Salzwasser garen und quellen lassen.

Da es ein gekochtes Rindfleisch gibt, ist die Suppe schon vorhanden. Die Brühe braucht nur abgeschmeckt und nach Belieben stärker eingekocht oder mit Suppengemüse gefüllt zu werden. Die Grießklößchen sollten noch eine Weile in der Rindssuppe ruhen können, aber nicht mehr kochen.

Gesottenes Rindfleisch mit Morcheln

1,5 kg Rindfleisch aus Schulter oder Hüfte
2 Zwiebeln
2–3 Mohrrüben
1 Stück Sellerie
1–2 Zweige Liebstöckel
1 Petersilienwurzel
2 Lorbeerblätter
10 Pfefferkörner
nach Belieben 1 Speckschwarte
Wasser oder Fleischbrühe
Rotwein
Für die Morcheln:
300 g frische oder getrocknete Morcheln
1–2 Zwiebeln
2 EL Butter
Salz und Pfeffer

Das Fleisch waschen und gut abtropfen, die Zwiebeln schälen und halbieren und mit den Schnittflächen nach unten in den trockenen Suppentopf legen. Wenn sie zu bräunen beginnen, das übrige geputzte Suppengemüse samt Gewürzen und Kräutern dazugeben, mit ca. einem Liter Wasser oder Fleischbrühe aufgießen und kochen lassen. Dann das Fleisch hineinlegen. Wenn das Wasser wieder kocht, das Fleisch umdrehen und die Hitze vermindern. Es soll nur gerade so viel kochen, daß sich das Wasser kräuselt. Von Zeit zu Zeit etwas Rotwein dazugießen, und alles etwa zwei Stunden garen lassen.
Unterdessen die Morcheln vorbereiten, 300 g frische Morcheln putzen oder getrocknete Morcheln nach Vorschrift einweichen.
1–2 Zwiebeln fein schneiden, in 2 EL Butter andünsten, die Morcheln dazugeben, salzen und pfeffern und unter gelegentlichem Umschwenken bei schwacher Hitze garen.

Kalte Kräutersauce
125 g weiche Butter
2 Dotter
2–3 EL Öl
1 EL Essig
abgeriebene Schale 1 Zitrone
1 EL Senf
2 hartgekochte Eier
Borretsch, Sauerampfer, Estragon, Pimpernell und andere Kräuter
Pfeffer und Salz

Die Butter schaumig rühren, Dotter, Öl, Essig, Zitronenschale und Senf dazugeben und verrühren. Die hartgekochten Eier sehr fein wiegen, die gewaschenen und gut abgetrockneten Kräuter ebenfalls, und beides unter die Buttersauce rühren. Mit Pfeffer und Salz abschmecken und durchziehen lassen.

Die grüne Sauce, die Frankfurt so berühmt gemacht hat, gab es in Johann Wolfgang Goethes Jugendjahren noch nicht. Dieses Rezept, das aus dem Kochbuch der Frau Rat Schlosser, der Schwiegermutter von Goethes Schwester, stammt, ist insofern ein Vorläufer, als viele grüne Kräuter verwendet werden. Diese aber gehörten im Sommer zu so vielen Gemüsegerichten, Suppen und Saucen – weil sie in den Gärten wuchsen und weil sie gut schmeckten und wesentlich billiger waren als die ausländischen Gewürze, die man im Winter verwenden mußte –, daß sie gar nichts Besonderes waren. Im Gegenteil, wenn sie fehlten, wiegte man jungen Spinat, kochte ihn und preßte ihn durch ein Küchentuch aus, so daß man grünen Saft gewann. Damit färbte man eine Mayonnaise grün.

Schokoladencreme
150 g dunkle Schokolade oder gute Couvertüre
1 EL Milch oder Rum
5 Eier
1 EL Vanillezucker

Die Schokolade mit Milch oder Rum bei schwächster Hitze zerschmelzen lassen, mit einem Dotter nach dem anderen verrühren und kräftig mit dem Schneebesen rühren, bis die Mischung abgekühlt ist. Dann kommt das mit Vanillezucker steif geschlagene Eiweiß Löffel für Löffel dazu und wird gut verrührt. Die Creme in eine Schüssel füllen und kühl stellen. Siehe in Abb. hinten li.

Artischockengemüse
10–12 junge, kleine Artischocken
Pfeffer und Salz
½ Zitrone
Butter

Die Artischocken waschen, putzen und vierteln. Wasser aufkochen lassen, salzen und pfeffern, und die Artischocken samt einer halben, in Viertel geschnittenen Zitrone darin 15–20 Minuten weich kochen. Abgießen, in Butter schwenken und auftragen.

Artischockensalat
Schalotten, Schnittlauch, Kresse, Petersilie, Kerbel, Pimpernell und Estragon zwei Minuten in Salzwasser blanchieren, kalt abschrecken, abgießen, abtrocknen und fein wiegen. 2–3 EL Butter zerlassen, mit den Kräutern vermengen. Frisch gekochte Artischockenviertel darin schwenken und erkalten lassen. Dann mit Zitronensaft beträufeln und auftragen.
Goethe ersetzte die Butter in diesem Frankfurter Rezept durch sein geliebtes Olivenöl.

Gurkensalat à la Goethe
Gleich viel Zwiebeln, Äpfel, Gewürzgurken und Pellkartoffeln
2–3 EL Olivenöl
Pfeffer und Salz
Zitronensaft oder Essig
⅛ l fette Fleischbrühe

Die Zwiebeln pellen, in feine Ringe schneiden und in Olivenöl dünsten, heiß in die Salatschüssel geben, pfeffern und salzen und mit etwas Essig begießen. Äpfel schälen, vierteln, entkernen und in Scheibchen schneiden, zu den Zwiebeln geben und abermals mit Zitronensaft beträufeln. Dann die Gewürzgurken in dünne Scheiben schneiden und samt den heißen Pellkartoffelscheiben zu den anderen Zutaten geben. Alles mit der heißen Fleischbrühe begießen und mit zwei bis drei Eßlöffeln Öl umschwenken. Zudecken, ziehen lassen, dann abschmecken und nachwürzen.

Der Herr Geheime Rat rühmte sich, einen Gurkensalat selbst erfunden zu haben. Er liebte als Salatzutat Fleischbrühe, er liebte die Kombination mit Äpfeln. Mag sein, daß er Radieschen dazu gegessen hat, die er sich im Sommer immer vom Markt mitbringen ließ.
Als Vorspeise liebte er auf jeden Fall gebratene Gänseleber oder Gänseleberpastete, die er sich vom herzoglichen Mundkoch liefern ließ.

Gefülltes Kraut

1 Kopf Wirsingkohl
150 g Semmelbrösel
1–2 fein gewiegte Zwiebeln
Salz
250 ml Milch
1 Strauß Petersilie
2 EL Butter
100 g Schweinebraten
400 g Bratwurstbrät
4 Eier
1 Tasse gekochte Kastanien
Fett und Brösel für die Form

Semmelbrösel und Zwiebelwürfel in eine Schüssel schütten, salzen, mit der kochenden Milch begießen und quellen lassen.
Die Blätter des Wirsingkopfs lösen, so daß man 10–12 schöne Blätter hat. In einem großen Topf Salzwasser aufkochen lassen, die Blätter darin nacheinander blanchieren, sofort kalt abspülen und abtropfen lassen. Zum Schluß ein Viertel des Wirsingherzens etwa 10 Minuten in Salzwasser kochen, herausnehmen, kalt abspülen und ebenfalls abtropfen lassen.
Die Semmelmischung mit fein gewiegter Petersilie vermengen, zwei Eßlöffel Butter in einer großen Pfanne zerschleichen lassen und die Semmelmischung darin abdämpfen, das heißt: unter ständigem Umrühren zerkleinern und dabei trocken dünsten. Diese Mischung wieder in die Schüssel zurückschütten, mit dem fein gewiegten Fleisch, dem Bratwurstbrät und einem Ei nach dem anderen vermengen und abschmecken. Das Krautviertel gut ausdrücken, fein wiegen und mit den grob gehackten Kastanien unter die Fülle mischen.
Eine große Springform ausfetten und ausbröseln und mit zwei oder drei Wirsingblättern auslegen. Dann wird geschichtet: Semmelfülle, Wirsingblätter, Fülle, bis Blätter und Fülle verarbeitet sind. Die oberste Schicht Fülle mit zwei oder drei Wirsingblättern zudecken, mit Butterflöckchen besetzen und in den auf 170–180° vorgeheizten Backofen schieben, unterste Schiene, und eine knappe Stunde backen lassen.
Man kann das gelegte Kraut auch in einer großen Auflaufform zubereiten, dann sieht es aber nicht so schön aus, wenn es aus der Form genommen, auf eine große Platte gelegt und wie eine Torte angeschnitten wird.

Zum Dessert bestellte Goethe für die Hausgenossen und weiblichen Gäste Süßes, meist Kuchen und Torten. Er aber bevorzugte laut täglichem Einkaufszettel Käse, vor allem Schweizer Käse, Limburger, englischen und Schafskäse.

Der Geburtstag, 1827

Der Theologe Ernst Henke berichtete, daß er am 28. August 1827 mit einigen Professoren nach Weimar fuhr, »um mit ihnen am Hof des alten Goethe als Gratulant zu figurieren ...«. Im Vorzimmer reihte er sich unter die übrigen. »Uns standen inzwischen nach allen Seiten Reihen von Zimmern offen, in dem einen eine Sammlung von Gipsabgüssen, in dem anderen waren die Geschenke aufgestellt. Auch wurden in kleinen Gläsern seltene Schnäpse, wie auch feuchter Obstkuchen auf Tellern mit Gabeln präsentiert ... die Engländer fraßen in der Ecke wie die Schmiede ...«

Feuchte Obsttorte
1 Mürbteigboden aus 250 g Mehl
Zutaten für die Creme:
100 g weich gerührte Butter
100 g Zucker
100 g gemahlene Mandeln
1 Beutel Vanillezucker
1 Prise Salz
2 Dotter
Belag:
frische Himbeeren oder
Johannisbeeren

Die Zutaten für die Creme werden in einer Kasserolle verrührt, bei kleiner Hitze einmal aufgekocht und dann, abgekühlt, mit den beiden Dottern vermischt. Sie wird auf den Mürbteigboden gegossen, glattgestrichen und mit Himbeeren oder Johannisbeeren besetzt. Bei mittlerer Hitze auf der mittleren Schiene etwa 30 Minuten backen. Wenn man will, kann man die Torte noch heiß mit durchpassierter, nicht zu süßer Aprikosenmarmelade überziehen.

Der Stein
des guten Glücks

Chocolade, Biskuit und taufrische Sommerfrüchte – das war das irdische Glück des Nachmittags im Hausgarten hinter der Ackerwand oder im Gartenhaus an der Ilm.
Der Stein des guten Glücks, eine Kugel auf einem Kubus, den er 1777 in den Ilmwiesen in der Nähe des Gartenhauses als Denkmal für seine »Seelenfreundin« Charlotte von Stein setzen ließ, bedeutete das andere, das »gute« Glück.
Biskuitrezept siehe S. 283

Verzeichnis der Rezepte

Suppen

Gemüse und Beilagen

Kleine Gerichte und Pasteten

Fisch und Schalentiere

Geflügel

Fleisch und Wild

Süßspeisen und Kuchen

Anhang

Quellenverzeichnis

Quellen

Bibliothek des Freien Deutschen Hochstifts, Frankfurt am Main: Liber domesticus

Stiftung Weimarer Klassik, Goethe- und Schiller-Archiv, Weimar: GSA 3/26, 4/33, 6/61, 9/112, 5/215, 16/235, 16/236, 16/237, 27/385, 31/409, C 43/503, C 43/504, C 43/505, C 43/506, 140/VII (44/519), 145/III (44/527)

Literatur

Die Zitate von Johann Wolfgang von Goethe stammen aus: Goethes Werke. Hamburger Ausgabe in 14 Bänden. Hg. v. Erich Trunz. München: Verlag C. H. Beck 1981

Ahrendt, Dorothee / Aepfler, Gertraud: Goethes Gärten in Weimar. Hg. v. der Stiftung Weimarer Klassik. Leipzig: Edition Leipzig 1994

Beutler, Ernst: Essays um Goethe. Leipzig: Dieterich 1941

Biedrzynski, Effi: Goethes Weimar. Das Lexikon der Personen und Schauplätze. Düsseldorf/Zürich: Artemis & Winkler Verlag 1999

Bode, Wilhelm: Goethe in vertraulichen Briefen seiner Zeitgenossen. 3 Bde. Berlin: Aufbau Taschenbuch Verlag 1999

Böttiger, Karl August: Literarische Zustände und Zeitgenossen. Begegnungen und Gespräche im klassischen Weimar. Hg. v. Klaus Gerlach u. René Sternke. Berlin: Aufbau-Verlag 1998

Deetjen, Werner: Goethes tägliche Tafel vom 25. Dezember 1831 bis 15. März 1832. In: Jahrbuch der Sammlung Kippenberg. Bd. 7 (1927/28). Leipzig: Insel Verlag

Gräf, Hans Gerhard (Hg.): Goethes Ehe in Briefen. Potsdam: Rütten und Loening 1937

Hartung, Ernst (Hg.): Alles um Liebe. Goethes Briefe aus der ersten Hälfte seines Lebens. Ebenhausen b. München: Langewiesche-Brandt 1907

le Goullon, François: Der elegante Theetisch oder die Kunst einen glänzenden Zirkel auf eine geschmackvolle und anständige Art ohne großen Aufwand zu bewirthen. Weimar 1809

Mit Goethe durch das Jahr. Ein Kalender für das Jahr 1980. Auswahl: Effi Biedrzynski. Zürich/München: Artemis 1979

Mit Goethe durch das Jahr. Ein Kalender für das Jahr 1995. Auswahl: Effi Biedrzynski. Zürich/München: Artemis 1994

Riemer, Friedrich Wilhelm: Mitteilungen über Goethe. Hg. v. Arthur Pollmer. Leipzig: Insel Verlag 1921

Rohr, Julius Bernhard von: Vollständiges Hauswirtschaftsbuch. Leipzig 1722

Textor, Anna Margaretha Justina geb. Lindheimer: Das Kochbuch von

Goethes Großmutter. Hg. v. Manfred Lemmer. Kommentar und Transkription v. Eva Beck. Frankfurt a. M.: Insel Verlag 1980

Tischendorf, Käthe (Hg.): Frau Aja. Goethes Mutter in ihren Briefen und in den Erzählungen der Bettina Brentano. Ebenhausen: Langewiesche-Brandt o. J.

Urgroßmutters Kochbuch. Auszüge aus dem Kochbuch der Frau Rat Schlosser. Heilbronn: Eugen Salzer o. J.

Vom tätigen Leben. Goethes Briefe aus der zweiten Hälfte seines Lebens. Hg. v. Ernst Hartung. Düsseldorf/Leipzig: Langewiesche-Brandt o. J.

Danksagung

Wer sich so weit in die Vergangenheit von Herd und Tisch begibt, braucht die Hilfe derer, die Spuren kennen. Auf die ersten stieß ich als Kind beim Besuch des Goethehauses im Hirschgraben, als Schülerin in den Büchern von Ernst Beutler, der von 1925–1960 Direktor des Freien Deutschen Hochstifts in Frankfurt war. Er hatte von Anfang an die Goethe-Haushalte in Frankfurt, Weimar und Roßla zum Gegenstand seiner Forschungen gemacht, so daß jeder, der über dieses Thema schreibt, auf ihn zurückgreift.

Vieles andere ist dazugekommen, das Literaturverzeichnis nennt die wichtigsten Titel.

Die Hilfe in der Gegenwart kam vor allem von den Bibliothekarinnen in den Goethe-Archiven, die mir mit Geduld und Freundlichkeit ihre Schätze auf den Arbeitstisch legten: in Frankfurt die Leiterin der Bibliothek des Freien Deutschen Hochstifts, Doris Hopp. Im Goethe- und Schiller-Archiv der Stiftung Weimarer Klassik die Diplom-Archivarin Karin Künzel und Archiv-Assistentin Heike Grau.

Dankbar bin ich Frau Inga Ahlers, die mir die Meißen-Tassen zu Vater Goethes Geburtstag, und der Firma Diercks Einrichtungen, die mir die fast Goethe-alten Zinnteller geliehen hat; der Firma Jüers für die Blumen in barocker Pracht und Goethescher Strenge; den Fachleuten in meinem Feinkostgeschäft Kruizenga und meinem Schlachter Rainer Schuster, die mir halfen, mit den Spezialitäten zu kochen, die Goethes Familie und Köchinnen vertraut waren; und meinem Mann, der die Unruhe ertrug, die mit unserer Goethe-Zeit im 21. Jahrhundert verbunden war.

Hamburg, im Januar 2002 S.

Biographische Notiz

Sybil Gräfin Schönfeldt, in Nassau a. d. L., Göttingen und Berlin aufgewachsen. Studium der Germanistik und Kunstgeschichte in Göttingen, Heidelberg, Hamburg und Wien, Promotion in Wien. Journalistin, Übersetzerin, Autorin. Lebt in Hamburg. Seit 1954 freie Mitarbeiterin bei der ZEIT, beim Stern u. a. Zeitschriften sowie beim Rundfunk und Fernsehen. Zahlreiche Buchveröffentlichungen und Auszeichnungen, u. a.: »Dem Förderer des deutschen Buches«, Börsenverein für den Deutschen Buchhandel (1997).

Bei Arche erschienen die literarischen Kochbücher *Bei Thomas Mann zu Tisch. Tafelfreuden im Lübecker Buddenbrookhaus* (1995) und *Bei Fontane zu Tisch. Wanderungen durch des Dichters Eßlandschaften* (1997), beide ausgezeichnet mit der Silbermedaille im Literarischen Wettbewerb der Gastronomischen Akademie Deutschlands, und *Weihnachtsgans und Lichterglanz. Literarische Weihnachtsdiners mit Geschichten, Rezepten & Musik* (2000).

Sybil Gräfin Schönfeldt im Arche Verlag

Weihnachtsgans und Lichterglanz
Literarische Weihnachtsdiners mit
Geschichten, Rezepten & Musik
144 Seiten. Leinen
12 Abbildungen. Mit CD

»Ein festliches Büchlein, das viele Sinne zugleich anspricht: Auge und Ohr, Nase und Gaumen und nicht zuletzt das literarische Gemüt.«
Regula Venske, NDR Radio 3